人物叢書

新装版

田《た》口《ぐち》卯《う》吉《きち》

田口　親

日本歴史学会編集

吉川弘文館

田口卯吉（明治37年夏）

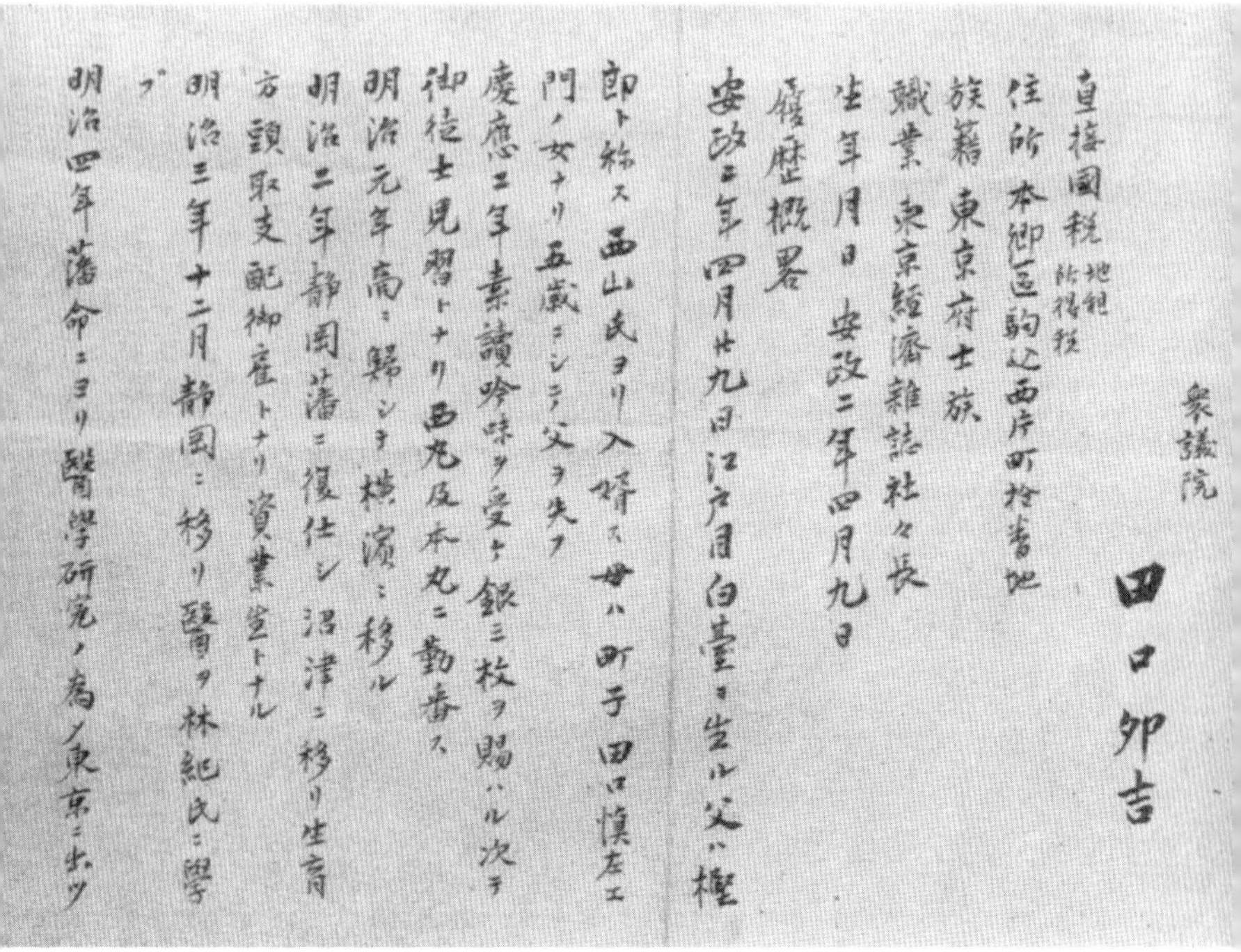
衆議院
田口卯吉
直接國税 地租 所得税
住所 本郷區駒込西片町拾番地
族籍 東京府士族
職業 東京經濟雜誌社々長
生年月日 安政二年四月九日
履歴概畧
安政二年四月廿九日江戸目白臺ニ生ル父ハ樫
郎ト称ス西山氏ヨリ入婿ス母ハ町子田口愼左エ
門ノ女ナリ五歳ニシテ父ヲ失フ
慶應二年素讀吟味ヲ受ケ銀三枚ヲ賜ハル次テ
御徒士見習トナリ西丸及本丸ニ勤番ス
明治元年商ニ歸シテ横濱ニ移ル
明治二年静岡藩ニ復仕シ沼津ニ移リ生育
方頭取支配御雇トナリ資業生トナル
明治三年十二月静岡ニ移リ醫ヲ林紀氏ニ學
ブ
明治四年藩命ニヨリ醫學研究ノ爲メ東京ニ出ツ

田口卯吉自筆履歴書（明治35年作成）

妻鶴子

妻千代

『国史大系』完成記念（明治35年２月）

（左より黒板勝美・田口・関節三・長崎猶作・
井野辺茂雄・西島政之・（円内）望月二郎）

目　次

口絵

挿図

第一　生涯と人物

日本近代を創った一人

田口卯吉は安政二年（一八五五）に生まれ、明治三十八年（一九〇五）に逝去、享年五十一歳であった。この五十一年の、今日から見たら短い生涯で彼が日本の近代化過程に残した足跡は実に大きなものであった。幕末の外圧によって、それまでの江戸日本が蓄積していたエネルギーが一挙に爆発して、日本の名誉ある独立という大目標を目指して多くの人材が輩出し、互いに競い合いながらその目標を達成したのであった。卯吉はそうした数多くの中でも特筆すべき人材の一人であった。

多岐に渉った活動

彼の活動分野は多岐に渉った。何といっても経済雑誌の先駆であった『東京経済雑誌』を創刊し、それを経営するとともに、自らそれを舞台に活躍する経済学者というより経済論者、今日的に言えば経済評論家・エコノミストであった。同時に政治家として東京市会議員・府会議員、衆議院議員に選出され、ユニークな活動を行った。また単に経済を評論するだけでなく、自ら経済活動に従事した。啓蒙家であり、歴史研究・歴史評論家でもあった。大きな変革の時代には、能力と意欲のある勤勉な人々が、さまざまな分野で自由に活躍できる状況が生まれる。正にそうした時代を精一杯に生き、公私のために思う存分に活躍した一人が卯吉であった。

民間から最初の博士

卯吉が生まれたのは幕末の動乱が始まるというタイミングであった。そして、その後の時代の人々とはちがって、正規の教育体系が確立される以前に教育を受けた。伝統的な儒教教育も、そして欧米流の教育も受けた。森鷗外は「時代は別に二本足の学者を要求する、東西両洋の文化を、一本づゝの足で踏まへて立つてゐる学者を要求する、……然るにさう云ふ人は最も得難い、……私は鼎軒先生を、この最も得難い二本足の学者として、大いに尊敬する、……大体から見れば、先生の重点は西洋文化の地面に落ちてゐた、併し随分幅広く股を開いて、東洋文化の地面をも踏んでゐられた、先生は西洋文化の眼を以て東洋文化を観察して、彼を我に移して、我の足らざる所を、補はうとしてゐられた、先生は此意味に於いて種子を蒔いた人である」（『東京経済雑誌』一五九一号、明治四十四年四月二十二日）と評している。後述のように田口は法学博士の学位を授与されたが、阪谷芳郎《さかたによしろう》は「博士の学位令が出来て以来、何等大学にも、官立の学校にも関係の無い民間の人であつて、学位を最初に得たのは田口君其の人である」（同）と述べている。

旧幕臣の中で

卯吉の存在を規定した重要な一つは、幕臣の家に生まれたということである。明治改元の年に彼は十四歳であり、直接に動乱に関わった訳ではないが、敗者となった幕府側の人間として辛酸を嘗めた。西南雄藩を主体とした明治新政府は、近代化に必要な人材であれば、箱館戦争の敗者をも含んでそれを吸収するのに躊躇しなかった。卯吉もその語学力を武器に明治新政府とも関わった。その場合にも旧幕府の知識人たちの後援があった。以後の生涯において、卯吉の人間関係が旧幕府関係者の色が濃いことが見られる。

独立自尊の生き方

卯吉の側近にあった塩島《しおじま》仁吉《にきち》は「田口君が家庭に於て誇つて居られたのは『三河武士の遺風を今日に存じて居る家はさう幾軒も無い、それを今日に於て現然、私の家庭に存じて居るのは私の家庭の誇とする所である』と言はれたことがある、……御承知の通り三河武士と云ふものは人を待つこと極めて厚く、自らは極めて質素なものであつた、田口君は実に三河武士の遺風を存じて居られたと言つて宜からうと思ひます」（『東京経済雑誌』一五九一号）と回顧しているように、幕臣、特に三河武士の遺臣であることを意識していた。しかし卯吉はそれにこだわってはいない。日本の近代化に役立つとあらば新しい人間関係を構築することを厭わなかった。彼が一貫して追及したのは「独立自尊」という生き方であった。幼少年時ともに勉強をした島田三郎は「其時分は青年に愛読された中村敬宇先生の飜訳の自助論……西国立志篇が我々の脳髄にある外何れにも無い」（同）と回想しているが、この影響は大きかったのであろう。

卯吉は、福地源一郎の『薩長論』に対して『読薩長論』(明治十九年、『鼎軒田口卯吉全集』第五巻所収。以下、同全集所収は『全集』○と略記する)を発表しているが、福地の、薩長が勤王を以て終始したという議論に、歴史的事実を挙げて疑義を呈している。「余輩が視て以て現時の内閣諸公が自ら終あることを期せられたりと為すものは……明治十四年を以て国会開設の聖詔を発せられ、昨年の末を以て責任内閣を立てられたるを見て之を云ふなり」と、明治政府が国会開設の決断をしたことを高く評価し、また「徳川氏の攘夷を行はざりしは余輩実に其国家に忠なる所以にして、勤王の極なることを思ふなり。……徳川氏の末路事の観るべき者なし。唯だ終始開港を主として以て国家を危途に導かざりしは大功と云ふべし。長と云ひ薩と云ひ、妄に干戈を動かして以て攘夷を行はんとして殆んど国家を誤まらんとしたれども、幸に徳川氏あり其償金を出して以て平和を恢復するに至れり」と薩長出身者が主流を占める現政府の過去を冷静に見るべき事を説いている。政治活動においても、おおむね「民党」に近い位置にあったが、地租増徴問題ではいわゆる「藩閥」の方針を支持して行動するなど、まさに政策によって行動の指針とし、独立独歩であった。

経済発展による日本の独立

卯吉がその生涯を通じて追求したのは、経済の発展による日本の欧米列強との競争的独立であった。日本に欧米風の経済学を紹介し(小池靖一は「西洋科学的意味を以て経済を論したるものは、則君の著作を以て嚆矢となさざるを得ざる也」と述べている。『東京経済雑誌』一二八八号、明治三十八年六月三日)、「自由貿易論」を掲げて、当面する日本経済の諸問題を次々に指摘し、それに対する処方箋を示し続けたのである。明治十一年（一八七八）未だ二十代のはじめに公にした『自由交易日本経済論』（島田三郎は陸奥宗光が世話をしたと述べている。『全集』三）に始まり、自ら主宰した『東京経済雑誌』の明治十二年創刊以来三十年に近い誌上での議論はそれであった。

『東京経済雑誌』と自由主義経済主義

その説くところ「仮令マンチエスター派の自由貿易論一本槍にて時に偏狭なりと非難する者あ」り、「新発明の説が乏しい、若くは極深遠でない」などという者があるが、それらはいまだ蒙昧の明治十年代において経済を説いたという、その功績を知らぬ人の言うことである、「同君が多数の当選に依つて博士といふ学位を得られたのは最も田口君の名誉を表彰した確かな評価であつたに相違ない、多数の学者が寄つて博士といふものを田口君に贈られたのは、最も田口君の学説、及び学説が国家に与へた価値といふものを能く評価されたものであると私は考へる」（『東京経済雑誌』一二八五号、明治三十八年五月十三日）と、阪谷は述べている。卯吉の経済論は多く政策論であり、それは統計に対する強い関心にも繋がっていた。明治二十年代の東京統計協会にも参加し、統計懇話会でセンサスの必要を松方《まつかた》正義に要請するなど、統計についても貢献したという（横山雅男、

『東京経済雑誌』一八三四号、大正五年一月十五日）。

卯吉の大きな業績として挙げられるのは、明治十年（一八七七）に刊行を始めた『日本開化小史』に始まる史論・歴史研究・史料の刊行事業であった。黒板勝美《くろいたかつみ》は「我が国に於ける文化史の先鞭をつけたるものとして、我が国史の研究に一大刺撃を与へたのはこの日本開化小史であつた、博士が経済学の見地を以て欧州的史学研究を我が国史に加へて我が国文化の発達し行ける有様を論ぜられたのは、詢に新井白石の後、その以外にはじめて一生面を開かれたものといはなければならぬ、そして明治の初年以来研究的歴史が殆んど一般に忘却されたのを一転して、史学の機運は忽ち恢復し来らんとするに至つたのである」「博士は実に明治の白石として永く我が国史界の恩人といはねばならぬ」（『東京経済雑誌』一五九一号）と評しているが、本書が近代国家として出発しようとしていた日本民族・日本国家のなりたちを、欧米と並行する形で明らかにし、そのアイデンティティーを確立するに果たした役割を見逃すことは出来ない。その意味で、『日本経済論』と相関連したものと言うべきであろう。日本を欧米と異質なものと見ず、同時に欧米崇拝熱に水を浴びせ、日本の伝統をも大切にすべきだとしたのである。黒板はまた、卯吉の『日本開化小史』によって「学問の仕方が違つて来た、そしてこゝに一つの自覚を喚び起し、我が国また立派な歴史を有し、立派な文明を有して居る、必ずしも外国殊に西洋諸国の下にあらざるを覚り、国民の心に一大自覚を啓発するに至ったのは、この書の功績に帰せねばならぬと思ひます」（『東京経済雑誌』一八三四号）と述べている。

『国史大系』等の出版事業

卯吉は以後も歴史に強い関心を持ち続け、明治二十四年（一八九一）から二十九年まで雑誌『史海』を刊行し、史学研究の普及に大きな功績を残した。さらに「国史大系、群書類従等の出版に於て、政事類典、大日本社会事業（ママ）、大日本人名辞書等の編纂に於て実に明治の塙検校であつた、そして尊卑分脈、支那人名辞書その他在世中に刊行を企図されたもの猶ほ幾種の多きに上り、其原稿空しく博士を偲ぶ記念となつて居るのは如何にも遺憾である、しかもこれ等の事業は塙検校が半ば幕府の力によつて大成したのと反対に、全く民間にあつて独力よくこれを完ふせられたるは博士にしてはじめて能ふべきことで、その百難をも屈せずして事に当られたる勇気は実に讃嘆の辞を知らぬやうである」（『東京経済雑誌』一五九一号）と黒板は讃えている。日本の歴史書をはじめ古典籍を後世に伝えようとした事業（この事業に黒板は協力した）は、彼の日本に対する強い愛情の現れであった。歴史に限らず、彼の出版事業は「予約出版」の魁《さきがけ》をなしたと言われている。

日本人種論

日本の成り立ちの追究は晩年の日本人種論にまで遡っていく。これは近代化を着実に進め、清国と戦って勝利し、条約改正に成功した日本に対する白人の恐れ、「黄《こう》禍《か》論《ろん》」に対するものでもあった。彼の論は最初、日本人は「支那人種」と同一視出来ない、おそらく「匈奴」であろうとするものであったが、後には「余は従来の研究に於て大和民族は支那人と別種にして、印度、ペルシア、グリーキ、ラテン等と同種なることを確信したる者なり。故に余の見る所を以てすれば、黄禍論は其の根蒂に於て誤れるものなり。日本人を以て支那人と同じ黄色人種となせるの一点已に事実を誤れりとすれば、黄禍論は全く無根の流説たらざるを得ず」（『破黄禍論』自序、明治三十七年。『全集』二）とするものであった。欧米以外において近代産業・政治を身につけ、条約改正によって欧米諸国と対等な地位を獲得した日本を、「支那」と異なった独自の文化を築いた人種と見ることによって説明しようとしたのであった。

こうした卯吉の経済・文化論は、単に学問そのものを目指したものではなかった。従って、前述のように具体的な提案を個人としても、東京経済学協会としても積極的に行ったのであった。さらに南洋貿易を試み、東京株式取引所の役員になり、政府の保護なしで鉄道経営を行うことが出来ることを実証するために両毛《りょうもう》鉄道の建設・経営を行ったのである。さらに東京市会議員・府会議員、衆議院議員として政治の場にも進出して、その政策の実現を計ろうとしたのである。彼の議論は多くは多数派となり得なかったが、畏敬の念を以て迎えられ、影響を及ぼしたことも少なくなかった。

卯吉について追懐した多くの人々が、彼の特質として共通して挙げているのは「独立市民」であり「昂然不羈の天性」を持っていたことであった。彼の親友であった島田三郎（沼南）は「自信に厚くして主義に忠実なる紳士、所見博くして創思に富める読書家、自己の奉養に澹薄にして社会に深切なる公人、外温和にして内に勁節を懐き、自ら守ること堅固にして、人に対するに同情饒し、嗚呼是豈好個独立の市民に非ずや」（『東京経済雑誌』一二八二号、明治三十八年四月二十二日）と評した。また徳富蘇峰は「社会に於ける多くの問題の提供者たり、討論者たり、将た解釈者」（同）と述べた。「熱心」「正直」「懇切」「丁寧」「楽天主義」「清廉」「潔白」「好奇心」「精力旺盛」「奮闘」「侠気」「意志強毅」「謙遜」「無邪気」「守節」「飄逸」「親切」「涙脆い」も多くの人の指摘するところであった。田口の事業の一つであった東京経済学協会の継承者であった阪谷芳郎は次のように述べている（『東京経済雑誌』一八三四号）。

幕府の末、明治の初、横浜の或る町の上に蓙を一枚置いて其上に古本を列べて居つた憐れな少年は誰であつたか、田口さんであつた、田口さんが如何に独立心に富んだかと云ふことは此一事で分かる、横浜の町で夜店を張つて蓙を一枚敷いて古本を列べて夜風に吹かれて商をして、其銭を以て学問をした人がある、此憐れなる少年が他日の日本の経済学の大なる普及の基を為した田口博士、勿体なくも今日大正の御即位式に於て御贈位の恩典に与つた人である、誰が此田口君を造つたか、人に依頼せず、人に無心を言はず、自分が自分で稼いで夜大道に蓙を敷いて夜風に吹かれて商をして粒々辛苦した金で以て次第々々に法学博士田口君が出来上つたのである、立身を為すも、学問で名を為すも、国家社会に功業を為すも皆此所にある、自分で稼いで自分でやつて行く、自分の独立心を真直ぐに、自分の善いと思ふことを真直ぐに進んで行く勇気は、此憐れなる少年が寒風に曝されて古本を商つた時に既に萌して居る、……自分が人に依頼しない、少しも人に依頼しないで自分の心に一旦決心した事は決して枉げない、如何に北風が吹いても雨に晒されても此心を枉げることが出来ない、是が田口君の田口君たる尊い所である。

また「議論を好むも怨を買はず」というのも多くの友人の指摘するところである。『報知新聞』が掲げた「逸事」に「学理上の議論に於ては如何にも剛情にして何人を相手としても論戦を重ねたが其の攻撃の中に愛嬌が有て敵と雖も氏を怨む様の事はなかつた、或る時門下生を戒めて曰く、文章にウヰツトがなくてはならぬ、成島柳北の文などは誠に面白かツた、又論戦の時にも決して敬礼を失はない様にしなければならぬ」（『東京経済雑誌』一二八二号）と。徳富蘇峰も「特筆す可きは、如何なる悪戦、激闘に際しても彼が紳士的態度を保持し、其の箭鏃に毒を塗るが如き事なかりしこと是れ也、言ひ換れば、彼は何時も一種の愛嬌ある滑稽を持し、最も猛烈なる場合に、好んで之を使用したり、彼が真面目なる、厳格なる中に、恒に面白き、可笑しき反面を見出したるは、彼の論戦の慣用手段たりしのみならず、又た処世の金鍼たりき」（『東京経済雑誌』一二八三号、明治三十八年四月二十九日）と述べている。金井啓一も「君には『ぶる』とか『がる』とか云ふ分子は卯の毛ほども無かつた」（『東京経済雑誌』一二八六号、明治三十八年五月二十日）と述べている。

洒脱な人柄

家庭における様子を瀧台水は、「先生の家庭は一家団欒、杯を上げ箸を執る間に先生の談論縦横、諧謔百出し人をして頤を解かざるを得ざらしむ、午餐終るや先生安楽椅子に横臥して、最も卑近なる俗談を試むるを例とせり、此際南洋渡航中の奇談もあり、青年当時の失恋談もあり、北海道漫遊の失敗談も出で、旧幕時代の追憶談も出づる也、而して其態度や鷹揚にして洒脱、小児も喜んで近づくべく、其言語や愛嬌ありて軽暢、婦女子も以て親むべし、時には花柳の綺話を語り、時には温雅なる俗歌を唄ひ、春風和気雍々として堂に充つるものあり、其温乎たる風采、君子らしき容姿、髣髴として眼前にあるが如し」（『東京経済雑誌』一二八三号）と回想している。

キリスト教との触れあい

卯吉はある時期にキリスト教に関心を持ち、洗礼も受けたらしい。そして葬儀もキリスト教式で行われた。しかし熱心なキリスト教徒であったような感じはない。海老名弾正《えびなだんじょう》は「唯物論のやうな、浄土真宗のやうな所から出て、遂に一種の凡神論万有神教の所に至つて止まつて居る」（『東京経済雑誌』一五九一号）と、その信仰について述べている。卯吉はおおむね「平和」主義を持したが（島田は「元来田口君は其の経済論より出立して、平和論者の一人であった」と述べている。『東京経済雑誌』一八三四号）、絶対平和主義をとった訳ではない。坪谷善四郎は、「皆さん御承知の如く最初明治三十二年頃まで、田口君は余程陸軍の軍備拡張といふことは御反対であつたのでありますが、明治三十三年以後其意見がちよつと変つて参りました」（『東京経済雑誌』一二八五号）として、明治三十三年の経験を語っている。

それは、北清事変で坪谷が卯吉に随行して北京に赴いたが、行く船の中でも卯吉は軍備拡張に反対していた。天津に着き、そこから北京まで鉄道が破壊されていたので、一週間ばかりかけて途中を見ながら行った。この一週間、ロシア軍の乱暴は凄まじく、「家は悉く焼き、人は或は殺戮する」、そのほか人類がほとんど想像し得ないほどの状態を見て、「流石に此温厚の田口君も、露西亜人とは到底並び立つことは出来ない」と非常に憤慨した。途中、駐屯している日本軍に、ロシア軍の暴状を訴え、日本軍が救ってくれるようにという切実な嘆願書がたくさんあったので、それを集めて持ち帰り、ロシア軍乱暴の顚末を編纂し、欧文にも訳して各国に通知した。これ以後、陸軍軍備拡張反対論は口にせず、さらに「露西亜は早晩膺懲を加へなければならぬといふ思想」になり、島田三郎などと国民後援会を起こして、対露戦に尽力したのだと。

晩年、著述をまとめようとする

卯吉は明治三十七年（一九〇四）の総選挙には出馬しない積もりであったらしい。服部暢に対して「精力絶群の人なりとも、人生六十を過ぎてはダメなるべし、予今年既に五十、即ち余す所十年に過ぎず、紛々たる政治的奔走に労れて一生を空過するは、蓋し予の適所にあらざるが如し、今後の十年間静に世と遠ざかりて、一生の間に書散らしたる文章を整へ、又纏まりたる著述をも試みて、聊か後世に伝へんと欲するなり」（『東京経済雑誌』一二八二号）とのべたという。数人の人々が同様の意向を聞いたと述べている。経済学の著述に打ち込もうとしたのか、或いは日本人種論を追究しようとしたのか判然としないが、日露戦争の最中という事態の中で立候補して当選、病に倒れて、日露戦争の勝利を見ることなく、後に『鼎軒田口卯吉全集』全八巻（昭和二年—四年）に収められることになった著作（収録されなかったものも少なくないと言われる）を残してこの世を去ったのであった。

親友島田三郎の述べた田口君履歴

この章を終えるにあたり、田口卯吉の葬儀の式場で、親友の島田三郎が、その朗読に際して「潸然と涙下つて失態を致した」といい、その後も多くの人の回想で触れられている「法学博士田口卯吉君履歴」を掲げておこう。以下の章を読みすすめる手引になるだろう。

君名は鉉、字は子玉、鼎軒と号す、田口氏、通称は卯吉、後専ら通称を用ふ、其の祖及び父、皆幕府に仕へて徒士に班す、祖慎左衛門は、儒官佐藤一斎の子にして、入つて田口氏を嗣ぎしが、男子なかりしかば、旗下の士西山氏の子樫郎を養つて長女町子に配し、家を承がしめたり、君は則ち其の子なり、安政二年四月廿九日を以て江戸に生まれ、五歳にして父を喪ひ、家道艱難にして、教養劬育、一に母氏の手に頼りしが、慶応二年父祖の後を襲ぎて、亦徒士となれり、

徳川氏大政を奉還し、幕臣多く士籍を解くに及び、君母を奉じて横浜に移り、一旦商戸に編し艱苦を嘗む、

明治元年徳川氏静岡に封ぜられ、旧士の復帰を許しゝかば、明年君帰藩して沼津小学に入り、尋いで兵学校の試験に及第し、当時其の志軍医とならんとするに在りき、是より先林紀氏荷蘭に於て医学及び軍医制度を修め、帰りて静岡病院長となれり、是の時に方り沼津兵学校、医学生若干名を選び、林氏に托して静岡に学ばしめたり、君は則ち其の一人なり、既にして封建廃せられ、藩の兵学校陸軍省の管轄に帰するに及び、君宿志を翻し、東京に出でて、他の業を修めんとす、是の時大蔵省、翻訳局を置き尺振八氏を挙げて主任となし、財政必要の書を訳し、兼ねて省内諸寮に用ふべき学生を教育す、而して君の幼年より教を受けたる乙骨太郎乙氏、其の教員た

りしかば、君を其の生員に薦め、試みられて及第し、此に英語及び経済学研窮の機会を得たり、居ること三年、卒業して大蔵省紙幣寮に出仕す、然れども君の志は、仕官に在らずして、独立の市民たるに在り、故を以て約束年限の勤務を終り、明治十一年遂に官を辞せり、

此の間日本経済論を著して、自由貿易の説を唱ふ、是の書少年の作なりと雖も、其の後来学説政論の基礎、早く此に樹立せり、

十二年、望月二郎等諸氏と共に経済雑誌を刊行し、君其の社長として主筆を兼ね、当時勃興せる一種の保護特権専売の風潮に抗し、居然自由貿易論の中堅となり、而して雑誌刊行の傍ら、経済学協会を起して、学理と実地とを研窮するの機関とし、明治十二年以来、連続して今日に至れり、

君又嘗て嚶鳴社に入りて、自由立憲主義を鼓吹し、自由新聞に助筆して、専ら経済政治の論文を担任せり、

君は唯言論の士たるに満足せず、常に其の持論を事業に施さんと欲し、実業の方面には、株式取引所の肝煎となり、両毛鉄道会社を創立し、独立私設鉄道会社の模範となさんとし、推されて其の社長となり、南島商会を起して、遠く南島貿易の先駆となれり、

公務の方面には、府会区会市会の各議員となり、又本郷教育会長に挙げられ、府会常置委員市参事会員農工商高等会議々員商業会議所特別会員博覧会事務員貨幣制度調査委員となり、二十七年、東京市より選ばれて、衆議院議員となり、爾後毎回当選し、三十三年、団匪の乱後、北清を視察し、露兵の支那非戦員を暴掠せる実情を観て、大に憤慨し、帰りて之を同志に報告し、同志連署の文を草して、之を列国人に訴へたり、蓋し君の対露観念は、則ち此際に於て一変せり、三十七年六月、又満洲占領地を視察せり、

君の政治実業二界に活動せる功績は、大略此くの如し、然れども其の終始一貫して、専ら力を尽せるは、言論文章を以て経済的智識を社会に弘布するに在り、其の経済雑誌を刊行すること、二十七箇年の久しきに至り、其間日本経済論を初めとして、日本開化小史、支那開化小史、経済策、続経済策、洋銀排除論、内地雑居居留地制度、条約改正論、商業史歌、楽天録、古代研究、破黄禍論等の著作あり、其の史学に関する論文は、史海に連ね掲げられ、君の監督に由りて、雑誌社友の編纂に係る者には、大日本人名辞書、日本社会事彙あり、飜訳には、政事類典あり、尚其の他国史大系、続国史大系、群書類従、続群書類従、徳川実紀、続徳川実紀等を刊行す、

是より先き三十二年法学博士の学位を授与せらる、然るに三十八年四月十三日午後十一時十五分、慢性腎臓萎縮症、中耳炎併発の為めに永逝せり、享年五十有一、誠に惜しむべきことなり、

君山岡氏を娶り男文太を挙げ明治十八年先ち没す、後配山岡氏、武二郎泖三郎の二子を挙ぐ、之を要するに、君が政治実業に於ける、言論文章に於ける、将た諸出版書籍に於ける、大にしては国家の為めに謀り、小にしては一人の為めに謀り、其の国と人とに益する所、実に大なりと謂ふべし、而して一朝不治の疾に罹り、遂に不帰の客となれること、予先づ友として自ら哀しみ、而して又諸君と共に、世の此の人を喪へるを哀しみ、茲に其の践歴を述ぶること斯くの如し、

（『東京経済雑誌』一二八二号）

第二　生い立ちと修学

一　田口家とその周辺

出生

田口卯吉は、開国の翌年にあたる安政二年（一八五五）四月二十九日、江戸目白台《めじろだい》の徳川氏の徒士《かち》屋敷で生まれた。この土地は現在の東京都文京区目白台二丁目、日本女子大学所有地内にある。卯吉は父樫郎《かしろう》の長男だが、母町子にとっては四番目の男子だった。それは田口家の複雑な家族構成を反映しており、樫郎は入婿、町子が家つきの娘で再婚だったからである。

徳川御家人田口氏

田口家は初代卯右衛門が八代将軍徳川吉宗の時に召し出されて以来、代々徳川氏の徒士を勤める家柄だった。徒士は、江戸城内の警衛、将軍出行の際の警固を主な任務とし、当時は一組約三十人、全二十組で構成されていた。組屋敷は江戸市中に分散していたが、田口家は目白九番組に属していた。徒士は七十俵高五人扶持、譜代《ふだい》ではなく一代ごとに召し抱えられるという抱席《かかえせき》で、徳川氏直参《じきさん》の内では軽格小身の方だった。しかし組屋

曽祖父佐藤一斎

敷として拝領した土地を町人に貸し付け収入を得ることもできた。田口家はもともと富裕の家であったといわれるが、幕末には御家人株を手放すまでに落魄していたという。これを買い取ったのは、近世末期の代表的な儒学者のひとりで、天保十二年（一八四一）から十八年間にわたり幕府儒官を勤めた佐藤一斎《いっさい》（担《たいら》）である。一斎は長男慎左衛門（滉）に田口家を継がせた。すなわち慎左衛門は田口家の当主弥兵衛の養子となって、その娘鉄《てつ》（のちに可都《かつ》）と結婚した。長男が他家を継ぐというのも妙であるが、慎左衛門は放縦な性格で、腕力は強いが学問には不向き、儒家としては立ってゆけないと見た一斎が、

佐藤一斎画像（渡辺崋山筆）

こうした措置をとったのである。この慎左衛門が卯吉の祖父に当る。従って佐藤一斎は卯吉の曾祖父である。幕府の御家人の家に生まれたことと、高名な儒家の血を引いているということは、卯吉にいろいろな影響を与えることになる。

祖父慎左衛門

慎左衛門は、文政九年（一八二六）十二月に養父弥兵衛が引退した跡へ召し抱えられ、御《お》徒《かち》として勤めることになった。しかし同僚との折合いが悪く、たびたび格闘さえするという始末で、組中では皆の困り者であった。もっとも文政十一年に抜擢され天文方手附となり、山路《やまじ》弥左衛門の配下で文書を校閲する役についているところをみると、適切な役目を与えられれば才能を発揮できたのだろう。この山路弥左衛門は、山路愛山《あいざん》（弥吉）の祖父に当る人物である。そうした関係であろうか、慎左衛門は佐久間象山《しょうざん》や渡辺崋《か》山《ざん》ら蘭学に関わりを持つ知識人と交友があり、彼らはしばしば田口家を訪れたらしい。そのことを卯吉は祖母の可都から聞いている。

母町子

慎左衛門と可都の間には一女町子しかなかった。これが卯吉の母である。当時の下級御家人の家計は一般に苦しかったが、特に慎左衛門は放縦で家財を使い尽くしてしまい、一斎がある程度補ったが、とても足りなかった。その慎左衛門は天保十一年（一八四〇）にこの世を去っている。享年三十六歳というから、当時としても若死である。残された町子はまだ十二歳であった。三田（港区）の万昌山功運寺に葬られたが、のち谷中霊園（台東区）に改葬された。

兄と姉

当主を失った田口家はますます貧困に陥った。町子は天保十三年（一八四二）、十四歳のとき井上貫流左衛門の次男耕三を婿にとり、三男一女の母となった。しかし結婚生活八年にして耕三は嘉永三年（一八五〇）に病没し、町子は二十二歳の若さで後家となった。この年、長男復太郎はかぞえ年で八歳、次男（名不明）は生後まもなく死亡、長女鐙子《とうこ》三歳、三男貫一郎二歳であった。そのうえ長男復太郎も翌年死亡し、三男貫一郎が嗣子となった。

父樫郎

当主が死亡し、嗣子も父の跡目として幕府に抱えられて徒士勤めをするには幼すぎるということは、田口家にとっていろいろな意味で危機を意味した。可都と町子は貫一郎の成長に将来を期待していたが、親類の意見をいれ、御家人西山氏の三男の樫郎を婿に取ることにした。この樫郎が卯吉の父となるのである。

卯吉は後年「自叙伝」（『全集』八）のなかで、父の婿入りについて次のように記している。

我父の斯る貧しくして、老女、幼児、多かりし家に婿入りせられたるも又故あり。我父は西山氏の三男にして血筋は大久保彦左衛門の流を汲むとかや。去れば賤しき家柄にはあらねども、是れ又た極めて貧くして、殊に三男に御はせしかば、早くより家を出で、番町辺なる旗本用人となりて生長せられぬ。斯くて長兄なる西山敬一郎君は家を継ぎて御勘定方となり、二兄東一郎君は大島氏を継ぎて世に用ゐられたれば、我父にも長く人の用人となり果てんやとて、我家に来られしなり。

貧困のうえに義母と先夫の子供が二人いる田口家は、決して魅力的な婿入り先きではない筈だが、貧乏御家人の三男で家を継ぐ見込みがなく、他家に奉公していた樫郎には、選り好みをする余裕がなかったのだろう。この父母の間に、安政二年（一八五五）卯吉は誕生した。この年は乙卯の年であり、また生まれたのが卯月であるところから、曾祖父の佐藤一斎が通称を卯吉と名付けたといわれる。

卯吉命名の由来

父樫郎の教育について卯吉は「毎日記者に告ぐ」（『全集』八）という文の中で、「西山氏貧し、諸子教育を受くるを得ず、而して余が父最も甚し。即ち旗下の士某氏の用人となりて、俗事に鞅掌し、其の余暇を以て剣を学ぶ。兼ねて水泳を学ぶ。皆達することを得たり。即ち之を以て世に立たんことを欲せり。」と述べる。さらに田口家に入ってから「田口氏貧困洗うが如し、故に余が父は子弟を集め剣と書とを教へて以て家道を資け、百方周旋栄進を計り将に成るに至らんとす。」と述べ、父が立身の機会をつかむために苦労して剣や水泳を学び、田口家の婿となってからは家勢挽回をめざして子弟の教育にあたったことを記している。また大学頭《だいがくのかみ》林家の門人録である『升堂記《しょうどうき》』によれば、樫郎は田口家の婿となった翌年の嘉永五年（一八五二）六月に、佐藤一斎の娘婿のひとり河田迪斎《てきさい》（興）の紹介をもって入門している。

父の死

しかし卯吉の書くところによると、「将軍徒士の水泳を両国川に観るの事あり。余が父水中紙を取り菖蒲を折りて献ず、賞あり。而して病を獲て死せり。」（「毎日記者に告ぐ」）ということで、かねて習った水泳の功で将軍の目にとまったものの、その水泳がもとで病を発し、安政六年（一八五九）十二月八日、三十五歳の若さで没した。このとき町子は三十二歳、卯吉は五歳であった。翌年にはさらに兄貫一郎が二十歳で死ぬという不幸に見舞われた。田口家の子供は結局、七歳年長の異父姉鐙子と卯吉の二人となり、卯吉が家を継ぐめぐり合わせとなったのである。

田口家嗣子

号鼎軒

慶応二年（一八六六）四月十五日、卯吉は十二歳で元服した。元服の際に佐藤一斎の嗣子立軒《りつけん》（新九郎）が、『易経』鼎の上九に「鼎玉鉉、大吉无不利」とあるのによって、卯吉の名を鉉、字を子玉《しぎょく》、号を鼎軒《ていけん》と授けた。同年、亡父の跡を承けて徒士見習勤めを命ぜられ、わずかながら扶持米等を支給されるようになった。ところがその十二月、幕府の一連の軍制改革によって徒組は廃止され、組衆は老弱者を除き新設の奥詰銃隊、銃隊、遊撃隊に編入されることになった。卯吉は銃隊に入れられ、最新式ではないが、当時の日本で最も普及していたゲベール銃という小銃の操作を習練し、西洋式の軍隊調練を受

木村熊二

けることになった。

いっぽうで卯吉は、この年、昌平坂の学問所で素読《そどく》吟味を受けている。これは毎年一回、四書五経等の基礎的典籍を素読させる漢学の初歩的試験で、学問所素読所の生徒のほか外部の者も受験できた。たとえ優秀な成績をおさめても、褒美がもらえるだけで、他に特典はなかった。それでも卯吉は学問所教授だった佐藤一斎の曾孫でもあり、成績優秀なら出世の糸口になることもありえたから、受験したのは当然だったと思われる。

二　義兄木村熊二

この年の暮、姉の鐙子が御家人の木村熊二と結婚して、下谷《したや》の生駒主殿屋敷前の徒士屋敷の一画（現在の台東区御徒町）に家庭を構えた。熊二は、四代にわたる但馬出石藩主仙《せん》石《ごく》侯の儒臣桜井家の二男として弘化二年（一八四五）一月二十五日に生まれた。父石門（通称一太郎）には一女三男があり、一女増子は養子を迎えて家を継ぎ、長男は後の貴族院議員、錦鶏間祗候桜井熊一（勉）、三男熊三は近藤家の養子になった。二男熊二は、石門の高弟で聖堂の都講《とこう》となった木村琶山（近之助）の養子となった。十四歳で河田迪斎の塾に学び、十六歳で学問所の寄宿寮に入り、佐藤一斎・安積《あさか》艮斎《ごんさい》に経書を学んだ。のち慶応二年十二月には、新設された銃隊で差図役勤方（中尉に相当する）に任ぜられているから、洋学か洋式兵術についても心得があったのであろう。熊二はこの役職就任を機に、兄熊一と師河田迪斎の斡旋で鐙子と結婚することになった。

乙骨太郎乙との出会い

翌慶応三年（一八六七）、田口家は目白台を去り、下谷生駒屋敷前の木村熊二・鐙子の家に同居することになった。目白台の屋敷は他人に貸したのかもしれない。下谷の木村家の近所に徒士目付の乙骨《おつこつ》太郎乙《たろうおつ》が住んでいて、田口家・木村家との家族ぐるみの交際が始った。太郎乙は儒者乙骨耐軒《たいけん》の長子であったが、漢学とともに蘭学・英学も学び、幕府の洋学機関である開成所《かいせいじょ》の教授方を勤め、後に外国奉行支配調役に転じた。この経歴が示すように、幕末洋学の先駆的修業者のひとりだった。太郎乙はのちのち卯吉の人生に多くの影響を与えることになる。

乙骨太郎乙

二　幕府瓦解後の田口家

明治元年（一八六八）、明治維新によって幕臣であった田口家もその周辺の人々も大変動にみまわれた。ただし戊辰の役で、官軍が江戸を攻略するに至るまでは、田口家をはじめとする下級幕臣の生活にそれほど実質的な影響があったようには見えない。まして卯吉は維新の年に数えで十四歳になったばかりだったから、その前後の政治・社会の変動に積極的に関わることはなかった。この時期について卯吉の書いたものは少ないが、明治三十五年（一九〇二）六月の「徳川公授爵祝賀会に於て」（『全集』八）の演説中で、「維新前後のことに就きましては、私共は実に経験のないものでございます」と前置きして次のように述べている。

私の兄は、木村熊二、是も陸軍に関係して居つた。其の隣家に乙骨太郎乙と云ふ人が住つて居る。是も陸軍に関係して居つた。上野の戦争の起つた当時は、是等の人々は皆戦ふ考へで、今一日猶予いたして支へて居つたならば、速に応援に出る考で、頻りに奔走して居つたやうでございます。私共十四歳であつたから、幾らか助けをしたいといふことを兄などに申しました。所が汝の様な小さな者が出ても邪魔になる。それよりか大きくなつたら国家の為に尽すが宜しいといふので、殊に生駒辺は弾丸などが参ります所から、家族などが此様な所に居つてはいかぬと云ふので、家族に従つて浅草へ逃げるといふ訳で、浅草へ逃げましたやうな次第であつたのです。で斯う云ふやうに私の兄若くは先輩等は、当時皆戦ふ方の考を有つて居つた。それ故に当時の私共の頭脳に這入つて居りまする考から申しまするると、慶喜公が恭順謹慎をせられたといふことは、子供ながらに誠に不満の考を以て居つたのである。

旗本御家人の家の例にもれず、田口家の困難はこの上野の戦いの敗北のあとにやって来た。田口家の支えであった義兄木村熊二は官軍への恭順を拒み、いま一度戦って徳川の勢力を挽回しようと試みた。その試みはあえなく破れ、熊二は身を隠さざるを得なくなり、住む家も収入の途も失った田口家と木村家の女性と子供たちが混乱の続く世間に放り出された。しかも間の悪いことに、熊二と鐙子の間には二月に長男祐吉が生まれたばかりだった。両家は江戸を離れて横浜や程ヶ谷（横浜市保土ヶ谷区）へ逃れた。

横浜への逃避

この時期の田口家の様子について、後年、熊二は『東京経済雑誌』一三五九号（明治三十九年十月）に載せた「故田口鼎軒の書簡に就て」という一文で、「維新の始め、田口の一家は乱を避けて横浜に、程ケ谷に流寓飄泊して、刈部清兵衛なる人にたより、祖母は人の為めに裁縫し、母と鐙子は少しの商業を営みて糊口の計を為し、鼎軒は英語を学ばんとて、米国の宣教師タムソンの方或は外国商館へ雇れなどして苦心したりき」と述べている。卯吉も「自叙伝」(『全集』八)に「此の時、我はゝの商業は玉子を外人に売込むことなりしが、是も亦た忽ち破れ、次ぎに烟草を小売することゝなりしが是亦利薄くして立行かず。又た夜中大福餅を太田橋に売りしこともありしが、是亦損失なりしなるべし。……蓋し此時の事は我はゝと我姉鐙子と共に万事を為せしなり」と記している。

田口家と木村家の書簡

維新直後のこの時期を含めて明治初期の卯吉やその周囲の人々の様子を知るうえで最も重要な史料のひとつが、田口家と木村家の家族・親類の間で交わされた書簡である。それらの書簡は東京女子大学比較文化研究所木村文庫に収蔵されており、とくに木村熊二・鐙子夫婦の往復書簡は、『木村熊二・鐙子往復書簡』として刊本になっている。そうした書簡のひとつで、鐙子が潜伏中の夫熊二に書いた書簡には当時の一家の経済状態がさらに具体的に記されている。それによると祖母可都・母町子と乳児を抱えた鐙子は商店を借りて炭・薪・煙草を商うかたわら、店の一部を他人に又貸ししたり、鶏卵の行商をしたり、一枚仕立てて五匁(銀)にしかならない木綿の着物を三人がかりで一日に二、三枚縫い上げ、なんとか食べていけるだけというぎりぎりの生活をしていたという。

母町子と姉鐙子の奮闘

卯吉は乙骨の周旋で、飯岡金次という旧幕臣のもとに食客となって身を寄せた。飯岡は横浜太田町で小間物屋を経営し、弁天橋通りにも永楽屋という骨董屋を開いており、卯吉はその商売の手伝いもした。木村熊二はさきの回想の中で次のように述べている。

一夕余は弁天通りを通過せしに、露店に手拭をかむりて坐したる一少年の酷だ鼎軒に似たるを見る、近寄て見れば、こはそも如何に鼎軒なれば、余は驚き「何故こんな所に露店を出しているのだ、足下《おまへ》は横浜に英語を学んとて来たのではないか」、「でも母も姉も夜業《よなべ》に潜心していますから、すこしでも菓子代を得て帰りたいと思つて、飯岡さんにたのんで番を為て居るのです、露店の商売は面白いものですネー、つまらない物に銭を投じて行く人があります」、此一言は、余が心腸を利刀にて刺す心地せり、アア無邪気の少年、余が一人の義弟をして如斯《かかる》逆境に投ぜしめねばならぬかとこころに悲泣《な》きていたけれど、わざと平気をつくろひ、「風邪でも引くといけない、大概にして御返りなさい」とて其夜はわかれたり、

この回想から維新直後の田口家の苦しい暮らしぶりがわかる。それと同時に、徳川御家人のプライドを捨てきれない熊二と新しい環境に早くも適応し始めた卯吉の対比も読みとることができる。

数え年で十四歳にしかならない卯吉が家族と離れ横浜に滞在していたのは、そこでなら仕事をかねて外国語の勉強ができると期待していたためらしい。しかし姉の木村鐙子

が明治元年（一八六八）に潜伏中の夫熊二に書き送った書簡によれば、永楽屋では店番などを勤めるばかりで勉強はできず困っていたという。卯吉は西洋人の所で働くことを希望して自ら働き口を探し、アメリカ長老派教会の宣教師「タブソン」（David Thompson、タムソンとも呼ばれた）のところへ行ったり、通訳をしていた河英吉の借家に住み込んで西洋人に雇われる機会を待っていた。その後、永楽屋の口ききでやっと西洋人の商人に雇われたものの、期待していたような勉強はできなかったらしい。

西洋商人のボーイ

ここでの卯吉の仕事の内容について鐙子の書簡には何も書かれていないが、後年、卯吉自身が『教育時論』六三五号（明治三十五年十二月）に載せた「大蔵省飜訳局の学生」という文の中で、「西洋人の内（家）に、「ボーイ」をして居たこともあります」と述べていることから、どの程度のものか想像がつく。それでも鐙子が同年十一月頃と推定される熊二宛書簡に、「先方あきんどニ御座候間、おしゑくれ候様御事も御座無候得共、殊の外ひまニ御座候間、所々にけい古ニ参り、タブソントカ申人江弟子入いたし候て、日々用事仕まひ候てより参りまいらせ候」と書いているように、その西洋人のところでの仕事は忙しくなかったので、毎日仕事が終わると卯吉は宣教師のタムソンのところへ英語を学びに通っていたようだ。

徳川氏静岡移封

このときには、田口家だけでなく旧幕臣全体が困難を極めていた。徳川氏の処分が決定して、田安家の家達《いえさと》が駿河の府中（後に静岡）に封ぜられ、遠江および陸奥の数郡と合わせて七十万石を賜ったのは、明治元年（一八六八）五月二十四日のことであった。四百万石から七十万石に減封された以上、静岡藩は従来の幕臣全体を養うことは到底不可能だった。新藩主家達の父慶頼《よしより》と前津山藩主松平斉民《なりたみ》は朝廷に伺ったうえ、旧幕臣全体に対し、官途について朝臣となるか、旧来の禄や知行地を返上して農・工・商業を営むか、徳川家に従って新領地の静岡に移住するかという三つの選択肢のいずれかを選ばせた。これに応じて多数の旧幕臣が新領地に移住した。その数は詳細にはわからないが、山中笑の「明治維新当時の静岡」（『静岡市史編纂資料』四巻所収）によれば、家族・用人まで合わせると約四万人にのぼったという。その多くが、藩の役職に就いて手当を受ける見込みもないまま主家に従って静岡に赴いた、いわゆる無禄移住の人々だった。

田口家の程ヶ谷移転

官軍の追跡を逃れる必要があった木村熊二は、家族より一足早く、明治元年冬までには駿河の徳川藩領に入っていたようだ。鐙子も幼い祐吉を連れて熊二が借りた一間に移住したことが、熊二、鐙子、母町子の間で交わされた書簡からうかがわれる。残された母と祖母は、暮らしにくくなった横浜を出て程ヶ谷に引越した。母町子が先夫の実家である井上家の人々に出した書簡数通が沼津市明治史料館に所蔵されているが、そのうち明治二年夏頃と推定される一通から、当時の田口家の暮らしぶりがわかる。町子たちは

母と祖母の紅梅焼渡世

この年四月五日に程ヶ谷に移ると「紅梅焼」という幕末からはやっていた駄菓子を作って商売を始めた。菓子商売で忙しいと書いているので、それなりに繁盛していたようだ。

乙骨家寄留

卯吉の身分については、母や姉が心配して熊二や卯吉の父樫郎の実家西山氏にいろいろ頼み込んでいたが、明治二年、熊二の依頼により、沼津（静岡県沼津市）の徳川家兵学校で英語二等教授を勤めることになった乙骨太郎乙の家に引き取られ、そこから兵学校附属小学校に通学することになった。これには母町子も胸をなでおろしたようで、「いか斗《ばかり》〳〵ありかたく〳〵、卯吉事さそ〳〵悦候事と大安心致申候、……乙骨様も御せわ被下候御事ゆへ、修行ハ元ゟ《より》朝々手伝抔《など》、き(気)を付はたらき、口返とう(答)なと致し候事もつての外の事、なまききの初にと存候」と熊二に書き送り、斡旋を感謝している。また卯吉には熊二を通じて、毎朝乙骨家の手伝をせよとか、口答えするなと戒めをいろいろ与えている。維新の動乱期にまだ十代前半の少年だった卯吉は、このように他人の家から家へと厄介になりながら三年あまりを送ったが、このことはのちのち卯吉の処世や対人関係のあり方に影響を与えているかもしれない。

三　静岡藩での教育

沼津兵学校

沼津の兵学校と小学校は、沼津移住掛阿部邦之助（潜）により、明治元年（一八六八）十二月に開設されたばかりだった。維新後の徳川藩にとって旧幕臣の救済は緊急の課題であり、そのため教育振興が帰農援助と並ぶ重要な政策として推進された。兵学校経営はそ

沼津兵学校記念碑（明治28年建立）

の一環である。沼津の兵学校は慶応三年（一八六七）に設置された幕府陸軍の三兵士官学校に起源を持つ。しかしこの沼津兵学校は陸軍関係者に限らず、初代頭取の西周助《にししゆうすけ》（周《あまね》）が元開成所教授であるのをはじめ、旧幕時代に開成所・軍艦操練所・外国方などに勤めていた洋学や洋式兵学の専門家をも教授陣に加え、明治新政府や諸藩が到底及ばない程の高い教育水準を誇っていた。

附属小学校

附属小学校は兵学校頭取の管轄下に置かれ、七、八歳以上の児童生徒に対し、素読・手習・算術・地理・体操・剣術・乗馬・水泳・講釈聴聞の授業を行うことになっていた。小学校には、徳川家臣の子弟ばかりでなく、在方《ざいかた》や町方《まちかた》の庶民も入学を許された。たとえば卯吉と同様明治二年に入学し、のちに陸軍大将となる井口省吾《いぐちしょうご》は沼津在方の出身である。他にもこの小学校からは、西紳太郎や田辺朔郎《さくろう》ら軍人や学者として名をあげた者が多数現れている。

中根淑塾入学

小学校に通うかたわら、卯吉は乙骨から英語を学んだ。乙骨の家には、卯吉のほかに兵学校生徒の荒川重平や小柳津《おやいず》要人も寄宿していた。荒川はのちに海軍大学校教授になった人である。また卯吉は、松浦《まつら》藩儒朝川善庵の外孫で漢学者にして史家の中根淑《なかねしゅく》（香亭《きょうてい》）について漢学を学んだ。中根は学者でありながら主戦派で、鳥羽・伏見の戦に従軍し、さらに榎本軍に参加しようとしたが果たさず、静岡に逃れ来て、当時は沼津兵学校で三等教授を勤めていた。なお後年、中根は文部省編輯官となり、その後、樋口一葉を世に出した『都の花』編集長として明治文壇に寄与することになる。この中根塾について後年卯吉は、「中根と云ふ人は余程奇妙な人であつて、初めに荘子の講義をして、私に聞かせ、次に左伝の講義をされましたが、十八史略や、日本外史などは自分で読んだのです」と述べている。卯吉が既に漢学の基礎を学んでいたとはいえ、いきなり『荘子』から始めた点では、確かに中根の教育は少し変わっていたと言えるだろう。しかしここで卯吉は『十八史略』や『日本外史』などのポピュラーな史書を選んで自発的に読んでいる。ここに卯吉の史学への関心の芽生えがあったのかもしれない。

伊庭想太郎との交友

この塾で、のちに大阪商業学校長、三井合名会社理事となる成瀬隆蔵、『横浜毎日新聞』主事となる塚原靖、東京農学校や育英会の設立者となる伊庭想太郎《いばそうたろう》が同窓であった。ことに伊庭想太郎とは、明治三十四年（一九〇一）伊庭が星亨《ほしとおる》刺殺事件（一六五ページ）を起こして獄死するまで三十年以上の長きにわたって親交を結ぶことになる。伊庭想太郎は、幕末の剣客として有名な伊庭八郎の弟である。伊庭八郎は幕府講武所剣術師範伊庭軍兵衛の子で心形刀流《しんぎょうとうりゅう》の達人であり、前年の箱根の合戦のとき銃砲で武装した多数の官軍を相手に刀を取って孤軍奮闘し、武士たちを感嘆させた人物だった。八郎はこの戦いで片腕を失いながらも、なお箱館の榎本軍に合流するため便船を求めて横浜に至り、英国公使パークスの通訳として横浜本牧に在住していた旧幕臣の尺振八《せきしんぱち》の家に潜伏した。ちょうどその頃、卯吉は尺と知り合ったばかりだったが、まだ少年の卯吉にそのような重大な秘密が知らされるはずもなく、卯吉は何も気づかなかったという。

無禄移住者の処遇

この頃には徳川家の無禄移住の家臣団の処分も既に決定していた。ただでさえ転封は出費を伴って藩財政を圧迫するものだが、とくにこの時の徳川家の場合は最大規模の家臣団を抱えながら知行高が約六分の一に激減したため、家臣の扶助は困難を極めた。藩の役職に就く見込みもないまま移住して来た者に対しては藩から扶持を与えたが、それは旧知行三千石以上の者に毎月五人扶持、千石以上に四人扶持、五百石以上に三人扶持、百石以上に二人半扶持、二十俵以上に二人扶持、それ以下に一人半扶持、一時暇乞いし再び帰参した者に一人扶持という程度であった（一人扶持は知行約五石半に相当する）。知行三千石といえば町奉行クラスの標準的な禄高であるが、それほどの禄を受けていた大身の旗本が、かつての最下層の同心の給与に等しい五人扶持を受けることになったわけである。この一例からも、藩財政の厳しさと無禄移住の旧幕臣たちの凋落ぶりが想像できよう。藩はこのようなわずかな手当でまず当座をしのがせ、なるべく農・工・商業に従事して生計を立てるように指導した。

このような藩全体の財政難の中へ、しかも遅れて帰参した卯吉の処遇には困難が伴っ

卯吉の生育方雇

ても当然であった。卯吉の身分については母も姉も心配し、卯吉の父の実家の西山氏や木村熊二に周旋を頼んでいたが、結局、熊二の友人の乙骨の世話で処遇が決った。卯吉が沼津に赴いたのは明治二年五月のことで、十五歳になった卯吉は生育方頭取支配御雇という役目に就いた。前出の母町子の井上家宛書簡によれば「此度新規召出シニ相成、生いくかた支配仰付よし、五月九日命せられ候由」ということであった。町子は「万事乙骨太郎乙と申先生せわニて、家名も立、ありかたく仕合奉存、はゝかり様なから御安心被下候やう御願申上まいらせ候。」と述べ、乙骨の尽力で田口の家名が保たれたことを喜んでいる。たしかに新規召出しを受ければ、譜代の御家人となり子孫に至るまで徳川家より身分を保証されることになったから、母が喜んだのも無理はない。しかし実際には、権力を失い困窮を極めた徳川家の御家人となっても、生活の安定にはつながらなかっただろう。それでも、召し出されて正規の徳川家臣になったことは卯吉の自意識に何らかの影響を与えたものと思われる。なおこの召出しは、前記の沼津兵学校附属小学校入学とほぼ同時期であると思われるが、前後関係ははっきりしない。生育方はこの年九月に廃止されたが、再び乙骨の奔走で翌十月に二人扶持を受け、沼津勤番組頭支配三等勤番組に属することとなった。

沼津勤番に転属

この間、義兄木村熊二は静岡藩藩政補翼権大参事山岡鉄太郎と大久保一翁《いちおう》のもとでそ

外山正一

の附属の役を得て、書籍取締出役にも任ぜられ、高百俵五人扶持を受け草深中通りに百八十坪の土地を与えられた。明治初年このあたりは武家屋敷のほかは畑しかない所で、ここに徳川家臣の多くが住んでいたという。卯吉の「自伝」や三上参次『外山正一先生小伝』によると、祖母・母もここに移り住んだ。木村鐙子が熊二に書いた書簡から、ここで田口・木村家の女性たちは畑を作って大麦・小麦・木綿・茶等を栽培し、蚕や鶏を飼い、自家製の木綿を糸に紡ぎ、日常必要な物はなるべく自給しながら生活していたことが窺われる。

外山正一との交友

その田口の家族の家の近くに、外山正一《とやままさかず》（当時は捨八と称す）の家があり、外山の父正義（忠兵衛）と田口の家族が親しくつき合っていたので、卯吉も家族のところに帰った際に正一と会っていたようだ。なお正一自身は乙骨太郎乙の親友で、東京と静岡の往復の途中しばしば沼津の乙骨の家に宿泊し、乙骨家に同居していた卯吉とは明治二年に知り合った。卯吉自身が『東京経済雑誌』一〇三八号（明治三十三年七月）によせた「外山博士を憶ふ」という文の中で語るところによれば、自分が持っていたGolden Haired Geltlude という小説を外山に見せたところ外山はそれを一晩で通読し、これに感嘆した卯吉は正一を師として敬おうとしたという。しかし外山は七歳年下の卯吉を友人同輩として扱い、それ以来親しい交わりを始めることになった。

静岡学問所

外山は少年の頃から洋学方面では有名な秀才で、慶応二年（一八六六）に十七歳で英国留学に派遣されたが、幕府崩壊により明治元年（一八六八）六月帰国し、同年十月八日静岡に府中学問所（のちに静岡学問所）が開設されると、英学二等教授に就任した。この学問所は、昌平坂の学問所、開成所、横浜語学所等旧幕府の教育研究機関の教職員や蔵書の大部分が静岡に移転してきたのを承けて、これらの教育機関を再編成して設立したものである。旧官学の伝統を継ぐから水準が高かったのは言うまでもないが「明治二年九月静岡藩官職吏員改正概略」によれば、一等教授から五等教授まで三十九名、世話心得十八名という計五十八名の教育スタッフを擁し、漢学・英学・蘭学・仏学・独学の五科を備えて規模も大きな学校だった。外山はかつて開成所の英語教官であり、しかも英国留学で新知識を吸収してきたばかりだったから、府中学問所教授になったのは当然だった。

沼津兵学校資業生

米山梅吉『幕末西洋文化と沼津兵学校』によると、卯吉は明治三年九月二十四日の試験に及第し、十月二十七日兵学校の第六期資業生を拝命して、毎月金四両の学費を受け

島田三郎

ることになった。資業生とは、いわば基礎科の生徒のようなもので、「徳川家兵学校掟書」によれば、第一試を通過して入学した者は四年間資業生として、外国語・書史講論・数学・機械学・図画という基礎的諸科と、乗馬・鉄砲打方・操練等兵学の初歩を学ぶことになっていた。なおその後は、第二試通過によって本業生となり、三年間戦術・戦略等士官としての専門科目を学び、第三試通過によって得業生と認められることになっていた。しかしこの学校は明治五年に明治政府によって政府の兵学寮に吸収されたため、本業生・得業生を世に出すことなく終わり、結局、資業生を養成したのみであった。卯吉が兵学校に入学した動機は不明であるが、兵学校教官の乙骨の家から附属小学校に通っていたのだから、自然ななりゆきであったと思われる。また中根塾における友人の塚原靖が前年の試験に合格して第四期資業生になっていたことから、その勧めがあったことも考えられる。

島田三郎との出会い

この沼津兵学校で、卯吉は生涯の友となる島田三郎（当時は鈴木姓）と出会った。卯吉より三歳年長の島田は幼少の頃から幕府学問所儒官となった芳野《よしの》金陵《きんりよう》について漢学を

静岡学問所

修めており、この兵学校では卯吉より二期先輩の第四期資業生だった。卯吉が『東京経済雑誌』四〇九号（明治二十一年三月）の「島田三郎氏洋行に付経済学協会の送別会」（『全集』八）という文の中で述べるところによると、後に改進党系の政治家となる島田三郎もこの当時はかなり保守的で、治郎頭（ちょんまげ）を残し、兵学校入学後も英語を学ぶのを潔しとしなかったという。卯吉は沼津兵学校を、徳川慶喜《よしのぶ》の恭順を不服として脱走し官軍に戦いを挑んだ「旧幕脱走連中」の逃走場と評し、皆徳川政権の回復を望んでいたと回顧している。島田もそのひとりで、薩長との戦いに備えるため軍人を志望して兵学校に入学したという。しかし後に述べるように、卯吉の方は軍人を志して兵学校に入ったのかどうか疑わしい。なお前述の「兵学校掟書」によれば、兵学校では士官となる意志のない者も資業生として受け入れ、これを「員外生」と称していた。

医学修業拝命

明治三年十一月二十七日に、卯吉は五人扶持を支給されることになり、十二月二十日静岡病院に行き医学修業をするように命ぜられた。塩島仁吉の『鼎軒田口先生伝』によると「当時沼津に於て軍医を養成するの議あり、先生は其の選に当りたるものなりし」と書かれている。ちょうどその頃、外山正一が静岡学問所を去り、乙骨がその代りに沼津兵学校から静岡学問所に転勤することを命ぜられたので、乙骨は卯吉を同伴して静岡に移住した。外山正一は、かつて英国留学した際に知己となった森有礼《ありのり》に抜擢され、十月二十五日外務省弁務少記に任ぜられ、米国赴任を命ぜられたのである。

木村熊二米国渡航

外山の渡米は意外な面で田口家と木村家に影響を与えることになった。小山周次『小諸義塾と木村熊二』や巖本善治編『木村鐙子小伝』によれば、卯吉の義兄の木村熊二は外山に同行して渡米することを切望し、同僚の大儀見元一郎とともに勝海舟《かつかいしゅう》に頼み込み、佐倉定吉という変名で外務卿から旅券を受け随員となった。熊二は十一月初めに静岡を出発し、十二月初めに横浜から海路アメリカに向かった。三年の予定だった熊二のアメリカ滞在は、はからずも十二年の長きに及び、明治十五年熊二はキリスト教宣教師として帰国することになる。その熊二の不在中、田口家と木村家を支える責任が卯吉の肩にかかってくるのである。

静岡病院

卯吉が医学修業することになった静岡病院は、追手町にあった旧幕時代の学校、明新館の校舎を利用して明治二年二月二十一日設立された。この病院では、士族と庶民の区別なく治療や種痘を行っていたが、これと並んで医学教育を施すことも目的のひとつとされ、そのために同年五月には寄宿舎も設けられた。静岡病院頭は、五年間にわたるオランダ留学から帰ったばかりでまだ二十六歳の林紀《き》（研海《けんかい》）で、ほかに戸塚文海《ぶんかい》、坪井信良《しんりょう》ら旧幕府の奥医師等を勤めた著名な洋医が勤務していた。いったい何故、卯吉は医学を志したのだろうか。親友であった島田三郎は『東京経済雑誌』一五九一号（明治四十四年四月）によせた「盟友田口君の性行」という文の中で「蘭学の医家で杉田玄端君に田口君は引立てられた一人であります、其御方が医師で居つたから（田口は）医学に興味を有つて居つた、さうして、フイジツクを特に喜んで読んだ」と語っている。

杉田玄端

杉田玄《げん》端《たん》は杉田玄白《げんぱく》の子立卿《りゅうけい》の門人で、玄伯の家の養嗣子となり若狭小浜《わかさおばま》藩医となった。後にその学才が幕府に認められ、蕃書調所教授職並、洋学所教授を経て外国方に登用された。維新後は沼津兵学校の陸軍付医師頭取となり、ここで卯吉と出会ったものと思われる。

医学志望の動機

島田は兵学校時代の卯吉について「平和の人で、穏かな人」と評し、卯吉自身は謙遜して「余は臆病なるが為に将校とならずして医者とならんとせり」と語っている。卯吉には軍事教育になじめないところがあったとみえ、兵学校付の医師の玄端に親近感を抱き、玄端もそれに応えて卯吉を世話したようだ。卯吉は明治四年五月三日静岡病院生徒を命ぜられ、同年末十二月五日に病院生徒の資格のまま東京での医学修業を命ぜられるまで、静岡病院の寄宿舎に入って医学教育を受けた。姉の鐙子が米国の夫熊二に出した書簡によれば、院長の林紀が卯吉をことのほか世話してくれたという。また卯吉は病院で学ぶかたわら、静岡学問所教授となった乙骨のもとへ月に六回程通い授業を受けた。

四　東京遊学

廃藩後の人材流出

卯吉が静岡病院で修業していた明治四年（一八七一）七月廃藩置県が行われ、静岡藩はなくなり、藩主だった徳川家達は東京へ行き静岡に戻って来ることもなくなった。有用な人材は政府に召し出されて次々に静岡を去った。当時の静岡の変化を木村鐙子は明治四年九月十日の書簡で滞米中の夫熊二に「勝様（海舟）・山岡様（鉄舟）も天朝より御召ニて相成候御様子ニ承り、誠《まことに》駿地はあきからの様ニ相成、心ほそく相成まいらせ候。しかしつまらぬ者ハ皆居すわりニ御座候。」と辛辣な評をまじえて報告している。

静岡病院長の林紀も陸軍軍医正として東京に呼ばれ、卯吉の周辺にも変化が起った。

東京遊学

同じ書簡に鐙子は「病院林氏江東京に被召、新病院桜田外へ出来候由ニて御出ニ相成候ゆへ、病院も此節ハ誠つまらぬ様子ニ御座候。其ゆへ次（資ノ誤記カ―引用者）業人も不残の願ニて東京江次（資）業願候由。此程中より卯吉も色々しんはい致居候へ共、とふか東京江参られ候由ニ御座候。近々出立致候様子ニ御座候。」と書いている。林が去った後の病院に幻滅した資業生たちは、東京での修業を希望したというのである。卯吉が沼津で師事した杉田玄端はあえてこの地に留ったが、それは例外で、静岡学問所からも沼津兵学校からも多くの優秀な学者が東京に移った。沼津兵学校などはこの年十一月に陸軍に接収されて、翌年五月三日に廃校となってしまった。かつては教育水準の高さを誇った静岡であるが、こうなると勉学の志を抱く青年たちを引き止めることはできず、卯吉を含む多くの青年が東京を目指すようになったのである。

卯吉は明治四年暮には東京へ出てきている。このときは乙骨も東京に来ており、卯吉は乙骨やその他の旧静岡藩士らと徳川家達屋敷内の長屋を借りて住んだ。同じ邸内にいた旧徳川藩主の家達は毎日のように乙骨のところへ英学の稽古に出向いたが、乙骨が外出中のときなどは、卯吉が代稽古をすることもあった。鐙子の明治五年一月十日熊二宛書簡によれば、卯吉は他の旧藩主三人にも稽古をつけていた。卯吉の英学は、当時としてはかなり高い水準に達していたのだろう。謝金を得ると木村熊二の留守宅で心細く暮らしている静岡の母や姉に送金したという。

東京で卯吉は島田三郎と再会した。島田は沼津兵学校を辞めた後、上京し、江藤新平の家で半ば食客のような家庭教師をしながら英学の勉強を続けていた。明治五年正月十二日、文部省から、専門学校を開設し理学・化学・法学・重学・星学の伝習を行うにつき志願者は右の中から一科を選び大学南校へ願書を提出するように、という趣旨の布告が出された。そこで卯吉と島田のふたりは化学専門学生を志願して応募し、試験を受けた。

化学専門学校への応募

島田が後年「盟友田口君の性行」の中で述べるところによれば、この学校は、西洋人教師から西洋の学問を本格的に学んで学問の基礎を造るまでのつなぎに、日本語で専門科目を簡略に教えるという趣旨で設置された。既に英学をある程度修めていた卯吉や島田がなぜこの程度の学校に入ろうとしたのだろうか。その志望動機について島田は「之に志願する者は矢張り学費に乏しき書生がやるといふのであつた、田口君は乏しいと云ふよりは全く無い、私も矢張り乏しいと云ふよりは全く無い方で、学費が無いどころではない、自身の生存費も無いのであつたから、此学校を極めて便利として這入ることになつた」と語る。学費どころか生活費にもこと欠く島田や卯吉のような遊学生にとって、この学校は官立で学費が必要ないのが魅力的だったのだろう。

化学志望の理由

化学科を選んだ理由について、島田は、卯吉と二人で薬屋になろうと考えたためだと語る。医学を志して上京したはずの卯吉が、なぜ薬屋になろうと思ったのだろうか。島田によればその背景には廃藩置県後の武士の子弟が置かれた苦しい状況があった。「如何にして社会に立つべきかと云ふことは胸に迫る問題であつた、武士の常職を解かれて、其子弟は帰する所を知らない、耕すに田無く織るに機の器械も無しで、男女共に新たなる社会に立つには、余程今日の失職者が嘆ずるより、もう一層感深かつた」と島田は述べる。

『西国立志篇』の影響

そのような当時の青年に大きな影響を与えたのが、明治三年十一月から四年七月にかけて静岡で刊行されたばかりのサミュエル・スマイルス原著・中村敬宇《けいう》（正直《まさなお》）訳述『西国立志篇』だった。「論ニ曰ク、国自主ノ権有ル所以ハ、人民自主ノ権有ルニ由ル、人民自主ノ権有ルハ、其ノ自主ノ志行有ルニ由ル」という冒頭の文章が示すように、この書は決して立身出世を鼓舞するものではなく、敬宇が新しい日本社会の構成員に期待した自主・自由・職業の神聖・誠実・勤勉等のモラルを説くものだった。自分たちの将来を思い何を学ぶべきかと迷ったとき、卯吉と島田が拠り所としたのがこの『西国立志篇』だった。「薬屋をやつて独立自由にやらう、其時分は青年に愛読された中村敬宇先生の翻訳の自助論……西国立志篇が我々の脳髄にある以外何れにも無い、己の力に依つて社会に立たなければならぬ、職業に貴賤なし、生存に於ても高下は無い、豈人に屈すべけんや、薬屋になつて満足しやうといふので、化学科を撰んで試験を受けた」と島田は語っている。

島田によればこの頃の二人は法律を学んで政府に仕える気はなく、機械学を学んでも自ら事業を興す資本もなく、機械を所有する企業家に雇われるのも好まず、天文学をやっても官立の天文台に入るしかないと迷ったあげく、薬屋となって独立して社会に立とうと化学科に応募したというのである。ただし、このような島田の考え方に卯吉がどの程度同調していたか疑問の余地もある。島田ほど過激ではない卯吉のことであるから、本当のところは薬屋として独立しようというより、化学を学ぶことも医学修業の一環と考えて応募したのかもしれない。しかし『太政類典』『文部省往復』によればこの時の応募者の数は二十名にすぎず、しかも試験の結果、専門科修学に耐える程度の水準に達していた者はわずか一名だったため、二月二十九日、専門学校は授業をしないで閉鎖されることになった。

大学南校普通科

その後、卯吉は「島田三郎氏洋行に付経済学協会の送別会」の中で、島田とともに大学予備門に入ったものの幾ばくもなくして退学したと述べている。しかし大学予備門がまだ設置されていない時期であるから、実際には明治五年（一八七二）三月の大学南校普通科の生徒募集に応募して入学した可能性が高い。ここも官費で教育する学校だったから、卯吉や島田の経済事情に合うはずだった。にもかかわらず退学した事情について、卯吉は「外国教師某氏の無礼なると、リードルなどに時日を消するを厭ふとにより教師と喧嘩して退校せり、余に於ては左までの意見にはあらざりしも全く君（島田）の教唆に従ひしなり」と述べている。静岡で相当程度の高い英学を修めてきた卯吉や島田にとって、南校普通科の教育水準には満足できなかったのだろう。そのうえ外国人教師の無礼な態度に怒った島田は退校を決意し、そこまで反発していたわけではない卯吉も、島田の説得に従って退校したのである。

尺振八の共立学舎

結局、卯吉は本所相生町《ほんじょあいおい》（墨田区）に尺振八《せきしんぱち》が開いていた共立学舎に入学して英学等の教育を受けながら、医学の方は独学で勉強を続けることになった。尺は下総高岡藩の医師鈴木柏寿《はくじゅ》の子として生まれたが、英学に志して中浜万次郎について英語を学び、さらに幕府のオランダ通詞で英語にも堪能だった西吉十郎に師事した。幕府の外国方通弁に登用されてからは、幕府外交使節に随行して仏国や米国に派遣された経験を持っていた。その私塾、共立学舎は明治三年七月に開かれた。明治四年六月『新聞雑誌』五号掲載の「三月中東京府下私塾并生徒ノ数」という記事によれば、共立学舎では洋学・漢学を教え、生徒数は福沢諭吉塾、鳴門次郎吉塾に次いで第三位の百十一名にのぼっている。なお、『共立学舎規条』によれば、算術と測量術も教授することになっている。当時の共

尺振八

立学舎では尺のほかに、旧幕時代に外国方や陸軍に勤め渡欧経験もあった須藤時一郎（沼間守一《ぬまもりかず》と高梨哲四郎の兄）と、古賀茶溪（謹一郎）の門人で蕃書調所や外国方で書物御用を勤めた吉田賢輔が教育にあたっていた。

尺は乙骨と親交があり、前述のように卯吉も明治元年頃に横浜で尺と知り合っていたので、共立学舎に入ったのはその縁故であろう。また尺の師の西吉十郎が静岡草深町で卯吉の家族の隣に住んでいたということも何かの縁だったかもしれない。この塾で卯吉は、のちに大蔵省翻訳局生徒として卯吉の同窓生となり、さらに農商務省の官職を歴任した後バンクーバー駐在領事となる鬼頭悌二郎《きとう》と知り合っている。なおこの年、女子の海外留学が始まり、卯吉の周辺でも乙骨太郎乙の弟上田絅二《けいじ》の義姉上田悌子が他の五人の少女とともに渡米した。悌子は、後年卯吉が世話をする上田敏《びん》の叔母にあたる。

五　大蔵省翻訳局生徒

省庁の直轄学校

廃藩置県以後、明治政府は中央集権化と行政制度の近代化に一段と力を入れ、政府の各部局はそのために必要となる知識と情報を欧米諸国に求めた。大蔵・司法・文部・工部・陸軍等の各省庁は、留学生の海外派遣・御雇外国人の招聘・直轄学校の開設等により、それぞれの業務にかかわる専門知識、及びそれを得るために必要な外国語を身につけた人材を養成しようと努めた。卯吉が明治五年（一八七二）十月に入ることになる大蔵省翻訳局も、外国の文献を翻訳する一方で、英語と省の業務に必要な知識を身に付けた人材を養成しようという直轄学校のひとつであった。鈴木栄樹「開化政策と翻訳・洋学教育―大蔵省翻訳局と尺振八・共立学舎―」（山本四郎編『近代日本の政党と官僚』所収）によれば、当時の大蔵省は税制改革と銀行制度の確立を廃藩後の重要な課題として抱えており、そのためのモデルとして欧米の租税や銀行制度を調査する必要に迫られていた。

大蔵省翻訳局開設

こうした状況下で大蔵省の実権を握っていた大蔵大輔井上馨《かおる》と三等出仕渋沢栄一は、

翻訳や調査を行うかたわら、こうした任務を担当できる人材を養成する機関として「翻訳局」を設置することを構想した。明治五年六月一四日の正院の許可に基き、翻訳局は同年九月二日、浜町（中央区）の旧品川県邸跡に開設された。ここで行われた翻訳は、銀行関係、造幣寮・紙幣寮関係、租税寮関係の文献の他に、牧羊、毛布製造、橋や港湾の建設等、大蔵省が明治四年廃止された民部省から吸収した勧業に関わるものもあった。

翻訳局における教育

鈴木栄樹は明治八年『大蔵卿年報書附属』上所収「翻訳掛創廃の件」、翻訳局廃止のときの大蔵省伺、及び翻訳局生徒だった者の回想に基づいて、翻訳局の教育制度を次のように推測している。

一　生徒は定員三〇名で、英語と算術による試験で選抜された。
二　生徒は上等・中等・下等の三クラスに、各一〇名ずつ分けられていた。
三　官費生徒であり、等級に応じて六円・四円・二円の給費を受けていた。
四　原則として寄宿制をとっていた。
五　修学後は吟味（試験）のうえでの任官が義務づけられていた。
六　修学年限は四年間とされていたが、途中での採用もありえた。
七　中退の場合は支給された学費の返済を義務づけられていた。
八　授業内容は、読書・数学・通弁・簿記であった。

また、翻訳局の四年の修業課程は語学が中心でそれに数学を加えた「普通科」と簿記のような専門教育を施す「専門科」に分かれていた。開局当初は普通科の生徒しかいなかったが、一年あまりたつと普通科を修了し専門科へ移行する生徒が現れたようだ。

尺や乙骨の登用

翻訳局の業務を担当するスタッフとして、井上馨は在野の洋学者を登用した。明治五年九月、尺振八を月給二百五十円という高給で大蔵省御雇とし局長に任じ、共立学舎で尺を補佐していた須藤時一郎と吉田賢輔、および当時静岡学問所の英学主任教授に転じていた乙骨太郎乙も尺に次ぐ高給で雇い入れた。このうち尺と乙骨は翻訳ばかりでなく教育も担当した。同年十一月には、かつて沼津兵学校生徒だった生島《いくしま》準を数学教師に採用し、翌六年四月には横浜在留中だった英国育ちのドイツ人フェスフェルト（G. Fesefeld）を月給百三十円で英語教師として雇い入れた。なおフェスフェルトは七年二月から簿記の授業も担当することになり、月給も二百円に上がった。

尺が大蔵省の要請に応じて翻訳局に入った理由のひとつとして、鈴木栄樹は当時の文部省の政策が私塾に与えた影響を指摘する。文部省は私塾を含めてすべての学校を管轄下に置き、私塾開業には文部省の許可を要することとした。また東京などに遊学する生徒に府県の公費を支給することを原則として停止させた。福沢諭吉の慶応義塾や尺の共立学舎が私塾開業の許可制に対して反発したのはもちろんだが、これらの塾には多くの府県公費生徒が学んでいたから、生徒への公費支給停止によっても打撃をうけることになった。このような状況のもとで、尺は学費に窮する生徒たちの受け入れ先として翻訳局の開設に協力し、同時に文部省に対して共立学舎の開業願を出す義務を免れたと、鈴木は推測している。

翻訳局生徒募集

そのころの卯吉は、まさに尺が心配するような学費に窮する生徒のひとりだった。島田三郎は「盟友田口君の性行」の中で、そのころの卯吉と自分自身のありさまを、「両人共に非常に困つたのは学費の無いこと、……再び東京へ出ても学費が無いので、此軍医の志願を止めて仕舞ひ、軍人志願を止めて仕舞つて、行くに処無く学ぶに費無き両人である」と述べている。そのような卯吉や島田にとって大蔵省翻訳局の生徒募集は大きな救いだった。島田は自分と卯吉がこれに応募した事情について「此両先生(尺振八と乙骨太郎乙)其他の先生が加はつて浜町に大蔵省で翻訳局を拵へるに付いて、此時に尺先生、乙骨先生が招かれた。是(尺振八)は自由の生活を喜ぶ方で、役人として大蔵省の翻訳局に出るのは何分応じ難いが、若し其所で書生を育てるといふならば此招きに応ずるといふので、其時雇の名義を以て尺振八先生は共立学舎から足を挙げて浜町へ往つた、乙骨太郎乙先生其他の人々も其所へ学費の無い人が招きに応ずるに極めて便なる屯所造つた……私は矢張り田口君の後へに附いて、此大蔵省で世話をしましたところの浜町の、学費の無い学生の行く所が誠に極めて能く勉強が出来ますから補助を受けることになつた」と述べている。とくに卯吉にとっては尺も乙骨も年来の師であったから、翻訳局生徒に応募するのは自然のなりゆきだった。その卯吉の親友で他に行くあてがなかった島田も、ともに応募したのである。

上等生徒

試験の結果、卯吉は十月二十四日に十名の翻訳局上等生徒のひとりとして採用された。生年を知り得る範囲で調べると、同期の上等生徒の年齢は十七歳から二十三歳にかけて分布している。このとき卯吉はかぞえ年で十八歳で、同期生の中では二番目に若かった。尺と乙骨の縁故によるためか、同期生の中には共立学舎や沼津兵学校の関係者が多く、従って卯吉にとってもなじみ深い者が少なくなかった。すでに見たように島田三郎とは沼津兵学校以来親交があったが、そのほかに沼津兵学校の先輩にあたる四歳年長の望月《もちづき》二郎も上等生徒として入局した。

望月二郎との再会

望月二郎は御家人望月俊良の次男に生まれ、長じて講武所で西洋兵学を学んだ。幕府が倒れたとき既に十八歳になっていた望月は、当時の若い御家人の多くと同様に慶喜の恭順方針を不服とし官軍に戦いを挑んだ。望月はその頃、撤兵頭並《さっぺいかしらなみ》として幕府の軽兵第一大隊を指揮していた江原鋳三郎（素六《そろく》）や、江原の配下の下士官で後に陸軍中将になった吉川善助（宜誉）などとともに、現在の千葉県下に脱走して官軍と戦ったが、敗れて降参した。その後、江原は静岡藩少参事、沼津軍務掛として兵学校を管理することになり、望月は明治三年六月に資業生としてその兵学校に入った。同年閏十月鹿児島藩の招きに応じて静岡藩よりの「御貸人」として同藩の兵学校の教員となった。しかし廃藩置県後、方向転換して大蔵省翻訳局に入ったのである。なお、この望月は後に経済雑誌社員として卯吉を扶けることになる。

また共立学舎で同窓の高梨哲四郎と小池靖一も同じく上等生徒になった。さらに前述の鬼頭悌二郎も、上等生徒ではなかったが、共立学舎から翻訳局に入ったひとりだった。このように、翻訳局の日本人スタッフ四人全員が旧幕臣で、同期の上等生徒十名のうち六名も旧幕臣またはその家族だったということは、卯吉が新しい環境に適応するのを助けたと思われる。

西洋文明史との出会い

翻訳局に入った卯吉たち生徒はそれぞれ等級に応じて、ウェーランドやペーリーの経済書やギゾーの文明史を講読した。ここでの授業のやり方について卯吉は「大蔵省翻訳局の学生」(『教育時論』六三五号)の中で、「尺局長自身でも、ギゾー、ペーリーなどの書を教授せられましたが、尺氏は、頭が非常に明晰で、殊に経済書などはナカ〳〵善く読まれましたもので、其頃の英学者の中では、書物を善く読むと云ふ点に於ては、一番優れて居られたのである……時間は大抵午前中であつたが、今日のやうに規則正しくやるのとは違つて、文明史、経済書の講義などで時間が永くかゝると、自然午後に亘ることも、度々あつたのです、学生はすべて、書物を一人々々に輪講するのであつて、教師が之を聞いて居て、一々誤りを正だすのである」と、思い出を語っている。卯吉はここで初めて経済に興味を持ち、従来の医学への志を捨て経済学を志すことになった。人生においてて進路の決定はしばしば偶然が支配するが、卯吉の場合もそうだったのである。

経済学への関心

その頃、ミシガン州ハートランドのホープカレッジのグラマースクールで校長ヘルプス（Dr. Phelps）やその夫人の親切な世話を受けながら勉強していた義兄木村熊二は、次第にアメリカの精神文化への傾倒を深めた。熊二は、明治五年六月プロテスタントの教会で洗礼を受けてクリスチャンになった。それとともに妻鐙子から送ってきた水天宮《すいてんぐう》の守り札を送り返し、日本の家族に酒・煙草を禁じ、六歳になった息子祐吉に聖書抄の本を送るまでになった。日本でキリスト教禁止の高札が撤去されその信仰が黙認されるのは翌明治六年二月のことで、明治五年のこの当時はまだ厳しい禁制が続いていたから、熊二の入信に留守家族はさぞ驚いたことだろう。熊二は予定の留学年限がすぎた明治六年十一月に文部省から帰国命令を受けても従わず、以後は私費留学の苦学生としてアメリカで勉強を続けた。留守家族は戸惑いながらも、これを受け入れるしか仕方がなかった。いつになったら帰国するのかわからない熊二に代って、田口・木村家を支える責任

熊二の留学延長

家族や親類の世話

は卯吉の肩にかかってきた。

卯吉は女性と幼児の留守家族がだんだん寂びれていく静岡に残されていることを心配し、また鐙子の手に余るようになってきた甥の祐吉の教育も考えて、翻訳局に入る見通しが立った明治五年の夏頃から、家族を東京に呼び寄せて一緒に暮らそうと画策した。そのために必要なら官庁に勤めることも卯吉は考えていたようだ。しかし熊二が家族の東京移住にも卯吉の官庁出仕にも反対だったため、しばらく実現しなかった。

明治九年の秩禄処分までは田口・木村両家とも徳川藩の後をひきついだ静岡県から扶持を受けてはいたが、それでも不十分だったようだ。卯吉は大蔵省翻訳局上級生徒になると毎月支給を受ける六円のうち三円ずつ静岡の家族に送っていたことが、鐙子から熊二にあてた書簡に記されている。静岡の家族も卯吉も生活は楽ではなかったが、学問で社会に立つ自信がついてきたためか、当時のものと推定される卯吉の書簡に暗さは見られない。卯吉は姉に宛て「御文拝見、いつも貧ぼふ《（乏）》御目出度奉存候。……私を役人にハ桜井（熊二の兄の熊一）も木村の兄さん（熊二）もせぬと御申し被成候ゆへ、よきなく相成り不申、されども私も少シハ学文も出来タユヘ、皆ナ様を東京ニ引移ス、役人ニナラヌトテ出来ヌテハナシ、マタ金ガ困ルナラバモット差上マス、然シ私シモ今其ノ当アルカラ、先ツスコシ御待チナサイ」などと、ユーモアまじりに書き送っている。

卯吉はまだ十八歳という若さにもかかわらず、田口家の家長として、静岡の母や姉以外の親戚の面倒も見ていた。鐙子がアメリカの熊二に書き送った書簡によれば、卯吉は親類の迪斎河田興の六男で大蔵省翻訳局の下等生徒だった河田英之助が大酒を飲むので、そのしりぬぐいをしていたというし、慣れない金貸し業を始めて損ばかりしていた伯母の松本よきの世話もしていた。この伯母は東京小石川水道端（文京区）に隠居所として家を求め一人暮しをしていたので、卯吉は明治六年春頃からこの伯母と同居することにしたようだ。なお卯吉は程なくこの伯母と別居するが、その後も病にかかった伯母の看病に毎晩通った。

キリスト教との接触

いっぽう翻訳局の生徒として、卯吉は人一倍勉強したらしい。入学したときは十人の上等生徒の中で七番だったというが、明治六年の夏休み前の試験で一番になったという。またどのような経緯によるか不明だが、明治六年頃、卯吉は解禁されたばかりのキリスト教の影響を受けていた。木村熊二の兄桜井熊一を通じて知り合った友人の津川良蔵への明治六年六月三日付けの英文の書簡には「聖書を毎日学ぶつもりだが、単語も意味も理解できない」という意味のことが書かれている。また熊二宛の書簡には「The God の深恵」などの表現が見られる。

島田三郎翻訳局退校

その頃、同級生の島田三郎の方は別の方面で活躍していた。卯吉は後年、「島田三郎氏洋行に付経済学協会の送別会」という文の中で当時を回想して、「君は手下を作るに妙を得て校内書生の過半は君の指揮に従ひて運動せり、書生等連合して賄方の頭顱を打つが如き場合に於ては、君は常に最後に於て指揮せる人なりき、斯く君は荒れに荒れて此校を退き、横浜に往き新聞記者となり」と述べている。すなわち、翻訳局の生徒たちを煽動して、いわゆる賄征伐の中心人物となり、結局退校することになったのである。大蔵省翻訳局での学費支給は修了後の任官を前提としたものであったため、島田はこれを返済したうえで退学し、『横浜毎日新聞』の翻訳記者となった。

大蔵省組織改変

明治七年に入ってまもなく、大蔵省翻訳局は大きな変化に見舞われた。翻訳局設立を企画・実行した井上馨と渋沢栄一が明治六年五月に辞任した後、大隈重信が大蔵省事務総裁となり、同年十月に大蔵卿となった。同年十一月に内務省が新設されたが、翌七年一月大蔵省管轄下の五寮がその内務省に移管され、大蔵省の規模は縮小された。同時に翻訳局も位置は低下し、職掌は洋書の翻訳に限定された。

紙幣寮頭得能良介

鈴木栄樹の前掲論文によれば、これに追い討ちをかけたのが薩摩出身の新任の紙幣寮頭得能良介《とくのうりようすけ》による紙幣寮銀行課内の銀行学局設置だった。これは銀行事務に関する条例・規則と簿記の方法を調査し、洋書を翻訳することを目的とする機関で、翻訳局と競合するものだった。いっぽう翻訳局の方からは、教師も生徒も次々に大蔵省の色々な部局に異動させられ、ついに七年七月三十一日翻訳局は廃止された。尺振八と乙骨太郎乙以下の出仕・御雇は大蔵省文書課に新設された翻訳掛に移され、残っていた生徒は退学させられた。

第三　経済雑誌社創設へ

一　大蔵省出仕

卯吉は翻訳局の廃止をまたずに大蔵省の他部局へ異動させられた一人である。明治七年（一八七四）二十歳になった卯吉は、大蔵省紙幣寮十一等出仕に任ぜられ、月給三十円を給せられた。仕事は翻訳であった。紙幣寮は大蔵省印刷局の前身で、明治四年七月二十七日に設置された紙幣司に端を発し、同年八月十日紙幣寮に改組され、主として公債・証書・紙幣等の製造発行及び新旧貨幣交換の事務を管掌した。翻訳掛が紙幣寮の一部局として公式に設けられたのは明治九年であるが、『大蔵省沿革略志』から、それ以前の段階でも翻訳を専ら行う官員が何人かいたと推測される。卯吉もその一人だったのだろう。この時期に翻訳局から紙幣寮に移された者の中には、卯吉の他に、紙幣史編纂の主任として後に『大日本貨幣史』を編集した吉田賢輔、銀行学局で経済書担当となった三輪信次郎、同局数学担当となった生島準、一度正院に出た後また大蔵省に戻り紙幣寮七等出仕となった須藤時一郎がいた。卯吉の紙幣寮への出仕は、この須藤の推薦によるものだった。

家族の東京移住

この年六月二十九日、生活の安定した卯吉は静岡から祖母・母・姉・甥を東京に呼び寄せた。熊二の反対で姉の鐙子は上京を躊躇していたが、前述の伯母が明治六年六月三日に死亡し、その後始末の必要もあることから、静岡の家族は九月に移住する予定を早めて六月中に上京したのである。一家は小石川水道端二丁目十六番地に住んだが、これが卯吉のそれまで居た家か、それとも伯母の旧宅かはっきりしない。鐙子が熊二に書き送ったところによると、七歳になっていた祐吉は上京すると間もなく、元静岡学問所一等教授の中村敬宇がこの年二月小石川江戸川町に開いた同人社に入学した。卯吉も父親がわりになって教育の面倒をみた。鐙子の熊二宛書簡には、卯吉の収入がアメリカの熊二に経済援助を申し出るまでに増えたことや、静岡時代に近所付き合いをしていた外山正一の父との交際が復活して祖母や母と連れ立って料理店に行ったことなども記されている。「母、ばゝともに此セつハ大きニきらくニ相成候。」と鐙子が書いていることからわかるように、母や祖母は苦難の時代が終わったと感じていた。なおこの年十月七日に卯吉は紙幣寮権中属に昇進している。

小石川水道端住居

大蔵省紙幣寮への出仕によって卯吉は生活面での安定を得たが、精神的には必ずしも満足していなかったらしい。「自叙伝」(『全集』八)の中で、卯吉は「余は柔弱なれども人に屈下する能はざる性質を有するを以て、紙幣寮にありし時にも、三度まで紙幣頭に逆らひしことあり、為に五年間奉職せしかども位一級をも進まざりき。茲に於て稍や心に憤激したれば、『日本経済論』といへるを著はして聊か我が技倆を知らしめんとの心を生じぬ」と述べている。杉原四郎・岡田和喜編『田口卯吉と東京経済雑誌』所収の川又祐「田口卯吉の生涯と著作」と題する年譜および同書口絵写真によれば、明治八年一月十二日付けの紙幣頭得能良介に宛てた卯吉の辞職願書が日本大学法学部図書館に所蔵されている。卯吉は結局このときには辞職しなかったが、この辞職願書から卯吉の不満の内容がわかる。その願書には「(上略)夫ノ紙幣ノ災ヒ政府ノ自ラ醸ス所、而シテ国立銀行ノ其害ヲ蒙フル少ナシトセズ。故ニ其事情ヲ紀スルニ至リテ、悉ニ其害アル所以ヲ述フ。是レ鉉ノ微衷期望スル所ナキニ非ザルナリ。思ハザリキ、今ヤ却テ閣下ノ不快ヲ致サントハ。(下略)」と記されている。ここから、卯吉は明治初年に濫発された不換紙幣の弊害に危機感を持ち、紙幣頭に自説を進言しようと試みたが、拒絶されたという事情がわかる。卯吉の意見はなぜ無視されたのだろうか。

卯吉の辞職願

明治八年の『大蔵省職員録』によって当時の紙幣寮の構成をみると、卯吉の位置がわかる。ここでは頭、権頭各一名、助三名、権助二名、以下七等出仕、大属、八等出仕、権大属、九等出仕、中属、十等出仕権中属、十一等出仕、少属、十二等出仕、権少属、十三等出仕、十四等出仕、十五等出仕の十九等級の官職に総勢一一〇名の官吏が就いていた。この中で卯吉は上から数えて十二番目、下から八番目の等級の権中属の一人だった。権中属の同輩は十二名、これより上級の官吏は四八名、下級の官吏は五〇名いたから、官吏の人数を考慮に入れれば、卯吉は紙幣寮全体のほぼ中級に位置していたといえよう。

旧幕臣の境遇

さらに出身地別に検討すると、紙幣寮全官員の四割強は静岡県士族並びに東京府士族、即ち旧幕臣及びその子弟で占められていた。但し、第三位の助に旧幕臣の須藤時一郎が任ぜられていたのを唯一の例外として、残り全ての旧幕府関係者は大属以下の中・下級官職に集中していた。これと対照的に、鹿児島・山口出身者は紙幣寮全体では一三％程度を占めるに過ぎなかったが、上位の官職になるほどこの両県出身者の比率が高くなっていた。つまり少数の上級官吏は薩長出身者で占められ、多数の下級官吏の半分近くが旧幕府関係者だったのである。これは当時の他の政府機関にも共通して見られる傾向である。

卯吉が逆らったという紙幣寮頭の得能良介は鹿児島出身の維新の志士だった。しかも得能は、卯吉が人脈的つながりを持つ井上馨や渋沢栄一と対立していた。彼はかつて大蔵省出納頭だった頃井上や渋沢と抗争して免官となり、両者の辞任後再び大蔵省に戻って、翻訳局を衰微させる原因を作った人物だった。このような紙幣寮の官員構成をみると、卯吉がいかに自信と抱負を持っていても、ここでは多数の旧幕臣出身の中下級官吏のひとりに過ぎず、語学の能力を買われることはあっても、経済政策についての意見を表明する機会などまずあり得なかったことがわかる。前述の辞職願書によれば、卯吉は得能の自宅まで出かけて自説を述べようとしたが、会ってもらえなかったという。このような状況を考えれば、卯吉が経済学研究の成果を紙幣寮以外の場で発表しようとした事情は充分に理解できる。

徳川直参の自負

この当時は卯吉ばかりでなく、旧幕府関係者を中心とする彼の周囲の多くの人々が、薩長の主導権掌握に反撥しながらも、各分野で日本の近代化の推進役を担おうとして精力的に活躍し始めていた。後年、卯吉は旧幕臣の集まりである同方会での講演で、「徳川氏の人間は江戸で生れ又江戸に成長して何うも人種的に鑑みて見ますると他の藩の人々より余程驕敏である。文章を書かしても、又技術に於ても、徳川氏の人間は余程頭を擡げている、陸軍でも海軍でもさうである。……然し今日の境遇は誠に不利益の境遇に立って居るのである」と語り、旧幕臣の境遇をローマ支配下のギリシャ人やノルマン支配下のアングロ・サクソン人にたとえた。そのうえで卯吉はローマに敗れた後には文学にのみ活路を求めたギリシャ人のような傾向を戒め、むしろ政治権力から疎外されながらも品位、品格、個人の気性の点で英国の繁栄を支えているアングロ・サクソン人のような気概を持つ必要を説いている。

これは志を達成した後の発言であるから、紙幣寮勤務当時の卯吉の考えをそのまま表していいるとは言えないが、少なくとも江戸生まれ江戸育ちの徳川御家人としての自負をうかがうことはできる。ここに述べられているギリシャ人やアングロ・サクソン人の歴史的役割は、翻訳局の教材だった西欧文明史から学んだのであろうか。もしそうなら、卯吉は旧幕臣の子弟として不利な立場を自覚しながらも、敗者がどのような社会的文化的貢献をなし得るかという問題意識をもって西洋文明史を読んだと言えるだろう。こうしたことがおそらく卯吉の心の支えとなり、勉学や進路の選択に影響を与えたのだろう。

官庁出仕の理由

そもそも卯吉は役人として出世しようとして役人生活に入った訳ではない。木村熊二に宛てた七年七月十九日付の書簡の中で卯吉は、

弟阿兄の教示に負き桜井氏の説諭を用ひず、三十円の故を以て一身を桎梏するは弟罪実に免るべからず、然れども弟の身に於て実に止むを得ざる処、願くは阿兄是を察せよ、且つ家兄及桜井氏（熊二の兄の桜井熊一――引用者補）の弟に懇説したもふ所は三十円の事に非ず、上事に鞅掌して読書の間なからん事を憐み給ふてなり、弟全釈褐

すと雖も其職は則ち洋籍に関す、且つ博学士と交わることを得たり、唯々一九の論理を学ぶ能はずと雖も事専門に亙るを以て之を書生に比するに却て読書に便なり、願くは阿兄之を以て弟の読書に従事することを洞察し、弟の教示に負くの罪を赦さんことを。

と書いている。これは熊二が前年十一月九日の卯吉宛書簡に、親類の河田烋《よし》が東京府に出仕したことに触れて、「河田烋官吏と相成候由、弟も釈褐（初めて仕官すること―引用者補）を望まれしよし、弟一時の是、外に係らず、将来の利害を算し賜ふべし」と書き、周囲の人々が役人になっても卯吉は将来を期して勉強を続けるように指示してきたのに対する卯吉からの弁明と思われる。この卯吉の書簡から、卯吉が大蔵省に入ったのは自分や家族の生活の安定を図るためだけではなく、専門的な洋書を読むうえでの便宜や高い学識を持つ人々との交際に魅力を感じていたためでもあったことがわかる。官庁が先頭に立って最新の西洋の知識を摂取していたこの時代には、民間の書生でいるより役人になった方がかえって勉強ができるということもあったのだろう。

投稿初掲載

翌明治八年五月十七日の『郵便報知新聞』に、黄東山樵という仮名で、「読東京日日新聞」（『全集』七）と題する卯吉の投稿が掲載された。これが卯吉の公にした最初の文章であった。続いて「再読東京日日新聞」など卯吉の投稿が同紙にさらに二回掲載された。

これは『東京日日新聞』の吾曹氏つまり福地源一郎が同年五月十日付の同紙一〇〇九号及び十三日付の一〇一一号に書いた社説に対する批判であった。即ち、当時問題となっていた日本から西欧諸国への金貨流出について、福地はその根本的原因が日本と外国の金銀比価の相違にあると見て、その対策として貿易銀の鋳造停止により日本国内への洋銀の流入を制限することを提言した。これに対し、卯吉はこのような福地の発言は自由貿易論者を自認する福地自身の基本的立場と矛盾することを指摘した。さらに卯吉は金貨流出の原因は輸出入の不均衡であり、さらにその根本的原因は日本の諸産業の発展を阻害している国内の通貨過多にあることを指摘し、政府の通貨政策も暗に批判した。卯吉は後に自由貿易論を展開するが、これらの小論文の中に既にその傾向が読みとれる。

自由貿易論の萌芽

これ以後、卯吉は黄東山樵の他にも牛嶺逸士、畠山機知、田口十内といった筆名を用いて投書を続けている。九月六日付の『横浜毎日新聞』には、上野国吾妻郡四万村平民田口十内という筆名で「讒謗律ノ疑ヒ」と題する論説を発表したが、この中で卯吉は、「凡ソ事実ノ有無ヲ論ゼズ人ノ栄誉ヲ害スベキノ行事ヲ摘発公布スル者之ヲ讒毀トス云々」という讒謗律第一条の定義に問題があることを指摘し、「悪ヲ悪トシ非ヲ非トスルハ讒ニ非ラズ謗ニ非ザル」と主張し、このような正当な行為を抑圧しようとする讒謗律は「助邪排正ノ律令」であり、日本の政府は「暴政府」であると非難した。このよう

讒謗律批判

な挑発的な論調のため、これを掲載した主筆の肥塚龍《こいづかりゅう》が危うく投獄されそうになったという。またこの頃から翌年にかけて卯吉は『自由交易日本経済論』の構想を纏め、その原稿を着々と書きすすめていたらしい。翌九年十二月二十二日の木村熊二宛書簡から、卯吉がその頃までにはこれを書き終え刊行の機会を待っていたことがわかる。卯吉は、十二月十三日に昇進して紙幣寮中属となったが、月給は変わらなかった。

紙幣整理の提言

翌明治九年（一八七六）、卯吉は依然紙幣寮に勤務しながら、新聞への投書を続けた。十一月二十二日の『横浜毎日新聞』への「国策第一」、十二月二十日の同紙への「国策第二」（『全集』七）などである。ここで卯吉は、日本の工業発展・輸出振興にとって不可欠な諸産業への国内・国外の資本投下を促進するためには、その弊害となっている過剰な不換紙幣を整理する必要があることを指摘し、そのため官金取扱銀行を設立して、これに政府が蓄積している実金を付託し、この金を以て不換紙幣を銷却することを提言している。紙幣寮の官員である卯吉が、紙幣・金融政策に関心を持つのは当然としても、このような政策試案を新聞への投稿という形で発表しなければならなかったことは、かえって、紙幣寮内部に於ける卯吉の発言権がいかに限定されたものだったかを示している。

牛込山伏町への転居

この年には卯吉の私生活にも変化があった。卯吉は小石川水道端の家には満足していなかったらしく、前年春以来適当な転居先を捜していたが、ようやく適当な住居がみつかった。三月十五日卯吉は熊二に「弟此度牛込山伏町十一番地に転住仕候。此家は余程手広にて大に都合もよろしく候」と書き送っている。また木村鐙子が夫に書いた書簡によれば、これは乙骨《おっこつ》太郎乙《たろうおつ》の牛込区横山町（新宿区）の家の近所で、田口家・木村家と乙骨家の家族ぐるみの交際が復活した。

山岡千代との結婚

その乙骨の世話で、五月頃、卯吉の縁談がまとまった。相手は大蔵省検査大属の山岡義方の長女千代である。山岡義方は乙骨や木村熊二や卯吉と同様、かつて徳川家に従って静岡に移住した旧幕臣のひとりだったが、この当時は大蔵省に出仕し監止掛下監正を勤めていた。娘の千代とは静岡時代から知り合いだったから、卯吉の家族もこの結婚を心から喜んだ。この年十二月六日、卯吉は乙骨太郎乙の媒酌によって千代と結婚した。卯吉二十二歳、千代十四歳であった。卯吉は十二月二十二日在米中の木村熊二にあてて、「弟義、乙骨先生の御媒酌を以て本月六日山岡氏の第一女千代と婚姻相結申候。琴瑟相和鳴鏘々抔と申程には候はねども、未だ喧嘩は致不申候、御安心被下度候」と書き送っている。「まだ喧嘩はしていないので御安心くだされたし」というのは、もちろん卯吉特有の諧謔で、次に述べる和歌などでは新婚夫婦の睦まじさを手放しで認めている。

友人との詩歌の贈答

この頃から明治十一年初めにかけての雑録に「鼎軒余稿」（『全集』八）と題するものがあるが、この中には卯吉自身や家族や同僚・友人が詠んだ和歌・俳句・漢詩が多く記録されている。当時、卯吉の友人や同僚たちはユーモアや機知に富んだ和歌を交換して楽しんでいたらしい。足のまめが痛んで卯吉が欠勤届を出せば、早速同僚から「こりや不審　どうもをかしい　昼日中　なんぼなんでも豆でねるとは」という歌が送られて来るような、軽妙なやりとりが日常的に行われていた。卯吉の結婚はそういう仲間たちの関心の的になったようで、それにまつわる和歌が多数残されている。共立学舎の同窓生で大蔵省八等出仕の鬼頭悌二郎は「祝ふとて今日君が家にもろ人の　千代万代とどよむなりけり」と新婦の名を詠み込んだ祝い歌を寄せた。しかしこのように常識的なものばかりでなく、新婚の夫婦仲をはやし立てる無遠慮な祝いの詩歌も目につく。卯吉自身も自分の結婚についての歌のやりとりに積極的に加わっていた。

新婚によせた詩歌

「鼎軒余稿」には、

世の中の人は多くは学も成らず、身も立たぬ内に妻を持ち児を持ち、家の為めに汲々として一生涯を送るものなるべしと思はれければ、自分の新婚もうれしくもなき処あるを思はれて、

おほかたの野辺の千草はいたづらに
露のめぐみもうけでかれなん

然るに田中氏は之を見て

野辺に咲く千草のうちの撫子は
　ひとの手折らんこともくやしき

さればその返事に
　手折るべきこゝろならねど撫子の
　　なつかしげにも我をまねけば

というやりとりが記されている。ここに名の見える田中氏とは、卯吉としばしば戯歌《ざれうた》を取り交わしていた同僚の長野県士族田中元三郎であると思われる。卯吉と年齢が近い田中は「ひとの手折らんこともくやしき」と卯吉が妻を娶ったことを大げさにうらやんでみせる。卯吉は卯吉で、妻子のために志を果たせないなら結婚も喜べないという姿勢をとりながら、「撫子のなつかしげにも我をまねけば」などと詠むあたりは、まんざらでもなさそうである。卯吉は結婚の翌日に宿直に当り、その翌日帰宅したところ、またも役所より呼び出しが来たので、

　鴛鴦の契りねたむか水夫《かこ》の棹

と詠んで課長に見せたという。新郎自ら「鴛鴦の契り」と言うのは珍しいが、これも卯吉のユーモアかもしれない。見せられた課長は笑ったのだろうか、面食らったのだろうか。ともかくその日は卯吉の仕事を軽減してくれたそうだ。

卯吉は家庭でも家族とともにしばしば歌を詠んでいた。「鼎軒余稿」には、古典の教養をうかがわせる母町子の和歌が少なからず記されている。同僚や友人を相手に詠む場合と異なり、卯吉もここでは古典的な和歌を詠んでいる。千代の詠も一首、「我せこが今ぞ貴き時なれば　仇にこゝろを迷はしなせぞ」という、幼い表現ながら精一杯に夫への心遣いを示した歌が、書き留められている。ともかく卯吉夫妻の築いた家庭は八年あまり後に千代が病死するまで円満に続いた。

友人や同僚との冗談めかしたやりとりだけでなく、卯吉は述懐の歌もしばしば詠んだ。「思ひ屈してわするゝばかり　臥す宵は　仇にも夢を結ばざりけり」という明治九年九月の歌や、「二十あまり三になるまで　如何にかく　国の為とて為すことのなき」という明治十年正月の歌などは、進むべき道を切り開けない焦りを詠んだものだろうか。題も詞書きもなく「思ひきや　文にのみ見る恋の路に　今我ながら迷ふべしとは」という歌だけが記されるのもこの頃である。経済生活も家庭生活も安定したはずだったが、卯吉個人にとっては案外悩みや迷いの多い時期だったのかもしれない。

二　著述開始

大蔵省御用掛

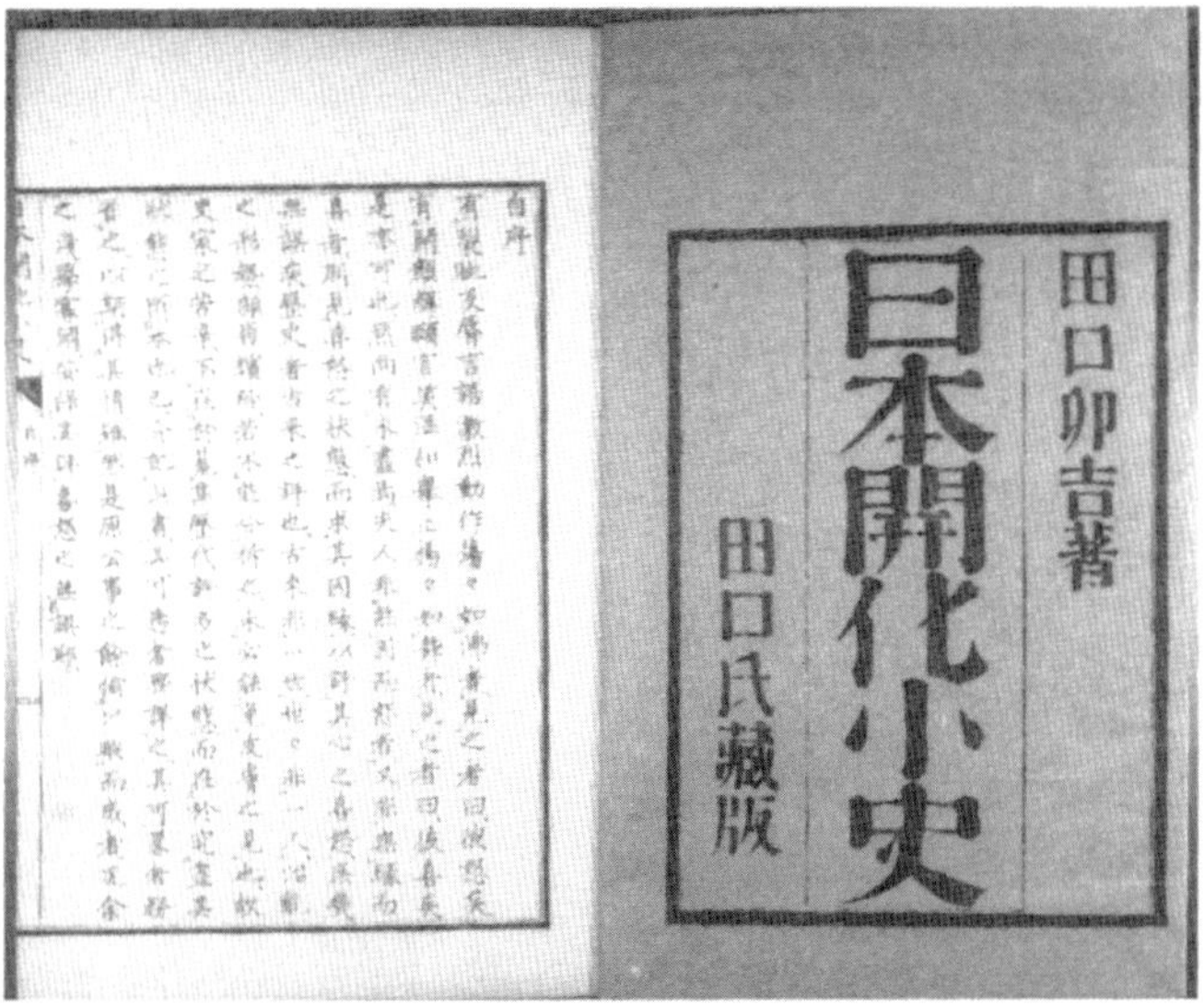

『日本開化小史』

明治十年（一八七七）に入って、一月十一日諸官庁における大規模な官制改革の一環として紙幣寮が廃止となり、かわって紙幣局がおかれ、翌年十二月更に印刷局と改称された。この改革に伴い、卯吉は大蔵省御用掛となり、判任官心得に任ぜられた。とはいえ、月給は三十円のまま変わりがなかった。

またこの年の初めには、前年の一揆の影響で地租が二・五％に引き下げられた。その結果約八百万円の歳入減少ということになり、大蔵省はもとより他の官庁でもその対策に追われた。しかし卯吉は諸官庁のあわてぶりを揶揄する川柳を作り、一揆勢からも政府からも距離をとったところで事態を眺めていた。

『日本開化小史』出版開始

この年卯吉にとって最も重要なできごとは、処女作『日本開化小史』（全六冊。『全集』二）の出版開始である。第一冊は奥付や表紙裏見返しから明治十年七月出版許可、九月刊行と推定される。これ以後明治十五年十月まで足かけ六年にわたって出版された。和装菊判本で、第一冊から第四冊までの初刷本は後述の秀英舎で印刷された活字版であり、それ以外は整版である。これは第一章「神道の濫觴《らんしょう》より仏法の弘りしまで」に始まり、第十三章の最終項「外交一たび開くるときは徳川氏の制度復た維持すべからず」に至る、古代から幕府滅亡までの歴史を、史論体で叙述したものである。

文明史観

大久保利謙「明治時代における歴史理論の展開」（『大久保利謙歴史著作集』七所収）によれば、明治初年には、近世後期の歴史研究の伝統を受け継ぐ考証主義が太政官修史局（明治十年一月修史館と改称、後に東京大学史料編纂所に引き継がれる）を中心とした官学アカデミズム史学の正統となっていたという。それとは別に在野に興ったのがいわゆる「文明史観」で、卯吉の『日本開化小史』は明治八年刊行の福沢諭吉の『文明論之概略』とともにその代表的著作だった。その特色は歴史的事実を羅列するのではなく、発展の原因・結果を探求し、法則的に理解しようとする点にあったという。

「開化史」の目的

事実、卯吉は『日本開化小史』の自序に「史家之苦辛、不レ在三於蒐二集歴代許多之状態一、而在三於究二盡其状態之所一レ本也已、」と記し、原因の追求こそ歴史研究や歴史叙述の目的であるという立場を表明している。また明治十五年から二十年にかけて上梓した『支那開化小史』（『全集』二）の巻末では、「唯々恐らくは世間開化史の名を聞き専ら文物の変遷を記するものなりと誤認する者あらん。」と前置きして、「蓋し開化史は社会の史なり、抑々人間社会には大理あり、封建の破ぶるゝゆゑん、郡県の興るゆゑん、専制政府の腐敗するゆゑん、叛民の蜂起するゆゑん、文学の隆替するゆゑん、衣服飲食住宅の盛衰するゆゑん、皆な源因なくして発するものにあらず、而して是又他の源因とならざるなし、之を称して大勢といふ。此大勢の社会に横流すること恰も支流の水合して大江を成すがごとし。」と記し、社会の大勢の変化や展開を明らかにするのが「開化史」の目的であると、より明確に述べている。このような立場をとる卯吉は、自己の利益の追求が文明発達を推進するという普遍的な法則を設定し、『日本開化小史』ではこの法則によって日本の政治・社会・文化の発展を説明しようとした。

バックルとギゾー

　このような文明史観の登場は西欧の啓蒙的文明史の影響を抜きにしては考えられない。当時の知識人や学生によく読まれていた西洋文明史の著書としては、バックルの『英国文明史緒論』(Henry Thomas Buckle, *Introduction to the History of Civilization in England*, 1857–61)とギゾーの『ヨーロッパ文明史』(François Pierre Guillome Guizot, *Histoire de la civilization en*

Europe depuis la chute de l'empire romain jusqu'à la révolution française, 1828）が名高い。特にローマ帝国の滅亡から近代市民革命までをコンパクトに通覧したギゾーの著書は、議論が明瞭で理解しやすく長さも適当だったから、日本の読者に好まれたようだ。フランス語版は入手も読解も困難だっただろうが、早くから英訳本が出回っていたから慶應義塾をはじめ当時の高等教育機関ではしばしば教材として取り上げられた。明治六年という早い時期に奎章閣《けいしょうかく》から和訳本『欧羅巴《ヨーロッパ》文明史』が刊行されたことも、この著作の人気のほどを示している。前述のように、卯吉も大蔵省翻訳局の学生だった頃に尺振八の授業でこれを読んでいた。福田徳三の『鼎軒田口卯吉全集』第二巻解説によれば、バックルの著書の方はより本格的な文明史を目指すものだったが、緒言だけで数千ページを費やし本題に入らないうちに著者が死亡して未完に終わったので、卯吉にとってギゾーの著書ほどの影響力があったかどうか疑わしいという。しかし明治十八年刊行の『日本開化之性質』（『全集』二）第七章で「余嘗て英人ボツクル氏著英国の開化史緒言を読み」と述べているところから、卯吉はバックルの著書の方もある程度は参考にしたと思われる。こうした著書から卯吉は西欧文明史の歴史観や歴史叙述を学んだのだろう。

歴史叙述の動機

卯吉はなぜ日本の政治社会発達の歴史叙述を試みたのだろう。また、なぜ西欧の啓蒙思想の歴史観を受け入れたのだろう。それについて卯吉自身は何も語っていない。卯吉は沼津の中根塾に通っていたとき自発的に『十八史略』などを読んでいたというから、その頃には既に歴史への興味が芽生えていたと思われる。新井白石を高く評価し『読史余論《とくしよろん》』を愛読していたことも、卯吉の歴史への関心の高さがわかる。しかしそれだけでは、卯吉が伝統的な歴史叙述に飽きたらず、自ら日本における「文明史」叙述のさきがけとなったことを説明できない。一般に、政治的あるいは社会的敗者の中に、その敗北の意味をより普遍的な次元で明らかにし、そこに積極的な意義を見出そうという志向が生まれることは珍しくない。義兄木村熊二をはじめ士族出身のプロテスタントの中には、その答えを宗教に求めた例が数多く見出される。卯吉の場合は、その志向によって歴史の研究に向かったと考えられないだろうか。

しかしそのような要求に応えられる歴史研究の方法は、当時の日本になかった。江戸時代の史家は、歴史の進行や展開を為政者の徳・不徳という個人的契機から説明するのが普通だった。しかし幕末の激動や徳川氏の敗北を身をもって体験した者は、自分たちの経験した世の変転がそのような歴史観で説明できるものではないと感じていたのではないだろうか。少なくとも卯吉は、そのような説明に納得できなかったと思われる。卯吉の要求に応えられるものは、個人的契機を越えて社会集団の相互関係から歴史発展をとらえようとする西洋文明史の歴史観だったのではないだろうか。

新しい歴史観

歴史観だけでなく、内容の点でも西洋近代史は卯吉にとって魅力があったように思われる。卯吉が明治十三年春に浅草の井生村楼《いぶむらろう》で行った「西洋ノ開化ハ日本ノ下等社会ノ開化セル者ナリ」という演説（『嚶鳴雑誌』一〇号、明治十三年三月）はこの意味で注目に値する。その論旨は、西洋の開化は日本の平民社会の開化と共通性があるから、日本の平民的開化を推進して、西洋のような開化を日本でも実現させるべきだということである。ここから卯吉は将来の日本のモデルを、平民が社会の主人公になるという近代西欧の政治史の中に見い出そうとしていたことがわかる。それは、近代市民社会形成に至る西欧史を描いたギゾーなどの文明史から学んだものに他ならない。

平民的開化への期待

卯吉は平民の台頭という西洋における歴史の展開が、将来の日本にもあてはまると考えていた。そのような平民的開化への期待は卯吉の歴史意識にとってどのような意味があったのだろうか。それについて卯吉は語らないが、あえて推測すれば、徳川氏の敗北と藩閥政府の成立をもって歴史の終着点とはせず、それらを平民的開化へと向う歴史展開のひとつの通過点として位置づけ、相対化することができたのではないだろうか。また旧幕臣の苦境も、次の歴史的段階へ進むために必要条件の一つとして積極的に評価できたのではないだろうか。このように考えれば、西洋文明史は歴史研究の方法の点だけでなく、平民の台頭という歴史発展の方向を示す点でも、卯吉にとって魅力的だったのではないかと推測される。

史学の気運

このような「文明史」に対する関心は、おそらく当時の社会全般の中で高まっていたのだろう。『日本開化小史』は版を重ね、卯吉はこの著作をもって世に知られるようになった。若い頃、卯吉のもとで『国史大系』を校訂し、後に東京帝国大学教授となった黒板勝美は、『東京経済雑誌』一五九一号（明治四十四年四月）の「田口博士を想ふ」という一文で、この書物の意義について「明治の初年以来研究的歴史が殆んど一般に忘却されたのを一転して、史学の気運は忽ち恢復し来らんとするに至った」と述べている。

　ところでこの頃、民撰議院設立をめぐる論議がさかんに行われ、また地方では士族反乱がたびたび起り、世間は騒然としていた。後年、民権派とみなされる卯吉だが、この頃はどうしていたのだろうか。九年十二月二十二日付の木村熊二宛書簡で、卯吉は、

> 日本に而は当時民権と云ふ事が大流行に而、東京にも人民総代と申ものを選挙致候、是も代議員の崩芽と相成申すべし、士族の家禄を禄券と致候に付き少々熊本、山口に暴動有之候も、一、二回にして鎮定仕候、曩日嵯峨（佐賀ノ誤）に暴動ありて嵯峨《マヽ》衰へ、此回山口に暴動ありて長州の権政治正に衰へ、今は薩独り勢盛なり、然るとも Time does not allow 東国の男児之威は存すれども無之きが如し、故に静岡人は重に読書に偏して政事に関せざるの様子有之候、

と書いている。民撰議院にしても士族反乱にしても、政治から疎外された静岡人（旧幕臣やその子弟）には直接関係ないこととして、冷静に観察している。また十年一月十九日付の木村熊二宛書簡では西南戦争について、

当時鹿児島に内乱あり、甚だ困り切り候、然し今一ケ月も過ぎ候はゝ鎮定仕候評判致候、御案じ被下間敷、

と、淡々と書き送っている。

嚶鳴社発足

この年には卯吉の周辺でも、洋行帰りの元老院権大書記官沼間守一《ぬまもりかず》、同じく河津祐之《かわづすけゆき》らが嚶鳴社《おうめいしゃ》を結成している。嚶鳴社は「法律講習会」（「講義会」ともいう）をその起源とする。沼間らは欧州巡遊中に西洋諸国で言論活動が盛んなことを見聞し、帰国後同志七、八名と計って、下谷（台東区）の摩利支天《まりしてん》の別当所で「法律講義会」と称し、討論・演説の練習をしたが、十年頃これを嚶鳴社と改称し、十一年に社則を作成印刷し、十二年十月二十五日より『嚶鳴雑誌』の発行を始めるなど、次第に政治・文化団体としての体裁を調えていた。この嚶鳴社結成の中心となった沼間は、卯吉にとって紙幣寮での上司の須藤時一郎の実弟であり、嚶鳴社の社則を作成したといわれる島田三郎は旧友で、同じく小池靖一も大蔵省翻訳局での同級生だった。また当時、卯吉がしばしば投稿していた『横浜毎日新聞』の主筆肥塚龍も嚶鳴社員である。このように卯吉の周囲には嚶鳴社に

関わる人々が多いが、その勧誘によるものか、卯吉も島田三郎等とともにその発起人に列なっている。

嚶鳴社の演説会

翌年に入ってから、卯吉は「近日日本は甚だ無事にして諸国に演説会の催し盛に起り候。弟も参れども舌重くして名論を吐く能はず遺憾なり」と木村熊二に書き送っているが、これは嚶鳴社の演説会のことであろう。ここでは「舌重く」名論を吐けないことを残念だと言っている。しかし黒板勝美が「田口博士を想ふ」の中で、「いつも博士の談話を聴くごとに、殆んどその流麗なる文章を読む心地がした」と回想しているところをみると、卯吉は決して口下手ではなかったと思われる。とはいえ、大岡育造が『東京経済雑誌』一五九一号に寄せた「田口君の雄弁」という一文で述べるところによると、この当時は話術や声の抑揚や表情によって聴衆を感動させ拍手を博する者を雄弁家としたから、声も態度も地味で、ややもすれば晦渋な言辞を吐く卯吉は「訥弁家の殿将《しんがり》」と評されていたという。これに対して友人の島田三郎は派手な雄弁で有名だった。とはいえ、姉鐙子が熊二に書くところでは、この頃、卯吉は嚶鳴社ばかりでなく外山正一《とやままさかず》・福沢諭吉・中村敬宇《けいう》らの学者の講談会にも参加し、かなり頻繁に演説会に通っていたため土曜・日曜には自宅にいないことが多かったという。

兌換紙幣制度提唱

この年も、卯吉は前年に引き続いて『横浜毎日新聞』に投書をしている。例えば、十

『自由交易日本経済論』（再版）

月三日から二十六日にかけて、畠山機知の筆名で「日本不換紙幣を改めて兌換紙幣を為すの策を論ず」（『全集』七）を発表し、当時の通貨の混乱を収拾するため、新規に国立銀行条例を制定し兌換紙幣制度を確立する必要があると主張している。この中で「商品の製造売買は偏に人民の自由に任ずべきものにして、貨幣の制に至りては其権全く政府の手に在り。日本政府が今日に在りて最も注意し、最も尽力すべき所のものは彼の関係すべからざる商品製造の事に在らずして、其責任なる貨幣序理の一事に存するや明かなり」と述べる部分は、貨幣制度を論ずる際の卯吉の基本的立場をよく表している。

『自由交易日本経済論』

明治十一年（一八七八）一月卯吉は数年来書き続けて来た『自由交易日本経済論』をついに出版した。元来、前年に『日本開化小史』第一編を出版したのは、この資金を作るためであったが、売れ行きはあまり良くなかった。島田三郎が陸奥宗光を説いてくれて出資してもらい、出版を山東直砥《さんとうなおと》が引き受けてくれることになって、ようやく本書は世に出たのである。

卯吉は本書の凡例に次のように記している。

自由貿易主義

明治七年の末余会一紳士と、我国外国交易の得失を討論し始めて稿を起し、爾来考究殆ど三年、終に此書を成すに至れり。今題して日本経済論と曰ふ、其自由交易の四字を冠らしむるものは其主義此に在るを以てなり。

自由交易保護法の利害を述べんには先づ経済学の大綱を記せざるべからず。日本外国交易の得失を論ぜんには、先づ徳川氏以来の商業の変遷を記して其病の在る処を詳かにせざるべからず。故に此書務めて此二事を説き以て自由交易の日本に害なく益ある事を示せり。然り而して現今施行すべき諸方策を載せざるものは他日を以て論ぜんと欲する故なり。（下略）

すなわち自由貿易主義の立場に立って、当時の日本経済の問題点を論ずるというのが、本書の趣旨であった。本書は全八章から成る。即ち「第一　緒言　経済学の主意を論ず」「第二　万国交易論」「第三　保護税の害」「第四　産物の転換の光景」「第五　リカルド氏の説を駁す」「第六　日本の現況」「第七　合衆国保護税は其国の為めに利益なき事」「第八　当今の日本に於て外債を起すの利」である。本書の主張を塩島仁吉は『鼎軒田口先生伝』において次の四点に要約している。すなわち、第一に、保護税は保護さ

保護税反対

れた職業を盛んにするが、一国の利益を増すわけではない。第二に、保護税は国内の市場に於ける専売の権を内国人に与えるが、その保護の対象となった産業に資本や労働力が集中してかえって国家に害がある。第三に、政府には保護税をかけることによって、ある者が受けるはずの利益を奪って他の者に与える権利はない。第四に、士族の暮しを助けるために保護税をかけるのはおかしい、という四点である。

河上肇の評価

本書は『鼎軒田口卯吉全集』第三巻に収められている。この巻の解説で河上肇は「経済学に対する博士の見解は、恰もドイツの歴史学派が起る以前の、またマルクスの経済学が樹立せらるゝに至る以前の、イギリス正統学派の見解を代表されてゐるものと見て、大過なからう」と言い、「大体イギリスの経済論の流れに属する」卯吉の自由貿易論を紹介し、また次のようにのべている。

吾々は今、どういふわけで明治時代に博士を通して以上の如き経済学説が日本に現はれたかの社会的根拠について、はつきりした見解を述べえないことを遺憾とする。しかし、もし単なる思ひつきを附記することを許されるならば、恰も明治年代における日本社会の資本主義への推移が、専ら内的発展の結果として行はれたのではなく、少からず欧米資本主義の外部的刺戟に負ふところがあつたやうに、経済学もまた多くは外国からの輸入品であり、その成立の社会的根拠は日本におけるよりも寧ろ多く外国にあつたのではないかと思ふ。

この評価は戦後の経済学研究者にも受けつがれており、中村隆英は『あの時この人・日本経済の建設者』の中で「この議論は当時の英国のマンチェスター学派の受け売りにすぎなかった」と述べている。つまり、本書の価値は当時の代表的経済学であったマンチェスター学派の経済学を、日本の資本主義の受容とその発展という当面の課題に合わせて、咀嚼して紹介した点にあったのである。

マンチェスター学派の紹介

卯吉はこの自由貿易論をほぼ生涯一貫して主張し続けた。それは長谷川如是閑が『鼎軒田口卯吉全集』第八巻の解説で、「鼎軒先生の一本調子」と呼んだようなものであった。自由貿易論は当時の日本政府の経済政策との関連で論争を呼び起こしたが、これをめぐる議論は当時の日本経済についての認識をも含めて興味深い。

貿易論争の背景

貿易をめぐる論議は幕末より盛んになったが、当初は開国交易の是非をめぐるもので、当時の開明的学者である神田孝平・福沢諭吉らは専ら外国貿易の必要を説いた。ところが維新後、実際に外国貿易がさかんに行われるようになると、もはや開国交易の是非ではなく、貿易の日本経済に及ぼす影響が問題となり、自由貿易主義と保護貿易主義のどちらを採るかをめぐって活発な論争が行われることになった。ところで前述の通り日本が最初に摂取したのは自由主義的経済を是とする英国経済学であったから、自由貿易主義はこの論争に於いて初めから優勢であった。しかし、明治十年代に入ると、輸入超過は一箇年平均五百万円を超え、財政上の大問題として認識されるようになり、これとともに外国資本の圧迫より日本の産業を保護すべきであるという若山儀一らの保護貿易論が注目を集めるようになった。その結果、後述のような自由貿易論者と保護貿易論者の論争が活発化する。土屋喬雄『日本の経済学者』によれば、その火付け役となったのが、田口卯吉の『自由交易日本経済論』だったと言われる。

　この年、卯吉は経済事情や執筆計画などいくつかの理由で大蔵省を辞任した。明治十一年二月二十四日に十六歳になった妻の千代は男児を産んだ。この子は乙骨太郎乙によって文太《ぶんた》と名付けられ無事に成長した。しかし、姉の鐙子がたびたび熊二に書き送ったところによれば、千代は五月頃大病を患ってから一年近くにわたり手足が不自由になった。そのため鐙子が牛乳を取り寄せて文太を育てることになったが、これまで長年苦労してきたせいか鐙子自身も病気がちだった。このように幼児と病人をかかえた家庭の事情で出費がかさみ、卯吉の給料では家計が賄いきれなくなった。ちょうどそんな時、元老院権大書記官で嚶鳴社の同人であった沼間守一が、元老院の翻訳の仕事、『大英商業史』『麻氏経済哲学』をもって来てくれた。これで大蔵省の給与よりよい収入が得られ、なおかつ『日本開化小史』の完成の時間が得られるということで、卯吉は大蔵省辞任を決心した。この時、卯吉の上司だった課長の岩崎小二郎は前課長と違って卯吉に親切であり、昇給を言い出したりした。しかし五年に及ぶ下級官吏生活にいや気がさしていた卯吉は九月に免職を願い出、十月三十一日付を以て「依願御用掛差免候事」という辞令を大蔵省から受け取り、官吏生活に終止符を打った。

この年も二月に牛嶺逸士の名で『横浜毎日新聞』に「貨幣所有権の疑義」（『全集』七）を投書している。これは通貨の溶解や毀損など流通の用を欠く状態にすることを禁じたこの年一月の太政官布告に対する批判であったが、大蔵省の官吏在職中のことであり、特に通貨の過剰な増発と貨幣価値の下落を具体的に指摘する内容だったから、ペンネームを使ったのであろう。これは社説として掲載されたが、そのことは卯吉とこの新聞との関係の深さを示唆している。

三 『東京経済雑誌』創刊

『東京経済雑誌』創刊

翌明治十二年（一八七九）一月二十九日、卯吉は『東京経済雑誌』を創刊した。経済専門誌発刊は卯吉にとって数年来の念願だった。卯吉は第一号の「緒言」（『全集』八）の中で、経済を専門に扱う雑誌の刊行を志すにいたる事情について、次のように記している。

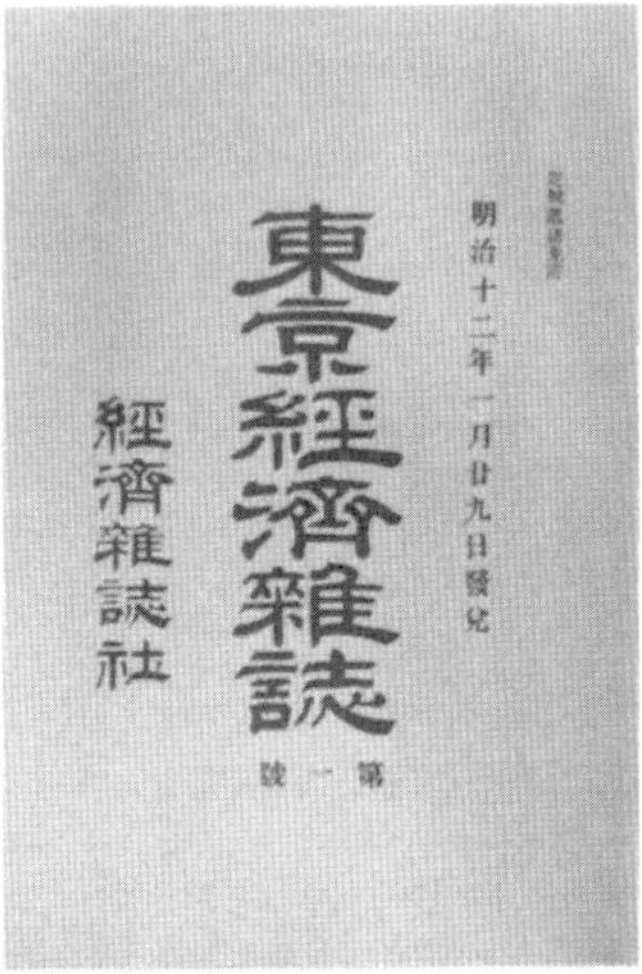

『東京経済雑誌』第１号

余輩嘗テ英国ノ銀行学士シャンド氏ト交親ス、一日エコノミスト新聞ノ其卓上ニアルヲ観、氏ニ語テ曰ク、「日本亦タ此ノ如キ新聞ナカルベカラズ」ト、氏笑テ曰ク、「余恐ラクハ日本ノ富未ダ之ヲ発スル能ハザルナリ」ト、嗚呼此ノ語ヤ固ヨリ座間ノ一笑話ニ出ヅルト雖モ、其余ニ於ケルヤ宛モ鉄針ノ胸竅ヲ刺スガ如キヲ覚エタリ、乃チ氏ニ約スルニ、余必ズ此一種ノ雑誌ヲ日本ニ興シテ氏ニ示スベキヲ以テセリ、当時余公務ニ鞅掌シ、且ツ日本経済論ノ著作ニ従事セシヲ以テ、未ダ思想ヲ雑誌ノ編輯ニ委スル能ハザリキ、

お雇い英国人シャンド

卯吉にその決心をさせた大蔵省お雇い英国人シャンド（Alexander Allan Shand, 一八四五?—一九三〇）については、土屋喬雄『お雇い外国人　八　金融財政』に詳しい。シャンドの来日は万延元年（一八六〇）であったらしい。シャンドが来日して勤めたのは、「横浜東洋銀行書記」、或いは「バンキング・コーポレーション・オブ・ロンドン・インディア・アンド・チャイナ」の支配人、或いはまた「マーカンタイル銀行」支配人の一人といった諸

岩崎小二郎と渋沢栄一

説があってよくわかっていない。いずれにしても、二十代の若さで幕末の横浜に来て銀行業務に携わっていた人物である。明治五年には木戸孝允と井上馨の推薦で、大蔵省に雇われた。ユネスコ東アジア文化研究センター編『資料御雇外国人』によれば、期間は明治五年（一八七二）十月一日から八年九月三十日までの三ヵ年で、給与は、初めの一年間は月給四百五十円、二、三年目は月給五百円、他に家賃を給するというものであった。また役名は紙幣頭の書記官（セクレタリー）、任務は銀行学の教授であった。

大蔵紙幣寮在任中の六年十二月に紙幣頭従五位芳川顕正《よしかわあきまさ》督纂、紙幣頭書記阿爾《アル》連遅度《レンシャンド》述、紙幣寮九等出仕海老原済・同九等出仕梅浦精一訳、紙幣権助小林雄七・紙幣寮九等出仕宇佐川秀次郎・同九等出仕丹吉人刪補・校正で、和綴五冊本の『銀行簿記精法』が刊行されているが、これは日本語による最初の本格的な銀行簿記についての教科書であった。

シャンドは、途中一時故国に帰っているが、明治十年三月解職されるまで在日した。この間、同じ大蔵省紙幣寮に勤務し、しかも英語の出来る卯吉と親しく交際したのであろう。その交際が『東京経済雑誌』発行の動機を作ったのである。

「緒言」は続いて、雑誌創刊に至る経緯について次のように記している。

然ルニ旧臘ノ末銀行課長岩崎小二郎君、第一銀行頭取渋沢栄一君等、余ノ為メニ銀行雑誌ト理財新報トヲ合併シテ一大雑誌トナシ、更ニ其探究ヲ精密ニシテ刊行セン事ヲ協議セラレタリ、余時ニ又日本開化小史ノ著述ニ従事シ其業未ダ竣ラザルヲ以テ、中道ニシテ之ヲ遅延スルハ遺憾無キニアラズト雖モ、私ニ以為ラク、宿志ヲ遂ゲ経済雑誌ヲ創刊シテ以テシヤンド氏ニ示スノ好機ハ実ニ斯ニ在リト、即チ二君ニ約スルニ此任ニ当ルヲ以テセリ、

『銀行雑誌』への関与

ここに述べられている『銀行雑誌』は、前々年にあたる明治十年（一八七七）十一月六日、大蔵省二等属遠藤敬士、七等属椿韜、御用掛田口卯吉、御雇吹田勘十郎の四人が編集担当を命ぜられ、翌十二月に創刊第一号を発行したものである。もう一つの『理財新報』とは、明治十年七月二日に渋沢栄一の努力で発足した銀行業者の会である択善会《たくぜんかい》のPR雑誌として、十一年五月二十七日発刊された『銀行集会理財雑誌』のことである。

渋沢栄一との交流

大蔵省銀行課長岩崎小二郎と第一国立銀行頭取渋沢栄一との間でこの両者の合併・充実が話し合われ、卯吉の『銀行雑誌』での力量が認められて、卯吉にこの事業をまかせようということになったのであろう。後に大隈重信が経済雑誌社乗竹《のりたけ》孝太郎社長の披露宴において語ったところによれば、渋沢栄一が田口卯吉の才能と志望に着目し、「斯う云ふヱライ小僧を大蔵省の小役人で置くよりは、どうか雑誌を書かして見やうと思ふ」ということで、卯吉を抜擢したという。これについて渋沢自身は同じ披露宴において、

「西南戦争後、経済上或は銀が高いとか、紙幣が下るとか心配の多い時でありまして、……今伯（大隈）の仰せられました経済雑誌社の創立ころ、紙幣問題については、（渋沢と卯吉は―引用者補）殆ど説を等しうする為めに、私は余り良い学説・議論は持ちませぬが、議論を上下したこともあります」と語っている。この発言から、過剰な通貨を整理し不換紙幣を回収して兌換紙幣を発行すべしという通貨政策に関する卯吉の年来の主張が渋沢の説と一致し、年齢や社会的立場の相違をこえて議論を交わすようになったものと想像される。なお、前掲の大隈・渋沢両者の回想によれば、経済雑誌社発足の頃、渋沢は第一銀行の建物に泊まり込んでいて、ある夜卯吉を呼んで酒を飲みながら議論をしたところ、卯吉が熱心に論ずるうち卒倒したので、渋沢は非常に驚き医師を呼んだりして大騒ぎをしたという。このエピソードも渋沢と卯吉が白熱した経済論議をかわし、親しく交際していた様子を示している。

択善会との約定

択善会と経済雑誌社との間で取り交わされた約定書によると、択善会が経済雑誌社に毎月百円を補給し、毎号五百部を買い上げ、その代わり『東京経済雑誌』に択善会の「記事録」を掲載し、また『銀行雑誌』の後を引き継ぐために「銀行の景況」の一欄を設けて銀行一般の状況を報道することになっていた。契約期間は一年間で、この一年間、第一銀行の三階を無償で借りることができることになっていた。なおこの間には、沼間守一の兄須藤時一郎大蔵省紙幣権助が卯吉に同情的に動いてくれていた。
さきの「緒言」はつづいて、択善会における全会一致の二誌合併の決定や択善会と経済雑誌社の約款交換を報告した後で、次のように抱負を語っている。

既ニ是レ雑誌タリ、其任トシテ一国ノ利害ヲ論究セザルベカラズ、決シテ一人一社ノ為メニ其論鋒ヲ枉クル能ハザルナリ、サレバ諸会社諸銀行ノ制度及ビ行為ニシテ苟モ一国ノ損害ヲ醸出スベキモノアレバ、仮令一会社一銀行ノ為メニ不利ナルニモセヨ些毫ノ仮借アル能ハズ、今ヤ我社既ニ成ル、是ヨリ後愈ヨ益ス隆盛ニ進ミ、此雑誌ヲシテ東洋ニ雄飛セシメ、夫ノ洋人ヲシテ傲慢ノ気ヲ沮喪セシムルモ、又彼ヲシテ我国ノ貧ヲ冷笑セシムルニ至ルモ全ク江湖諸君ノ着意如何ニ在リ、諸君ヨ、苟モ国ヲ愛スルノ心アリテ日本ノ富能ク経済雑誌ヲ興スニ適スル事ヲ海外ニ示サント欲セバ幸ニ愛顧スル所アレ、

ここには卯吉の独立の精神とナショナリズムがうかがわれ、また自分にふさわしい活躍の場を得た喜びが感じられる。第一号はさらに次のような例言を掲げている。

例　言

一、此雑誌ハ銀行、商業及ヒ財政一切に関スル紀事論説及ヒ其他有要ノ事実ヲ纂輯シ我国及ヒ外国経済ノ有様ヲ世人ニ報道スルヲ目的トス
一、此等ノ報道ハ凡テ緊重ナル計算ト精密ナル考察トヲ要スルニ付キ記スル所多ク

ハ一二ケ月以前ノ事ニ係ラザルヲ得ズ
一、如是目的タルヲ以テ敢テ他事ニ干渉スルノ論説ヲ登載セズト雖モ若シ本誌ノ要趣ニ適フノ偉論卓説アラバ其寄送ヲ得テ之ヲ採収スベシ
一、此雑誌刊行ハ毎月二号ヲ以テ定数トナスト雖モ将来毎月数号ヲ発兌スルヲ期ス、看官予シメ之ヲ記セヨ

この緒言では月二回刊を宣言しているが、実際には当初は月一回発行で、半月刊となったのは八月からである。十二月に択善会はさらにもう一年、明治十三年末までの補助の継続を議決した。

鐙子の事務担当

こうして卯吉は雑誌の発行という極めて多忙な生活の中に飛び込むことになった。雑誌社の事務は、当初、姉の木村鐙子が担当した。家庭の主婦とはいえ、鐙子は少女時代に男子並みの漢学教育を受けており、維新の動乱期には商売にも手を染め、また後に明治女学校を創立しその取締を勤めたことなどからみて、雑誌社の事務をこなす能力は十分に持っていたようだ。鐙子自身この仕事に興味を持ったらしく、自ら「雑誌社の番頭さん」と称し、下女二人を雇い家事の負担を減らして事務を執った。卯吉は鐙子に月給を支払っていたが、ここには、従来のような家単位ではなく個人単位の新しい経済関係を志向する卯吉の態度がうかがわれる。

望月二郎入社

しかし卯吉は、鐙子が雑誌社の事務を担当するのは夫の熊二が留学中だからこそ可能なのであり、「久しく之に干与し得べき身分にあらざる」と考えて、専任の社員と交替させることにした。卯吉は、大蔵省翻訳局時代の同期生で翻訳局から統計寮（後の統計課）に配属されていた望月二郎に入社を請い、事務を任せた。前述のようにこの望月も旧幕臣で、卯吉の沼津兵学校での先輩にあたる人物だった。優秀な人材だった望月は、その後もいろいろな方面から誘いがあったにもかかわらず、終生、卯吉とともに『東京経済雑誌』を支えることになる。

社会的反響

当初の『東京経済雑誌』は、活版印刷、縦二三・五センチ、横一五・六センチ、各号およそ三〇〜四〇ページ程度で、毎号冒頭に目次が付いていた。記事としては、まず経済及び政治に関する論説、次に銀行及び商業の景況についての分析・報告、そして択善会の議事録・講演録が載せられ、時には他の新聞記事等の抄録が載せられることもあった。一冊十二銭、ただし継続購読者には最高一割の割引があった。当時の物価水準を考えるとかなり高価である。それにもかかわらず、社告によれば、第一号は発売後間もなく売切れになり増刷したというから、この雑誌に当時の政財界や知識人から大きな期待が寄せられていたことが窺われる。さらに次の事例から、この雑誌の読者層は地方の企業家にも広がっていたことも推測される。卯吉が義兄熊二に宛てた明治十三年四月二日の書簡によれば、『東京経済雑誌』一六・一七号（明治十二年十二月十三・二十五日）に掲載した「米国紡糸機の改良」（『全集』八）という記事について各地より問い合わせが殺到した。困惑した卯吉はアメリカにいる義兄の木村熊二にその機械についての情報を集め、できれば図面を送るように頼んだ。

『大英商業史』翻訳出版

この『東京経済雑誌』発行という多忙の中でも、この年十月に卯吉はレヲン・レヴィーの『大英商業史』(*Leon Levi, History of British Commerce*, London, 1872) を翻訳し出版している。これは和綴十七冊で、そのうち八冊を自ら訳している。序文の中で、卯吉はこの書の翻訳・刊行の意図について次のように記している。

> 我国近年治財之論盛行、其最関国勢者、有二、曰、自由交易、曰、保護政策、……余嘗《かつて》読英国博士良烈維《レウィ》氏所著大英商業史、乃知英国政府往時屢《しばしば》施行保護法、蠹《と》害《がいシ》其生産、至於英才卓越之士出而排除之、然後始得致今日之富彊也。因嘆曰有是哉、理之真正者、不可誣《しつ》也。乃喜而訳之。（下略）

即ち、自由貿易主義と保護貿易主義のどちらを採るかという経済政策上の論争において、この書は田口の主張する自由貿易論に有利な論拠を提供するものとして、翻訳・刊行された。なおこの『大英商業史』は、元老院蔵版として同院議長柳原前光《やなぎはらさきみつ》筆の「自由者貿易之母」という題字を附し、御用書物師律書房須原量坪によって出版された。このことは卯吉の存在が政府内でもにわかに注目されるようになり、それとともに活躍の舞台が急速に広がりつつあったことを示すものだろう。

択善会の補助打切り

年を越えて明治十三年（一八八〇）、卯吉は二十六歳を迎えた。『東京経済雑誌』は順調で、六月五日の第三〇号から旬刊となった。しかしながら、この年末まで続くはずの択善会の補助の契約が、次に述べるような事情で七月までで打ち切られてしまった。

卯吉の不換紙幣整理案

同誌発刊直後から卯吉が主力を注いだ問題は貨幣制度の改革であり、その一環としての国立銀行制度の改正だった。当時は、政府が西南戦争の戦費捻出のため不換紙幣を乱発した影響で紙幣価値が暴落し、深刻なインフレーションと国際収支の悪化を引き起こしていた。このような状態を収拾するため、大蔵卿大隈重信はじめ政府の担当者はさまざまの方策を考案したが、成果はあがらなかった。卯吉はこの問題を『東京経済雑誌』誌上で取り上げた。明治十二年四月より十三年五月にかけての号で、政府の所有する金をすべて一銀行に預託し、公債や余剰紙幣を銷却して日本の紙幣をすべて兌換紙幣とすること、その目的のため国立銀行条例を改めてその発行紙幣を資本金の六割に減し、国立銀行を通じて紙幣の兌換化を遂行することを提言し、さらに十三年四月から五月にかけての号では、紙幣の価値の下落を救済する具体的方法として銀貨利付公債証書三千万円分を発行すべしと主張した。

これは大隈重信の政策を暗に批判するものであったため、択善会の内部に『東京経済雑誌』への補助について異論が生じた。また卯吉がこれらの論説の中で現行の銀行制度の改革を求めたことも、銀行業者の団体である択善会の反感を招く原因のひとつだったと想像される。渋沢は種々斡旋し慰諭したが、卯吉はそれを断って雑誌社の独立を決意した。十三年五月五日発売の『東京経済雑誌』二六号まで経済雑誌社支局が第一国立銀行内に置かれていたのが、五月二十日の二七号以降見られなくなることはこの事情を反映するものだろう。さらに、この年八月二日、択善会そのものが他の銀行の同業者団体「銀行親睦会」と合同するために一旦解散してしまったため、いずれにしても『東京経済雑誌』は独立せざるを得なくなった。

経済談話会

この年五月、卯吉は経済雑誌社の同人及び社友とともに「経済談話会」を牛込山伏町（新宿区）の自宅で発足させた。月二回開会して経済問題を論じ合うものであった。当時、演説や討論を行う結社は非常に多かったが、経済問題を専門とするものは、この会が初めてだった。この会は後に大蔵省銀行局の「銀行講習会」と合併して「東京経済講習会」となった。同会は主として経済に関する学術上の問題を講究し、明治十五年から十六年にかけて英国金融事情・古代商業史・富国論などを翻訳して、講義録の体裁で毎月あるいは隔月に発行した。さらに、その完成をまって合本し、『東京経済学講習会講義録』として、経済雑誌社より発行した。この講義録作成者の中には、卯吉自身をはじめ、小池靖一、外山正一、金谷昭、石川映作、伴直之助《ばんなおのすけ》らが名を連ねている（本書は現在国立公文書館内閣文庫に所蔵されているが、東京大学経済学部にマイクロフィルムの複製もある）。なおこの会は、二十年二月に「東京経済学協会」と名称を変更した。

犬養毅の『東海経済新報』

八月に犬養毅が『東海経済新報』を創刊し、保護経済主義を掲げた。これ以後、自由貿易論を掲げる卯吉と犬養との間で、有名な自由保護貿易論争が展開される。犬養は同誌第一号の緒言で、個人の経済とは異なる次元の国家を単位とする経済を想定し国家という限定なしに経済論を展開する傾向を「宇宙経済ノ空理」と批判して、次のように宣言する。

犬養の保護貿易論

> 一国ノ経済ヲ論スルモノ、先ツ国ノ形勢時情ヲ詳ニシ、国ノ利害得失ヲ計リ、以テ其ノ国固有ノ洪益ヲ発達大成セサル可ラス、……日本経済ヲ論説記述セルノ書ト新聞雑誌ト、皆ナ未タ世ニ行ハル、ヲ見ス、是レ吾輩カ今茲ニ東海経済新報ヲ刊行スル所以ナリ、……吾輩カ所謂日本経済ナルモノハ世ノ所謂保護政策ナルモノニテ、将来続々篇ヲ累テ弁論討議スルトコロ皆保護主義ニ外ナラサルナリ、請フ四方有識ノ君子之ヲ正セ、

自由・保護貿易論争

両者の論争は、卯吉が明治十一年一月に刊行した『自由交易日本経済論』及び『東京経済

雑誌』各号の論説において展開した自由貿易論に対し、犬養が『東海経済新報』誌上で反駁を加えるという形で始まった。卯吉の主張の骨子は、保護税は保護を受ける業種のみに利益を与えるが国全体の富を増すものではなく、かえって商品の価格が高く維持されるため消費者が損害を蒙り、ひいては一国の経済を害するものとしてこれを否定し、政府には一部の国民（すなわち保護の対象となる業種の製造者）の利益のために他の国民（すなわち消費者）の利益を取り上げる権限はないというものだった。これに対し犬養は、自由貿易とは「貧富強弱を一場に放ち以て其競争を傍観する」ものであり、日本の工業が欧米の工業よりはるかに未熟な段階で自由貿易を行なえば日本工業が競争に敗れるのは必至であると述べ、当面は保護育成政策が必要であると主張した。また保護税により国内の工業が発達すれば原価が下がるので、消費者の負担は将来においては軽減されると、卯吉の説に反対した。

卯吉の個人主義的立場

さらに卯吉が政府に自由放任政策を求めたのに対し、犬養は人民の安寧幸福を保護し外国の侵略を防ぐことは政府の正当な職務であると反論した。堀経夫『明治経済学史』によれば、卯吉が個人主義に基づいて経済活動に対する政府の干渉を否定したのに対し、犬養は国家主義あるいは全体主義的立場から政府の干渉を肯定するというように、両者の議論は最も基本的な点で決定的に異なっていたのである。卯吉は犬養の所説に対し

『東京経済雑誌』四一号（明治十三年十月十五日）、四四号（同十一月十五日）、四六号（同十二月五日）において自説を擁護し、犬養は『東海経済新報』七号（十月二十五日）から一〇号（十一月二十五日）にわたってこれに反論し、お互いに各自の論点を補強しつつ論争を展開した。

この年も卯吉は『東京経済雑誌』の多忙な仕事の中、多方面の事業に関与している。一つは講演である。卯吉は先に述べた経済談話会―東京経済講習会で講義するほか、後述（一〇八ページ）の共存同衆の演説会においても講演を行なった。また、浅草井生村楼《いぶむらろう》で行なった有名な「西洋の開化は日本下等社会の開化せるもの也」と題する演説（八〇・一二八ページ）は、『嚶鳴雑誌』『東京経済雑誌』に掲載され、最終的に明治十八年九月刊の『日本開化之性質』（『全集』二）に収められることになる。

秀英舎への出資

もう一つは、この年五月に佐久間貞一《ていいち》の経営していた秀英舎という印刷所に出資したことである。佐久間は幕臣佐久間甚右衛門の長男で、戊辰戦争の際は太鼓隊に加わって従軍し、戦後は静岡に移住して沼津兵学校に入学し、その後鹿児島藩に招かれるという、望月二郎ときわめてよく似た経歴の持ち主だった。佐久間は廃藩後函館で物産商を営むほか、さまざまな事業に関わっていたが、明治九年に静岡時代に師事した保田久成や啓蒙的仏教思想家の大内青巒《せいらん》とともに活版印刷所秀英舎（後の大日本印刷）を起した。卯吉は同じ旧幕臣の子弟でもあり、特に望月二郎と旧知の間柄であるということで、佐久間をよく知っていたのだろう。また秀英舎が西紺屋町（中央区）の経済雑誌社のすぐ近所だったこともあったためか、『東京経済雑誌』は発刊当初より秀英舎を売捌所の一つに指定し、いつからか特定できないが、印刷もここで行っている。なお、佐久間は単なる実業家ではなく、移民問題や東京市政に関わり、後には労働組合運動を支援して秀英舎において一日八時間労働制を実施するなどの幅広い活動をしたが、その方面でも卯吉と交際があったと考えられる。

佐久間貞一の社会事業

第四　東京府会時代

一　府会・区会の議員として

東京府会議員

明治十三年（一八八〇）十二月に行われた半数改選の選挙で、卯吉は東京府会議員に当選した。東京府会は、明治十一年四月の第二回地方官会議と同七月元老院において可決されたいわゆる三新法の一つ「府県会規則」に基づいて設置されたものである。東京府では同年十二月第一回府会議員選挙が行なわれ、府下十五区六郡より計四十九人の議員が選出され、翌十三年三月十日最初の府会が開かれた。卯吉は早くから地方議会に深い関心を持ち、東京府会の状況を『東京経済雑誌』の記事として報道するとともに、それについての論説も書いていた。たとえば十二年五月と六月に刊行された『東京経済雑誌』五・六号掲載の「東京府会」とか「東京府会の租税主義」などがそれである。このうち『東京経済雑誌』五号に掲載された「東京府会」は、当時の卯吉の議会政治についての基本的な姿勢を示している。

（上略）欧州諸国ニ在リテハ人民ノ自由ハ碧血ヲ注ガザレバ得カタシトマデ忌マハシキ言ヲ申スナレ、然ルニ維新以来我政府ハ或ハ制度ヲ改良シ或ヒハ地方官会議ヲ開キ、孜々トシテ人民ノ自由ヲ愛育シ、終ニ本年ヲ以テ府県会ヲ全国ニ行ヒ、人民ヲシテ参政ノ権ヲ全フセシメラル、ニ至ル、是レ蓋シ幾分カ政談家ノ功ニ依ラズンバアラズト雖モ、政府ノ人民ヲ愛撫シ仁道ヲ旨トセラルルニアラズンバ焉ゾ能ク如是クナランヤ、サレバ人民ニ於テモ須ラク謙譲シテ、以テ和睦ヲ務ムベシ、

官民協調の評価

すなわち卯吉は、人民の自由や参政権は流血の事態なくして実現されないという欧州の「常識」を忌まわしいと否定し、維新以来人民を啓蒙し自由や参政権を与えようとする日本の政府を高く評価している。ことに府県会の設置を決めたことを讃え、以後は官民が協調してともに利益を増進することを期待している。

また、卯吉はこの論説の中で、第一回府会において議員が「恭謙ニシテ礼ヲ乱」さず、「人民ノ分義」に背かない範囲で、府税徴収法につき政府に対する建議を決定したことを、高く評価している。ただし、この建議自体について卯吉は不満を持っていたので、六月二十九日付の「東京府会の租税主義」において批判を加えている。すなわち府会建議には、遊興関係業種及び酒煙草など「驕奢物」と認められる商品を扱う業種に課す税額を政府原案より増し、米雑穀味噌薪炭など生活必需品を扱う小売業に課す税を減ずる

自由主義に基く課税論

乗竹孝太郎

趣旨が含まれていたが、卯吉は、「租税の課法ハ決して貨物職業の種類について軽重すべからざるなり」と主張し、社会の需要に基づいて発生した職業貨物を、一部の者の独断で無用・驕奢として抑圧することは不法の行為であり、かつ文明の発達を阻害するものであると、批判した。ここには、卯吉のきわめて原則的な自由主義がうかがわれる。なお、東京府会にはこれよりさき、卯吉と交際があった須藤時一郎・沼間守一・益田克徳などが議員に選出されており、卯吉が府会に出ていくについては彼らとの関係もあったのではないかと思われる。

牛込区会議員

さらに卯吉は区会にも関与することになった。明治十二年に発足した区会の定員は戸数により決まっており、卯吉の住む牛込区の議員総数は二十名だった。牛込区では区内全域を十の部に分け、各部に一名、二名あるいは三名の定員を割り当てていた。卯吉は七月五日に牛込区四ノ部区会議員に選出された。木村鐙子の熊二宛明治十四年二月三日付け書簡によれば、卯吉は副議長に選ばれ、親類の河田烋《よし》は書記を勤めた。

最初の筆禍

これと前後して『東京経済雑誌』四七号（十二月十五日発行）に掲載した論説「備荒貯蓄

法」のため編輯長乗竹孝太郎が罰金二十円に処せられるという事件が起こった。乗竹は但馬出石藩士の家に出生。尺振八《せきしんぱち》の塾で英語を学び、卒業後同塾の助教をしていたが、『東京経済雑誌』創刊とともに入社し、翻訳と編集を担当していた。嚶鳴社に属し民権論を唱え、卯吉と同じく自由貿易論者だった。のち明治法律学校講師・横浜正金銀行庶務課長を経て、明治三十八年、卯吉の死後第二代経済雑誌社社長となる。

備荒貯蓄法

　備荒貯蓄法は、凶作や不慮の災害による窮民への応急の援助と、罹災のため地租を納められない土地所有者に対する租額の補助または貸与を定めた法令である。太政官は明治十三年二月にこれを地方官会議に下問し、修正のうえ、元老院の反対を押し切って六月十五日に布告、翌十四年一月一日よりこれを施行した。その財源としては、政府よりの配布金と土地所有者より地租に応じて府県会の議決した率で徴集する公儲金をあてることにしていたが、農民が受けられる救助に比べて公儲金の負担が重かったため、府県会において反対論が多く問題化していた。乗竹の論説はこの備荒貯蓄法の弊害を指摘してその停止を要求するというもので、新聞条例第十四条によって罰せられたのである。これが『東京経済雑誌』にとっての最初の筆禍であった。

織機改良

　この年、卯吉は甲府（山梨県）に行って甲斐絹織機を見たらしい。翌十四年一月十日の『東京経済雑誌』四九号に、「弊社田口卯吉は明治十三年甲府に遊びし折、道々の山家にて甲斐絹を織るを見て、ドーカ器械で織るようにしたならば嘸《さぞ》手の省ける事であらふと、これより器械を考へ初め、幾たびとなく失敗したりしが、トー〱此の程落成せり、依りて本年の第二回内国勧業博覧会に出品すべしと申し居れり」と記されている。明治十四年三月十五日の熊二宛木村鐙子書簡によると、卯吉は自宅を作業場としてこの研究に着手し、機織りの心得のある鐙子の協力を得て、幅の広い布を織れるような織機を開発し、内国勧業博覧会に出品した。しかし、卯吉の機械よりもっと改良された織機が他から出品されたため、卯吉のものは実用化されることなく終わってしまったという。こうした「発明」ということにも卯吉は強い関心をもっていたらしい。

関心の広さという点でいえば、この年九月卯吉は、小野梓《あずさ》の主宰する共存同衆の会合で「興雲降雨の術」（『嚶鳴雑誌』二二号、『楽天録』収録。『全集』八）という演説をしている。これはむろん雨乞いではなく、当時としては科学的な降雨の技術を取り上げたものであるが、彼の関心の幅の広さを示す一つのエピソードと言ってよいであろう。なお共存同衆との関係は、旧友の島田三郎や大蔵省銀行局長として『東京経済雑誌』発刊に関わった岩崎小二郎、あるいは馬場辰猪《たつい》がそれに参加しているので、その交友関係によるものであろう。

共存同衆との交流

共存同衆は明治七年（一八七四）九月、小野梓を中心として、「人間共存の道」を講究し勧奨することを目的とし、そのため法律・教育・理財・衛生等に関する学術研究を行い、そのかたわら政談を行なう結社として発足した。明治八年一月より『共存雑誌』の刊行を開始し、明治十年には日吉町（中央区）に集会の会場として共存会館を設けるなど隆盛を示した。しかし明治十二年五月の官吏演説禁止令や十三年四月の集会条例によって規制を加えられ、十三年以降は活動が次第に困難になり、十三年五月に『共存雑誌』は廃刊に追い込まれ、以後は官吏以外の者を講師としてわずかに演説会・講演会のみを続けるという状態だった。このような当時の共存同衆の状態を考えれば、新進の経済学者である上に社会全般に幅広い関心を持ち、かつ既に官吏を辞めていた卯吉が、講演者として歓迎されたことは容易に想像される。

『商家必携手形之心得』

卯吉は、この年九月『商家必携手形之心得』を編集、望月二郎が刊行している。この序言で、卯吉は将来商業の発達とともに手形は必要不可欠になると予想し、本文では手形の雛形の図示をまじえて詳細に実際的に説明している。これは一〇〇ページあまりの小型本で、一般の商人の実用に供するために書かれたものと思われる。この例も卯吉の活動の幅広さを示すものであろう。この時期、どういう事情があったのか、卯吉は経済雑誌社から収入を得ることを辞退し、執筆・翻訳・講演による収入で家計を支えていた。このため、木村鐙子の書簡によれば卯吉はいつも非常に忙しく、講演のため地方に出張することもあり、経済雑誌社へ毎日出勤することすらできなかったという。

二　国会開設への動きの中で

国会開設への動き

この明治十三年（一八八〇）は、四月に愛国社が国会期成同盟と名称を変更するとともにその活動が活発化し、これに加盟する各地の政社からも、また同盟としても国会開設請願書を提出するという動きがピークに達した年であった。これに対して卯吉はどのような態度をとったのだろうか。経済問題の場合とは異なり、この問題に対する卯吉の対応は他の論客に比べて遅い方で、国会についての卯吉の本格的な議論は、国会開設の勅諭が発布される直前の明治十四年十月一日の『東京経済雑誌』八〇号所載「政党団結の要」（『全集』五）を嚆矢とする。この論説で、卯吉は英国の議会史を参考としながら、各地の政治結社が連合し国会開設を目標とする「国会党なる一政党」を組織すべしと論じている。明治十四年に入っても『東京経済雑誌』は順調に発展を続け、七月二日の六七号からは週刊で毎土曜日に発行するに至った。

明治十四年の政変

この年十月、いわゆる明治十四年の政変が起こった。明治十四年の政変は、国会開設や憲法制定をめぐる政府内部の対立が、同年七月以降の開拓使官有物払下げ疑惑に対する世論の反発をきっかけに顕在化した政治的事件で、十月十一日に大隈重信とその同調者と見なされた官僚たちの政府外への追放と、官有物払下げ中止の決定という形で結着した。卯吉はこの年九月『東京経済雑誌』七七号に「北海道開拓論」(『全集』四)を発表し、官有物払下げに反対したが、それにとどまらず、「人民の営業を保護するに止まらずして自から大に事業を行はんこと」を企てた北海道開拓使の事業が、経済的にみて不合理である点を批判した。しかし、卯吉の思いも及ばないところで、この政変の影響は卯吉の身に及んでいた。

北海道開拓事業の批判

副島種臣の人事一新案

『明治天皇紀』によれば、十月五日侍講の副島種臣《そえじまたねおみ》は左大臣有栖川宮《ありすがわのみや》熾仁《たるひと》親王と大隈に一書を送り、事態収拾と政府の人事一新の案を提示し、披見後に天皇へも上奏するように依頼した。その人事構想に田口卯吉の名が見られるのである。副島の書の概要は『明治天皇紀』や佐佐木高行の日記『保古飛呂比《ほごひろい》』からうかがわれるが、それによれば、近衛都督嘉彰《よしあき》親王と参謀長土屋可成に一、二名の近衛将校を加え、さらに必要ならば警視総監樺山資紀《かばやますけのり》・陸軍中将鳥尾小彌太・同谷干城《かんじょう》・元老院副議長佐佐木高行、それに副島自身も参加して昼夜、宮禁奉護の任に当たり、官有物払下げの詔を強要しそうな政府有司を宮中に近づけないようにすべきだという。その上で、副島は以下の策を提案する(『明治天皇紀』第五巻、明治十四年十月十五日条)。

開拓使廃止を決行し、更に三県を置きて、土佐の片岡健吉・谷重喜及び田口卯吉をして其の県治に当らしめたまはば、以て民権論者を承服せしむるに足らん、……今や薩長肥の出身者は重職を託するに足らず、宜しく人材を天下に求めざるべからず、試みに之れを言はば、方今経済の要を語るは田口卯吉の右に出づる者なからん、以て大蔵卿輔に登用して不可なかるべし、能く諸般の事に通達するは福地源一郎に過ぐる者なからん、外務卿輔に適するのみならず大臣たるの器あり、岡本健三郎亦大蔵卿たることを得べし、板垣退助の陸軍大将兼陸軍卿たるべきは曩《さき》に陳上せるが如し、且聖徳を輔翼し国家の安寧を謀らんがため、議事院を開設せられんことを切望すと、

大蔵卿輔田口卯吉案

副島は開拓使廃止に伴って三県の設置を進言していたが、その県治担当者のひとりとして卯吉を想定していたことがここからわかる。またその後の人事一新において卯吉を大蔵卿輔に補するにふさわしいと考えていたこともうかがわれる。副島がそのような役割を担う者として卯吉を選んだ理由として、ひとつは卯吉登用が民権論者に歓迎されると予想されたこと、もうひとつは卯吉の経済方面での声望が非常に高かったことが考えられる。

副島案の波紋

この副島の言動は政府内に動揺を引き起こした。左大臣熾仁親王は副島の期待に反し

てこれを天皇に上奏しなかったが、政府内の副島に対する非難の高まりにより、この問題は天皇の関心も引いた。副島は太政大臣三条実美《さねとみ》にも面会して所懐を述べていたので、十月十五日天皇は側近の侍講元田永孚を三条のもとに送り、副島が福地・田口・板垣の登用を説いたことを知るに至ったという。この情報は元田の内話によって佐佐木高行にも伝えられた。さらに十八日副島は佐佐木を訪問し、

佐佐木高行との会談

近日世上騒カシキニ付、僕モ大ニ嫌疑ヲ受ケタリ、

と言って弁明したが、その内容は『保古飛呂比』に記されている。

天下ニハ人ハアル者ナリ、仮令ハ福地源一郎ノ如キ、外務卿ニ被任テモ可然人物ナリ、又、田口卯吉、是レモ、大蔵卿ニ被任テモ可然ト思考セリ、必ズ御採用ト申ス訳ニハ無之モ、人物ハ御注意次第出来ルノ意ヲ申述ベタルニ、大ニ行違ヒトナリ、民権論者ヲ推挙セルノ誹ヲ来セリ、……以上、国会開設ノ際ニ、甚ダシキ激動ナカランヲ思慮スレバ、今日ノ自由民権家ノ心ヲ和ラゲ置クコソ肝要ナレト思考スル故ニ、板垣其他ノ人々ヲモ、能々和ラゲ置キ度、然ルヲ、自由民権家ニ同意シテ、騒々敷アルノ風評、意外ナリ、

ここで副島は、必ずしも卯吉を大蔵卿に採用せよというわけではないが、天下に有能な人材があることを知らせるため、卯吉の採用を進言したと言っている。また卯吉らの

採用が民権論者との関係改善に役立つという主張もくり返している。この一件は、十月二十九日元田と佐佐木が副島を訪ね、自重して民権論者と誤解されないようにと説得し、副島がそれを承諾して侍講の役割に復帰するという形で終った。この一件を通じて、卯吉が政府内部でも経済の第一人者と目されていたこと、しかしその一方で、民権派につながる人物として多くの政府有司から警戒されていたことが明らかになる。ただし、卯吉自身の耳にこのような政府内部の波瀾の噂が届いていたかどうかはさだかでない。

府会区部会常置委員

さて、卯吉は前年選出された東京府会議員としての仕事にもかなり精力を注いでいた。二月二十八日の臨時府会が卯吉が出席した最初の府会であったが、その直後の三月に府会区部会常置委員に選出されている。同時に選出されたのは沼間守一・福地源一郎・藤本精一・芳野世経・町田今亮・松波宏祚で、卯吉のかねてからの知り合いも少なくなかった。卯吉は早速、沼間守一と組んで積極的な活動を開始し、また府政についての意見を『東京経済雑誌』に発表した。

東京府財政への提言

当時の東京府は、国費支出の地方費転嫁などにより府の経費が膨張し、それを賄うため府税が倍増するという問題を抱えていた。卯吉はこの問題を取り上げ『東京経済雑誌』六一号（十四年五月五日）「東京府民の苦難」（『全集』五）、同六四号（同年六月五日）「東京府会常置委員四大意見」（同）などにおいて、政府の通貨政策と東京府の経済的苦境を関連づけて論じている。すなわち「東京府民の苦難」においては、紙幣過発の結果としての貨幣価値下落が東京府民の一般的窮乏をもたらしたとする。その上、政府が十三年十一月五日の太政官令第四八・四九号で府県監獄費や警察費を国税から地方税にまわしたため、東京府民は多額の地方税を課され、いっそう困窮することになったと述べる。また「東京府会常置委員四大意見」という論文では、この委員の提出した消防隊・庶民夜学校・施療費ならびに養育院の廃止、及び営業税等の税率を取引の規模に応じて累進させず一定とするという意見を支持し補強している。ここで卯吉は自由主義・個人主義の原則に立って、福祉関係の経費を節減して租税を軽減する方が、結局、貧民の生活向上をもたらすという考え方を示している。

自由主義と個人主義

また松方財政下で紙幣整理が進行しつつある時期に書かれた八五号（明治十四年十一月）の「東京府下今年終末の景況如何」（『全集』四）でも、府民の窮乏の原因は紙幣整理の結果引き起こされたデフレと高額の府税賦課にあると指摘する。府会は貧民の負担をなるべく増やさず富商に対する賦課を増す方針を取ったが、卯吉は富商の営業が不振になり彼らの支出が減少すれば結局貧民もいっそう困窮するとして、これを批判した。ここにも、政府は国民の経済活動に人為的な操作を加えてはならないという、卯吉の基本的立場が認められる。なお紙幣整理自体は卯吉の年来の持論でもあるので、これを批判する

富商への増税策批判

ことはなく、むしろ早期に紙幣銷却を完了すれば物価が下落し、府民の生活が好転すると期待している。

翌明治十五年に入っても『東京経済雑誌』は好調であった。経済・財政関係記事は相変わらず紙面の大半を占めていたが、特にこの年に見られる新しい傾向は、議会制度に関する問題を取り上げた論説が目立って増えたことである。これは前年十月十二日の勅論で明治二十三年に国会を開設することを定めた結果、政治結社やジャーナリズム等において議会に関する議論が盛んに行われ、社会一般に議会に対する関心が高まったことを反映している。議会制度を取り上げた論説は一月二十一日の九五号に掲載された乗竹孝太郎「二局議院の弊を論ず」を皮切りに、「主権論」（二月十一日、九八号）、「議員ト選挙者ノ関係」（二月二十五日、一〇〇号）、「議員選挙論」（三月十一日、一〇二号）というように、頻繁に紙上に現れた。

天賦人権論への姿勢

卯吉自身は天賦人権論そのものについては懐疑的だったが、加藤弘之著『人権新説』に対する書評である「加藤弘之氏著人権新説を読む」（『東京経済雑誌』一三九—一四一号、明治十五年十一月二十五日・十二月二日・九日。『全集』五）の中で次のように述べる。「蓋し人民の権利を安全に進捗し君主を危殆ならしむることなく社会を擾乱することなく、国家をして安全に自由幸福の地位に達せしむるは、天賦人権の説最も便利なる一武器と云はざる可からず。」すなわち平穏に人民の権利を拡張する方便として、天賦人権論や民権論に好意的立場をとり、国会開設を歓迎した。

立憲改進党と卯吉

前年の国会開設の勅諭をうけて、この年三月に大隈重信が立憲改進党を組織すると、嚶鳴社員の多くはこれに加入した。また『東京経済雑誌』の編集をしていた乗竹孝太郎、伴直之助も党員になった。しかし卯吉は嚶鳴社設立の発起人の一人でありながら、入党しなかった。その理由について塩島仁吉は、『鼎軒田口先生伝』において次のように推測している。

蓋し当時自由党と改進党が殆ど同一の主義目的を有して分立せしは、先生（卯吉を指す）の希望せる国会党の理想に合せざると、先生は大隈大蔵卿と財政上の意見を異にし、嘗て盛に大隈大蔵卿の財政策を攻撃したるとは、先生が大隈伯の改進党に加入せざる主因たらずんばあらざる也。

自由新聞社客員

つまり、立憲改進党が卯吉の理想の政党のあり方と異なっていたことと、大隈の財政政策に反対していたことが、その理由であると言う。卯吉はむしろ自由党に接近し、その機関紙『自由新聞』がこの年六月二十五日に創刊されると自由新聞社客員となり、七月五日号から九月二十九日号まで「日本銀行ヲ論ズ」「時勢論」「読明治十五年度歳入出予算書」などの論説を執筆した。しかし卯吉は自由党にも加入せず、自由新聞社客員も間もなく辞めたらしい。十月には客員の欄から卯吉の名が消えている。

吉岡太三

筆禍事件の犠牲

　この年には、『東京経済雑誌』として初めての筆禍事件の犠牲者を出した。それは明治十五年（一八八二）八月十九日と二十六日の一二五・一二六号に掲載した「第四十八号の布告今ま何くにかあるか」（『全集』六）によって編輯長吉岡太《た》三《ぞう》（乗竹孝太郎の従弟）が四ヵ月後に起訴されたことである。明治十三年太政官第四十八号とは、歳計を節約して紙幣銷却の元資を増加し、併せて地方の政務を改良する旨を布告したものであるが、明治十五年六月に政府が発表した十五年度の予算はこの第四十八号の趣旨と食い違っていたため、吉岡はこの点を批判した。

編集長吉岡太三の獄死

十二月七日東京軽罪裁判所において、重禁錮九ヵ月罰金三十円を宣告されたが、吉岡はこれを不服として大審院に上告した。しかしその後、一年三ヵ月たっても裁判が開始されず何の連絡もなかったので、吉岡は上告を取り消し服役することにして石川島監獄に下獄した。ところが吉岡は入獄直後腸チフスに罹り、それが治癒したあと「肺病」に罹った。乗竹や卯吉らが面会を求めても許可されないまま、吉岡は明治十七年七月二十七日に獄中で死去した。

吉岡の追悼

これは経済雑誌社の最初の犠牲者だった。経済雑誌社への死亡通知もなく、吉岡は深川（江東区）の三十三間堂に仮葬された。二日後にこれを知った卯吉は、ただちに田口家先祖代々の菩提寺である三田（港区）の万昌山功運寺で改葬式を行い、白金（港区）の源昌寺に埋葬した。卯吉は十七年八月二日発行の『東京経済雑誌』二二五号に「前編輯長吉岡太三獄中に死す」（『全集』八）と題して一文を載せ、吉岡の霊を慰め、さらに翌十八年七月二十七日一周忌の法会を営んだ。さらに墓碑を建てようとして乗竹孝太郎が碑文を草したが、これは官憲の許可を得られず、果たせなかった。

木村熊二の帰国

この年には卯吉の私生活にも変化があった。姉の夫の木村熊二が米国で神学と医学を修め、ラットガルス大学でマスター・オブ・アーツとドクター・オブ・ディヴィニティーの称号を受け、キリスト教宣教師となって十二年ぶりに帰国したのである。留守をまもってきた家族にとって、熊二の留学がそのような結果となったのは意外だったらしい。熊二自身も「木村文書」中の「木村鐙子の伝」で、「俗界の栄達を取るべきに非ず、鐙子の一時の失意想うべきなり。」と書いている。木村一家は下谷区初音町（台東区）に住むことになり、卯吉は長い間一緒に暮らしてきた姉の鐙子や甥の祐吉と別居することになった。熊二は翌年四月に下谷教会の牧師となった。鐙子もこの頃までにはキリスト教

下谷教会

を受け入れ、十五年末に受洗し、夫の教会で婦人会の世話係を引き受け、新たな活動を始めた。なお母町子も翌十六年九月に受洗している。九月に木村家は本郷区（文京区）駒込西片町十番地の家に転居した。なおその二年後の明治十八年、卯吉はこの家に移り、ここが彼の終生の住居となる。

三　実業の世界

肝煎に就任

明治十六年（一八八三）に入って早々の一月七日、卯吉は東京株式取引所の、今日でいえば理事に当たる肝煎《きもいり》に就任した。以後、十九年十月まで約三年九ヵ月在任することになる。当時、同所株主の一人であった友人の沼間守一が、その頭取（現在でいえば理事長）の小松彰に卯吉を推薦し、またその資格を東京府会等の関係で親密であった山中隣之助から借りてくれたのである。

明治七年（一八七四）十月に株式取引条例が発布されると、東京の豪商中心に取引所設立計画が何度か企てられたが、同条例中の株式仲買人身元金を五百万円とするが如き、現実からあまりにもかけ離れた規定に阻まれ、いずれも挫折に終わっていた。しかし、公債証書売買の自然増、九年八月の国立銀行条例改正にともない各地に国立銀行が急速に設立され、銀行紙幣発行の抵当としての公債証書の需要もまた高まったこと、さらに、西南戦争の戦費調達を目的とする公債発行高の急増等の諸事情は、公開市場の必要を実業界に痛感させるに至り、十年十二月二十六日、渋沢栄一・益田孝・三野村《みのむら》利助《りすけ》・小室信夫・小松彰・福地源一郎らが、府下兜町六番地（中央区）に株式取引所設立の事を東京府庁を経て大蔵省に出願したのである。定款及び申合規則は米商会所規約・ニューヨーク株式取引所規約等を参考にしたという。その後、若干の曲折を経たものの、翌十一年五月四日に政府は従来の株式取引条例を廃して株式取引所条例を公布、次いで同十五日に渋沢らの出願にも允許を与えたことから、六月一日より東京株式取引所が営業を開始したのである。資本金は二十万円、頭取は前記の小松、肝煎は小室・福地・渋沢喜作・小林猶右衛門、仲買人は七十六名であった。

取引所の営業開始

　こうして出発した株式取引所ではあったが、その全活動の中で株式取引の占める割合は決して大きくなかった。低落する一方の紙幣価値と金銀正貨価格との差に着目した投機熱の影響により、株式取引所でもその需要に応じざるを得なくなり、十二年十月から金銀売買を開始し、むしろそちらの盛行に株式売買が牽引される観を呈した。もとより、そうした投機的取引は政府の好む所ではなく、取引所の金銀売買に種々の圧迫を加え（たとえば明治十三年五月十九日の太政官布告第二四号）、それによって取引所の営業も活況と沈滞との間を揺れ動いた（以上、『東京株式取引所五十年史』）。卯吉が肝煎に迎えられたのは、こうした株式取引所の揺籃期だったのである。沼間が尽力したのは、卯吉の私経済の援助とともに、既に経済学者として著名であった卯吉の声望を借りて取引所に対する世間の信用を高めたいという取引所の側の希望もあったのであろう。

もっとも、卯吉の方でも、明治十二年十二月の『東京経済雑誌』一六・一七号に「米商会所論」（『全集』四）を書き、その中で「相場会所の商業に欠くべからざる所以のものは相場を平均するの功用是なり。諸君、夫の株式取引所創立の以前に於て金禄公債証書の相場如何に不同なりしやを見ずや」と、取引所の必要を強く訴えていた。肝煎就任は、卯吉自身の取引所の正常な発展に寄与したいという希望と、沼間の働きかけとが合致した結果というべきであろう。

この年も著作の出版は矢継ぎ早であった。一月には『時勢論』（『全集』五）を経済雑誌社から出している。これは明治十五年に『自由新聞』に寄稿したものを纏めた本文七七ページの小冊子で、内外古今の事例を参考に当時の国政を論じている。巻末に、十五年秋に板垣洋行問題をめぐる党内紛争から卯吉とともに自由新聞社を退社した末広重恭《すえひろしげやす》（鉄腸《てっちょう》）が一文を寄せているのは興味深い。『時世論』の出版は、自らの自由党時代の総括あるいは清算であったのかもしれない。ついで八月には『自由交易日本経済論』（経済雑誌

『支那開化小史』社）が再版され、さらに十月には『支那開化小史』全五巻（同。『全集』二）の内分冊巻之一を出版した。これは二十一年二月完結している。

他方、『東京経済雑誌』も順調に発行を続けていた。二月二十四日付の一五一号では、社長田口卯吉、編輯長葛井六郎、印刷長望月二郎、主事乗竹孝太郎、客員嵯峨正作となっている。葛井については伝不詳。望月と乗竹については既に述べた（五五・一〇七ページ）。嵯峨正作は富山の人。梅蕾と号す。明治十年、大蔵省紙幣寮御雇となり、十二年同省八等属に任じ、造幣局（大阪新川崎町）に勤務、経済雑誌社入りは前記二人よりやや遅れ明治十五年。年齢（明治十六年当時）は、望月と嵯峨が三十代前半、乗竹は二十四歳の若さであった（卯吉自身まだ二十九歳であった）。

藩閥政府内部では上昇志向を充たしようのない、したがって在野精神の旺盛な青年たちが、官吏時代に得た知識を動員して精力的に雑誌発行にあたっていた様子が窺える。五月二十六日付の一六四号では、持主兼印刷人伴直之助、編輯長葛井六郎となった。九月二十二日付の一八一号で編輯長が望月に代わり、十月二十七日の一八七号ではさらに嵯峨に交代している。頻繁な異動は、おそらく取締りとの関係であろう。社の所在地も十月十三日の一八四号以降、京橋区（中央区）西紺屋町二十七番地から同区弥左衛門町七番地に変わっている。

経済雑誌社への弾圧

ところが、翌十七年は経済雑誌社にとり受難の年となった。二一八号（六月十四日付）所載の論説「商標条例」（該条例の欠点を指摘し、その修正意見を述べたもの。『全集』四）が新聞紙条例第十四条「成法を誹毀し国民法に遵ふの義を乱す」に抵触した廉で、持主兼印刷人の伴と嵯峨編輯長が告発を受け、八月四日東京軽裁判所で軽禁固一ヵ月を言渡され、さらに罰金二十円が付加された。この結果、八月九日の二二六号から仮持主兼印刷人大友忠義、編輯人山下謙之進と変わっている。また七月には、前述（一一八ページ）のように吉岡太三が獄死している。

『大日本人名辞書』編纂開始

しかし、卯吉は意気消沈するにはあまりにも多忙であった。再び出版に目を移すと、十二月に姉木村鐙子の助力を得て『大日本人名辞書』の編纂に着手している。完成は十九年四月であった。「初め此書編纂の事を企つるや世間は既に不景気となり泰西政事類典発兌の時とは大に事情は異にせり。去れば持重の方法を守らんには決して斯る大業を企つべきにはあらざれども、兼て此書なきが為に不自由を感じたることも少なからざりしを以て敢て其の編纂に着手し能く成就したるは意外の幸と云ふべし」（第一版巻末文。『全集』一）とは、卯吉自身の感慨である。

アイウエオ順の配列

なお、この『大日本人名辞書』は当時の人名辞典の常識を破り、イロハ順ではなくアイウエオ順による人名配列がなされた。卯吉はその理由として、イロハ順だと四十七文字全部を記憶しなければならないが、アイウエオ順ならアカサタナハマヤラワの十字の順を覚えておけばよいこと、現在はまだイロハ順を便利とする者が多いであろうが、今の小学生が成長した暁にはアイウエオ順を便利とする者が多数派となるであろうことを挙げている（同）。『大日本人名辞書』が卯吉の死後も営々と改訂が加えられ、版を重ねるロングセラーたり得た原因の一つはこれであったろう。卯吉の先見が、現実から遊離せず実を結んだ例である。なお、少しさかのぼるが、十月には『泰西政事類典』全五冊を完成させている。

府議としての活動

同じ十七年の四月二十三日、卯吉は牛込区から府会議員に再選されている。『東京経済雑誌』上でもしばしば府会問題を取り上げているとおり、これは決して出版の片手間にやっていたわけではない。『東京府史』府会篇によって議員卯吉の足跡を追ってみよう。

再選後最初の舞台となったのは、十七年五月十三日、正副議長選挙のため一日だけ召集された臨時区部会である。卯吉は「区部会の正副議長は別に選挙を行はず前例に依つて府会正副議長を之に充つる」べしとの発議をなし、これが容れられている。それに沿って議長は沼間守一、副議長は芳野世経と決まった。また同時に行われた常置委員選挙において卯吉は、沼間、芳野、犬養毅、須藤時一郎、益田克徳とともに当選している。

翌十八年は六月二十二〜二十四日、十一月十一日〜十二月十日の二度にわたって区部会が開かれている。前者（臨時）において問題となった瓦斯《ガス》局払下げについて、卯吉は「（府会には議案を）修正する権能があるのに払下げの価格や利子の低廉なことを理由として反対するのは不当である。要するに事業の性質上から払下ぐるを相当と信ずる」と、藤田茂吉、角田真平らと共に賛成論を述べ、高梨哲四郎、尾崎行雄と対立した。これは、原案にガス器械売却代八千円を追加して可決されている。後者（通常）では、小笠原監獄費並建築修繕費問題（当時、「主刑満期監視ニ付セラレ居宅又引取人ナキ者」は監獄の別房に入れておく規則であったが、費用及びスペースの関係でこれを三百人小笠原へ移す計画が立てられ、それに伴う出費を認めるか否かが争点となった）について、卯吉は角田・青木匡・関直彦らと廃棄説を唱え、犬養・須藤・益田らと対立した。これも原案が修正可決されている。

妻千代の死

一方、この十八年には、卯吉の私生活上に変化が訪れている。四月十九日、妻の千代を失った。まだ二十三歳という若さであった。そして、この頃とも、また初夏ともいわれているが、ついの住処となった本郷区駒込西片町十番地の家に移転した。この家は、現在は文京区西片二丁目十九番四号と表示を変えているが、当時のまま残されており、子孫が住んでいる。

さて、千代の残した長男文太《ぶんた》（八歳）は、卯吉の姉鐙子に面倒をみてもらうことにな

祖母可都の死

田口卯吉の書斎

った。だが、鐙子も活動に忙しかった。この年には、渡辺昇・石川暎作の発起で婦人束髪会が発足した（その際、経済雑誌社が援助したらしい。『全集』八、「年譜」）が、鐙子はその幹事であったし、八月には明治女学校を創立するなど多忙を極めていた。さらにこの年十二月十六日には祖母可都《かつ》（前名、鉄《てつ》）が病没した。享年七十五であった。

　卯吉はまたこの年十二月二十八日東京府会区部会常置委員となった。常置委員は通算四度目である。

　この年も『東京経済雑誌』は順調に発行された。二月七日の二五一号から編輯人が宮川仁吉に、そして十月五日の二八五号から宮川が仮持主兼編輯人、印刷人が渡辺千次郎に代わっている。

村野徳三郎著『洋式婦人束髪法』（「婦人束髪会規則」を掲載）

出版も、四月『支那開化小史』巻之二（秦の始皇帝の中国統一から前漢滅亡まで）を出版、七月『麻氏経済哲学』（原典はイギリスの経済学者マクロードの『エコノミカル・フィロソフィー』。経済論の流れを三つに分類して論じたもの）上・中を翻訳刊行（有賀《あるが》長雄が校閲した）。

『日本開化之性質』

また九月には『日本開化之性質一名 社会改良論』（『全集』二）を出版した。卯吉の「緒言」によれば、この書の原型は明治十三年に浅草井生村楼《いぶむらろう》において行なった「西洋の開化は日本下等社会の開花せるもの也」という演説で、それを改訂した上、『羅馬字《ローマ》雑誌』に掲載するつもりで全文ローマ字に書き改めたのだが、印刷部数の多い同誌では木版による挿絵掲載ができず、都合により同誌への掲載は断念せざるを得なくなったため、ローマ字ではなく通常の文体の単行本として出版することにしたという。内容は、日本の自然な「平民的」開化の流れに任せておれば西洋諸国と同じ開化の軌跡を辿ったはずであったが、徳川時代の強固な封建社会が「貴族的」開化によってその方向を歪めてしまったという主張を、古代から現在までの風俗を論ずることによって展開したものである。最後の章においては、漢字を廃してローマ字を採用することを提言している。

両毛鉄道を計画

なおこの年、木村半兵衛・鬼頭悌二郎らと両毛《りょうもう》鉄道の計画を立てた。これは日本鉄道会社が既に敷設工事を終えていた第一区線中の前橋（群馬県）と、明治十八年一月に大宮（埼玉県）を起点として工事を開始し、七月には宇都宮（栃木県）に達していた第二線区中の小山（同）とを結ぶ路線であった。木村は足利の有力な織物買継商で、先代は第四十一国立銀行の頭取を務めていた。木村は明治十四、五年あたりから鉄道事業を計画していたのである。この両毛鉄道は第一次鉄道熱の口火を切るものであった。

姉鐙子の死

明治十九年も公私ともに波瀾の年であった。私的な面では、八月十七日姉鐙子をコレラで失った。三十九歳であった。前年十二月十二日発行の『東京経済雑誌』二九五号、十九日発行の二九六号は「虎列刺《コレラ》予防法は東京府下の一大問題なり。東京府会が地方税を之に消費すること年毎に少なしとせず」に始まる「虎列刺予防法」を連載していたが、姉鐙子がそのコレラで一命を落としたのである。彼女の死去をうけて『女学雑誌』では、巖本善治の編になる「木村鐙子小伝」の連載を開始、翌二十年単行本として女学雑誌社から刊行された。

卯吉は姉の死を悼む文章を特に残していないようである。だが、当然、心穏やかでいられたはずはなかったであろう。単行本となった『木村鐙子小伝』に島田三郎が寄せた序文の中の「田口君常に言ふ。予の成立は姉の助によるもの多しと。此言真に然り。今や田口君世にありて家道も亦興れり。而して鐙君は逝きぬ。悲しひ哉」という一節から卯吉の心事を推測することは容易であろう。

鶴子と再婚

そして十一月七日山岡義方の娘鶴子（前妻千代の妹）と再婚した。この時卯吉は三十二歳、そして鶴子は二十歳であった。

家族ではないが、十一月二十八日恩師尺振八《せきしんぱち》が死去し、卯吉は葬儀のことを任され、その任を全うした。

両毛鉄道の進展

少し戻って六月、先年に計画していた両毛鉄道敷設計画に、木村や伴直之助らとともに努力し、発起人会を開くところまでこぎつけた。資本金百五十万円の予定のところ出資者は思うように集まらず、やっと二十六、七万の出資約束を得ていたというありさまであった。それにもかかわらず発起人会に次いで八月に測量開始、十一月に予測線路貨物運搬収支予算等の調査を終わり、同月十七日に発起人総会を開くことができたのは、ひとえに小松彰（明治二十二年には両毛鉄道会社取締役となっている）の側面からの援助があればこそであった。同時に、浅野総一郎他十七名連署の創立願書が栃木・群馬両県知事に提出されたが、それによれば、敷設すべき線路を二区に分け、第一区は桐生《きりゅう》（群馬県）から足利（栃木県）、佐野（同）、栃木を経て小山に至る三二マイル、第二区は桐生から大間々《おおまま》（群馬県）、伊勢崎（同）を経て前橋に至る一八マイルとし、第一区から工事を始める計画であった（以上、工事計画は鉄道省編『日本鉄道史』上による）。

時間的に少し先走ってその後の推移を記すならば、好況も幸いしてやがて出資応募者も増加し、二十年三月二十八日の臨時総会では仮役員の選挙を行なった。その結果、卯吉が社長に、木村が副社長に選出された。五月十七日には鉄道敷設免許を下付されている。

両毛鉄道営業開始

明けて二十一年五月十七日、小山―足利間の試運転。同月二十二日営業開始。十一月足利―桐生間運転開始。二十二年十一月二十日桐生―前橋間運転開始。ここに小山―前橋間全通。だが、この一見順調そうに映る鉄道経営が卯吉を苦しめたことを後述（二六〇ページ）しなければならない。なお、時を同じくして『東京経済雑誌』は明治十九年三月に「鉄道の架設を自由にすべし」（三〇七号。『全集』四）、六月には「新事業を企つるの時機到来せり」（三二〇号。同）という論説を載せ、あたかも卯吉のこの計画に符節を合わせる如くであった。

またこの年、秋田県花岡鉱山の試掘に関係したというが、詳細はよく分からない。

肝煎を辞任

一方、三年前に就任した東京株式取引所肝煎の職を退かざるを得なくなったのは、この年十月十七日であった。事の起こりは七月の取引所総会において、五月に営業保証の公債証書を売却した六万余円の処分方法について大きな混乱が生じたことにあった。当時、東京株式取引所の資本金は二十万円で、その三分の二以上、すなわち十三万円をもって七分利付金禄公債を買い入れ、営業保証として主務省たる農商務省に預けておくことになっていた。ところが金禄公債の相場が次第に騰貴して、額面百円につき七、八円出る状況となり、抽選償還される時は損失を招く事態となった。そこで五月にこれをことごとく売却したところ二十余万円となり、差引き六万円の利益を得た。当時、株式市場も活気を呈し、東京株式取引所の株もまた大いに騰貴し、この年初めには四百円台にあった。先の六万円でこれを買って八月に売り、それで得た利益を株主に割賦すべきだとの議論が起こったのである。

株式取引所の内紛

これが七月六日の株主総会に一部から提起された。取引所側の原案は、この六万円は別途積立金として保管し、株主には割賦しないというものであった。採決の結果五三六対五二一の小差で原案に決した。しかし、役員の中にも割賦説に同調する者もあり、紛争を生じた。その後、東京株式取引所の株は一層騰貴し、割賦説の人々の持株は過半数を占めるにいたった。そして斎藤孝治以下四十余名の株主が連署して、預金取扱方不適当の理由で、役員改選を要求して、臨時総会の開会を請求した。こうして臨時総会が開かれたが、過半数を握った割賦派に対し勝算はなく、そこで現役員派は、密かに河《こう》野《の》敏《と》鎌《がま》の頭取就任工作を行なってこれに成功し、小松も肝煎として残ることになった。そして卯吉と中島行孝が退職した。

なおこの時、卯吉は東京株式取引所の持株を売却して、一万数千円を得た。これで前述の両毛鉄道株式会社発起の資金を得たのである。

卯吉はわずか三年で取引所をやめざるを得なかったが、以後も株式取引所の問題には強い関心を持ち続け、多くのそれに関する論説を書いた。一例を挙げれば、『東京経済雑誌』三七七号（明治二十年七月二十三日）所載の「株式市場を公開するは恐慌を予防するに於て大なる力あり」（『全集』四）がそれに当たろう。農商務卿が特別に許可したものの他は取引所での売買を「政府に於て売買を許したる諸公債証書及び政府の条例を遵奉して発行したる銀行並に諸会社の株券」のみに限っていた取引所条例第三十条の閉鎖性に疑問を投げかけたものである。

『大日本人名辞書』刊行開始

出版に目を転じると、四月、前記したごとく二年前から編纂を進めていた『大日本人名辞書』の初版を刊行している。六月には『日本之意匠及情交』を出版した。明治十八年末頃『東京経済雑誌』に連載したものをまとめたこの書については、少し解説が必要であろう。卯吉によれば「意匠とは人心の花なり。其文章に顕はるゝもの之を想像と云

「意匠」

ひ、其美術に顕はるゝもの之を趣向と云ふ。蓋し人をして快然として妙味を感ぜしむるものなり。故に人必ず意匠なかるべからず。人にして意匠なきは、砂漠に生へる樹木の如く、飢餓道に陥れる幽鬼の如し。枯乾して味なく、聳乎として見る可からざるなり」（『全集』二、一四三ページ）という。この「意匠」を「音曲」「文章」等五部門に分けて叙述したものである。「今日世に存する所の意匠は、多くは旧時の遺物にして大に今日の人情に適せざるものある」（同、一四四ページ）ことを明らかにせんとしたのである。

「情交」の方は、「稍々公言しがたきの事情」ある男女関係にあえて踏み込んで論じたものである。その底にあるのは「蓋し人生の快楽は男女情交の完全なるより盛んなるはあらざるなり。故に社会の組織にして果して此情交を毀損するが如きものあらんには、有識の士は早く之を看破し、之を排斥して社会の幸福を増進することを勉めざるべからざるなり。余私に思う、今日我邦の社会は尚ほ此の一事に於て大に欠くるあるを。何となれば封建の分子今ま尚ほ存在して、退去すべからざるものあれば也」（同、一六〇ページ）という認識であった。「夫れ男女真正の愛は全く平等なるものなり。其間嘗て君臣の義あるものにあらざるなり、上下貴賤の別あるものにあらざるなり。男は其女を以て終身の友と為し、女は其男を以て偕老の朋となし、与に艱難を共にせんとす」（同）という主張は当時としては大胆なものであったろう。その裏づけに歴史上の事例が動員されているのは卯吉ならではであった。「意匠」と「情交」の両論を通じて、卯吉が精神文化の面からも日本の改良を志していたことがよく理解できる。

また五月、『読薩長論』（『全集』五）を刊行している。これは福地源一郎が『東京日日新聞』紙上にこの年三月頃発表した「薩長論」に対し、卯吉が『東京経済雑誌』三〇八号（明治十九年三月二十日発行）において批評・反駁を加えた文章を一冊にしたものである。

十二月には『泰西政事類典』を合冊再版。イギリスのヘンリー・ボーン編の「ポリティカル・サイクロペディア」の翻訳で、ギリシア・ローマ時代から現在に至るまでの行政・法律・財政・経済等を網羅的に論じたものである。

東京経済学協会

明治二十年、憲法発布・帝国議会開設が近づいたことによる「政治の季節」の到来とともに卯吉の身辺も騒がしさを増したようである。

二月、「東京経済講習会」は「東京経済学協会」と改称（幹事嵯峨正作）。この件に関し、卯吉は『東京経済雑誌』三五六号（明治二十年二月二十六日）に「東京経済学講習会を送り経済学協会を迎ふ」（『全集』八）という一文を寄せている。詳細は省略するが、会員数の増加、及び会員個々の所得階層が上がったことが改称の原因であったことが、この一文からうかがえる。

十二月、本郷区選出府会議員となった（二十三年七月辞任）。十七年の時と選出区が違っているのは住居移転の関係からであった。

府議としての活動

少し先行して、府議田口の活躍に触れてみよう。まず、明治二十一年九月一日開会の臨時区部会では市区改正委員に選出されている（後述、一四九ページ）。

収賄調査問題

二十二年八月二十三日開会の臨時府会では娼妓賦金廃止に関連した府議収賄の調査問題が再燃した。吉原（台東区）・洲崎《すざき》（江東区）等の遊廓が府議に賄賂を送り、娼妓賦金軽減への尽力を依頼したという噂が立ち、放置できなくなった府会では同年四月の臨時府会で事実を調査するため十三名の委員を設けていた（卯吉もその一人であった）のであるが、事もあろうにその委員の一人であった武藤直中が収賄の嫌疑を受けて拘留され、そのことがこの臨時府会で問題化したのである。大岡育造議員は、このような事態となっては委員の信用失墜し、所期の目的を達し難いので委員全員の改選を行うべきだと主張した。これに対し須藤時一郎議員は、今や事件は裁判所の手に移った以上、委員がなお調査を続行する必要もないからむしろ委員を解任した方がよいと述べたが、卯吉は武藤を除名した上、残った十二名で調査を継続すべきだと反論した。採決の結果はいずれも少数で否決、結局、伴直之助議員の提議により「委員は現状の儘その任務を継続して、適当の時期に、調査の結果を議員に報告する事」に決した。

同年十月十八日開会の臨時市部会でもこの問題は取り上げられ、卯吉は「当府会ノ権限若シ之ヲ許サハ六十番議員（武藤を指す）ハ退職者タラシムヘキナリ然ルニ現時ノ制ニ於テ此権限ナキヲ以テ止ムヲ得ス之ヲ放宥ス」という決議案を提出した。相当の異論も出たが多数をもって可決されている。

調査結果を報告

十一月二十日開会の通常府会では、卯吉は調査委員を代表して調査結果を報告した。その概要は以下のとおり。すなわち、調査委員会では「吉原、洲崎、板橋、千住、新宿、品川六遊廓ノ取締等ハ客年十一月以来警視庁第一局第二課長吉田六蔵ノ勧誘ニ因リ処々ノ料理店ニ集会シ府会議員福地源一郎ト共ニ賦金軽減ニ関シ府会ニ訴願スルノ協議ヲ為シタリシカ右ニ関シ協議整ハスシテ郡部ニ属スル遊廓悉ク分離シタル事」及び「洲崎遊廓ノ取締岡村文吉ハ区部議員数名ニ贈物ヲ為シタリシカ該議員ハ直ニ之ヲ返却シタル事」の二つを探り得た。然るに、その後、東京軽罪裁判所の調査により福地源一郎は賦金減額請願書を起草する見返りとして吉原・洲崎の両遊廓より四千五百円を得、そのうちの若干を吉田六蔵に分与、また武藤直中は賦金減額と娼妓年期延長に尽力する約束で吉原から前後六千円を受け取った事実が判明した。しかし、この福地・武藤両名の収賄が府会の行なった賦金軽減の議決に多大な影響を与えたとは到底考えられず、また、そもそもこの娼妓賦金は他の業種の営業税と比較した場合非常な高額であり、府会の措置はその不公平を是正した意味合いが強い。こうした事実に鑑みても、収賄と議決を直接結びつける根拠は薄弱であると結論するのが適当である。この卯吉の報告は多数を以て承認されている（以上、『東京府史』府会篇二）。

さて、再び明治二十年に戻ると、十二月二十五日には保安条例が出され、警視総監三島通庸《みちつね》の逐客名簿には卯吉の名前も登載されていたという。しかし、山県有朋《やまがたありとも》内相がそれを削ったので、事なきを得たといわれている（『鼎軒田口先生伝』十三章「条約改正問題」）。ただし、保安条例に関する一次史料である国立国会図書館憲政資料室所蔵「三島通庸関係文書」中には、それを跡づける史料は見あたらない。また卯吉自身、自分が保安条例による弾圧の対象にされる可能性があったことを意識していた様子はない。

ちなみに、卯吉は明治二十一年一月七日発行の『東京経済雑誌』四〇〇号に「保安条例及び新聞条例」（『全集』五）という論説を書いているが、この論説の中で卯吉は保安条例について次のように述べている。自分はかねがね、いわゆる壮士に対して同情的ではなかったけれども、彼らの「終局如何」、即ち表舞台からの退場の仕方がどうあるべきかについても考えていた。然るに保安条例出されて壮士は東京から放逐され、多少の困難は嘗めたかもしれないが、見ようによっては、これだけ政府から敵視され、多くの費用（二十万円という）をつかわせたというのはむしろ名誉であり、彼らはよい花道を得たというべきではなかろうか。

卯吉の壮士観

このような議論を、徳川方の武将井伊直政が捕虜の身となった石田三成を文字どおり国賊として扱ったことを三成はかえって喜んだという故事を引きつつ展開しているのであるが、卯吉が果たして本当にそう考えていたのか、あるいは彼にとって嫌悪すべき対象であった壮士に対する皮肉であったのかはよく分からない。ただ、彼が壮士について自分とは全く異質のものとみている点は、彼の自己認識あるいは言論人としての自覚をうかがわせるものとして興味深い。また、壮士の歴史的役割の終焉を論じているのは、彼が本格的な政治論説の時代の到来を予感していたことと、自分がその一翼を担うのだという、言論人としての自負を抱いていたことを示すものなのかもしれない。

その一方で、出版活動も依然として活況を呈していた。一月と四月にそれぞれ『支那開化小史』(『全集』二)三・四巻を、五月には『経済策』(同三)の再版を出している。

実業家田口卯吉も相変らずの多忙であった。翌二十一年に入り、六月に例の花岡鉱山の計画は中止となったが、九月に小田原電鉄取締役となった。翌年まで在任するが、取締役としての活動の詳細は不明である。ちなみに、同電鉄の開業は明治三一三年であった。

四　卯吉と東京

東京市区改正委員

明治二十一年十月、卯吉の活動範囲にまた新たな、そして異色のものが加わった。内務省東京市区改正委員会の民間側委員の一人となったのである。二ヵ月前の八月に東京市区改正条例がこの年の勅令第六十二号として発布されていた。東京市区の営業、衛生、防火及び通信の利便を図らんとする主旨であったが、単にそれだけでなく同条例が大隈重信入閣を契機とする改進党系の与党化に力を得た内務省の主導によるものであり、明治十三年頃から展開された首都計画をめぐる諸勢力の政治的競合の一応の帰結であったことは御厨貴の『首都計画の政治』に詳しい。

卯吉本人に限っていえば、東京の将来については早くから並々ならぬ関心を抱いていた。それは江戸っ子としての愛着や自負を越えた、国家的見地からのものであったといってよい。少し遡って卯吉と東京の都市問題との関わりを見よう。

「東京論」

この問題についての卯吉の考えがもっとも集約されて現れているのは、『東京経済雑誌』三四号（明治十三年八月五日）以下に掲載された「東京論」五編（「経済策」第十四章。『全集』五）である。その内容に少し立ち入ってみる。

卯吉はまず、今もなお「江戸」の姿を残したままの東京が、近代国家の商工業の中心地となるべき今日の状況に適合するのかと問いかける。そして具体的には、「然り而して内外の湟壁を平夷にして以て往来に便にし、湟の以て舟運に適すべきものは存して之に用ひ、内郭の内にありて現今諸官省を配置せる処は或は商估に売与して以て市街を建てしめ、或は公園地を其内に設けて以て人民の逍遙を許せば、東京の商業大に便利を得て一大都会なるに適して而して政府の事務亦た整理する処多からん」という。現在諸官衙の置かれている旧城内を商業地として開放せよという主張である。

さらに、現在の世論は政治的には中央集権よりも地方分権をよしとする風であるが、経済的には中央集権が有利であるとした上で、地勢及び運輸の便等を考え合わせると、東京こそ「日本の中心市場」にとどまらず「将来世界の中心市場」として、「上海香港等の諸港に凌駕する」ほどの商業的発展を見込める土地だという。そのための第一歩として、横浜の機能を東京に移すことを提言する。そのための方策は、「水運の便を開き自由貿易を行ひ多くの海客を誘ひ以て貨物の売買を旺盛ならしめ」ることにあるという。

そこから論旨は、東京を中心とする水運の現時点での未整備に及ぶ。徳川時代には品川沖の浚拓がたびたび行なわれ、諸国の入津船に便宜を与えていたが、維新以降はそれも廃れてしまい、費用と時間の多大な浪費を生み出している。このような現状の改善策として、まず水量少なく巨船の遡上の困難な両国川は「風帆船若くは小蒸気の水運に供し」、第一・第五の両御台場《おだいば》の間を浚渫し、船渠を設置して貨物船の入津を可能ならしめる。そこには多くの倉庫を造り、貨物の貯蔵とともに「烈風の防障」にも充てる。さらに第五御台場から両国川の末流に沿って芝陸軍省御用地の辺りまで土手を築き、鉄道を通して倉庫の貨物を東京に運搬するためのルートとする。これによって「現今横浜に於て売買せる三千余万円の貨物は勿論、東京に入津せる千石以上の和船に至るまで、凡てこの船渠に依頼するに至る」であろうという。まことに遠大な計画というべきであるが、「今経済雑誌に記者たるの任を辱むと雖も水理の事嘗て聞く処」ない自分が「一箇の畑水練を説」くのだ、という抑制された筆致で始めながらいつの間にか、「余輩何故に東京の財主がこの事業を速に実行せざるやを怪しまざるを得ず」という確信に満ちた調子になってしまうところに卯吉の情熱と人間性を窺うことができよう。

「船渠開設の議」

なお、卯吉はこれより少し前の明治十二年八月三十日の『東京経済雑誌』九号に「船渠開設の議」（『全集』四）を載せている。これは必ずしも東京のことを論じたものではないが、日本が貿易立国に絶好の地勢を占めていることを強調し、そのためには船渠を築くことによって船舶を直接接岸させることを可能ならしめるべきであると主張している点等において「東京論」と同じ発想から出発したものといってよいであろう。

次に卯吉は、「風帆船若くは小蒸気の水運」用とする両国川にも手を加えるべきだと論ずる。その越中島（江東区）に沿って流れる末流を塞ぎ、川幅を狭めることによって水底を深めれば大船を入れることも可能になるはずだというのである。先の船渠建設とこの両国川浚拓を卯吉は、「東京の商業を繁栄ならしむるの方法にしても苟も今日の如き微々たる商業に甘んぜざる以上は是非とも施さゞるべからざるもの」と位置づけている。

港湾整備

　そして最後に、東京を「繁栄の一都会」とするための唯一の策である「共小売商業を変じて卸売商業と為し、中心市場と為りて天下の貨物を引受くる」ことを実現せしめる港湾整備の必要を改めて強調して「東京論」五回の連載を結んでいる。この「東京論」はいわば港湾整備を主軸に据えた東京改造計画とでもいうべきものといってよいであろう。

松田道之

　これらの議論は第一銀行頭取渋沢栄一の賛同を得たのみならず、東京府知事松田道之《みちゆき》の耳にも入った。周知のように松田は明治十三年五月、「市区縮小による包括的な市区改正計画と東京築港計画の並列」（御厨前掲書、二九ページ）という特色を持つ「東京中央市区確定之問題」なる草案を作成、六月に印刷に付し、十一月には東京府会に諮問していたのである。ちなみに、藤森照信は「東京論」連載が時期的に「東京中央市区確定之問題」作成と公表の中間に当たる点や、横浜港の機能の東京への移転等両者の内容上の類似を根拠として、「東京論」連載が松田と卯吉を結びつけたのではなく、むしろ最初から松田と卯吉との連携の下に、松田案の地均しとして「東京論」が書かれたのではないか、という踏み込んだ推理を下している(『明治の東京計画』、一一八～一一九ページ)。

築港優先

同じ十一月には東京市区取調委員局を設置、その委員には府吏だけでなく大鳥圭介ら各省局長級、前記した渋沢栄一らの実業家、福地源一郎のような言論人も加えた十名の外部参加者が含まれていた。同局での審議において市区改正よりもまず築港を優先する方針が固められ、ジャーナリズムの論調もおおむねそれに好意的であった。『東京経済雑誌』もその一翼を担う格好となったのである。しかし、十三年暮れから翌十四年二月にかけての大火災の続発は築港優先方針を大きく後退させることになる。松田はそれでもなお築港計画をあきらめず、内務省御雇工師ムルドルに調査を命じたりしたが、十五年七月に急逝してしまった。

芳川顕正

後任の府知事芳川顕正《よしかわあきまさ》は翌十六年九月臨時区部会を召集、東京湾澪浚工事計画の審議を求めた。この計画自体は芳川のオリジナルではなく、生前の松田が築港を棚上げせざるを得なくなった時点において、それに代わる次善策として渋沢ら東京商工会のメンバーとともに練っていたものであった。計画の具体的内容は、次のようなものである。隅田川の末流は浜離宮に至って二つに分かれる。一つを本澪《みお》、他を中澪という。前者の方が水深が深いため船舶の多くはこちらを通るが、反面、屈曲多く航行に困難をともなうため、この際、本澪を塞ぎ、その水を中澪に導き、第二・第五の両砲台の間に放つと同時に澪内の浚渫を進める。芳川はこれの実行にあたって十ヵ年にわたる計画出費を要請すると同時に、それに伴う地方税支出増大のための手当として入港税の新設を諮ったのであった。

入港税に反対

　この時、卯吉は東京府会区部会の常置委員であった。芳川知事と共に実地調査に赴き、そのときの見聞から工事計画そのものには率先して賛成している。『東京経済雑誌』一八〇号（明治十六年九月十五日）に執筆した「東京湾澪の好況」（『全集』四）はその所産である。だが、入港税には厳しく反対し、同案を廃案に追い込んだ。府会は入港税に加えて十ヵ年間の計画出費も認めず、結局、七万八千円の出費を認めたのみで、あとは毎年度府会にはかることを決めた。そのような条件のもとで明治十六年から工事は開始され、十八年に一応終了したが、二十年六月になって、高崎五六《ごろく》府知事はさらなる澪浚並びに新地埋め立ての計画を立てた。この時も卯吉は府会区部常置委員であったが、これに賛成している。

　こうした一連の動向は世人の注意を喚起し、特に東京商工会議員益田孝は明治二十一年一月頃、東京湾築港の緊急なることを力説、調査委員の選出や政府への建議、さらに府会議員の説得等の運動が必要であると主張した。商工会はこれを受けて東京湾築港の調査委員を設置した。当時、隅田川河口の土砂の浚渫工事が進行中であり、また東京湾築港と並んで横浜の築港論、さらに東京・横浜各々の築港の兼ね合い（横浜港があれば東京港は不要といった意見まであった）などが論議の対象となるごとき状況であった。

築港推進を論ず

卯吉は二十一年二月十八日の『東京経済雑誌』四〇六号に「東京湾築港の速成法」、六月十六日の四二三号に「東京築港せざるべからず」を載せ、築港を側面から促進しようとした。前者は益田以下東京商工会の動きに期待を寄せ、是非ともこの際、船渠開設まで踏み込んでほしいと同会に要望したものであり、後者は横浜港の存在を根拠に東京築港を不要とする論議を謬見として退けたものである。しかし、周知のように築港は卯吉の生前においてはついに実現することがなかった。

市区改正

市区改正の方はどうであったか。先に述べたごとく、火災対策の意味から築港より優先される傾向を示していた。近代国家の首都としてデザインされようとしていた東京が、いつまでも「江戸の華《はな》」を引きずっているわけにはいかなかったのである。

明治十二年十二月十六日、日本橋箔屋町（中央区）から出火した火事は家屋六千五百五十二軒、土蔵十七棟を焼き、死傷者七十二名を出した。松田府知事は翌十三年一月臨時府会を召集、七十五万円を限度として火災予防府債を起し、さしあたって二十万円分を

火災予防事業

募集してそれを財源に焼失跡に火災予防事業を興すプランを提出した。府会はこれを可決、松田は政府に稟申した。ついで政府は、東京府は府会の決議に基づき水道費・瓦斯《ガス》灯費及び火災予防費を地方税費目の中に加えることができる旨の布告を出した。松田はこれを受けて、同年五月二十日に開いた府会に火災予防費十九万五千余円、その財源としては額面百円（売出し価格八十円）、総額二十四万円の府債を起こす案を提出したのであるが、府会は火災予防費二万七千円を可決したのみで府債を起こす案には否定的であった。

市区取調委員局

臨時応急的な性格の強い火災予防事業に対してすらこのような鈍い反応しか示さない府会の態度を見て、松田はおそらく市区改正事業の前途に強い不安を覚えたのであろう。前記のように府庁内に市区取調委員局を設けて調査を担当させたのである。それと時を同じくして例の「中央市区確定之問題」が府会に諮問されたこともすでに述べたとおりであるが、この時、取調委員局は経済雑誌社にも市区確定問題について諮問してきた。経済雑誌社は十三年十一月「謹で御下問に答へ奉る覚書」（『鼎軒田口先生伝』六七～六八ページに所引）を発してこれに答えた。その内容は、まず現在の東京の市画が「封建の旧制を墨守」する点において問題であるとし、具体的な提言としては徳川時代に大名屋敷が並んでいた「旧郭内」と呼ばれる地域を商業地域として再生し、その発展をはかるべきこと、築港問題の所でも触れたが東京を「繁盛の都会と為すの最大急務」として船渠を開設することをあげている。卯吉の持論を改めて強調したものといえる。

「市区改正意見書」

しかし、松田は市区改正事業を十分軌道に乗せられないまま死去する。後任の府知事芳川顕正は就任後ただちに属僚に命じて新たな市区改正計画の作成に着手し、明治十七年十一月、その成案として「市区改正意見書」を内務卿山県有朋に提出した。これ以後、市区改正計画が地方経営をめぐる各省間対立や条約改正問題とも連動しつつ政治史の中でいかに翻弄されていくかは、やはり御厨貴の研究(前掲『首都計画の政治』)及び藤森照信の研究(前掲『明治の東京計画』)に詳細であるので、ここでくだくだしく述べることはしない。

市区改正審査会

ただし、芳川作成の「市区改正意見書」の当否を審査するため、十七年十二月内務省内に、内務・工部・逓信・農商務の各省、及び警視庁・東京府から選任された十四名に、東京商工会代表として渋沢栄一・益田孝という二人の民間人を加えた都合十六名の委員から成る市区改正審査会(会長は芳川)が設置されたことと、そこでの審議において、渋沢・益田両名の主張する国際商業都市化論が、政治都市的側面を重視する「市区改正意見書」の構想を圧倒し、審査会をその方向に牽引したこと(藤森前掲書、第三章第四節)は強調しておくべきであろう。実はその文脈に沿って渋沢らが松田知事時代のムルドル案から港湾面積を四倍に拡大した新しい築港計画を作成、審査会で了承されている。従来の主張から見て、卯吉はおそらくこの結末に拍手を送ったに違いない。

市区改正委員会

さて紆余曲折の末、明治二十一年二月十七日、内務大臣山県有朋・大蔵大臣松方正義連署の建議書「東京市区改正之件」が出され、さらにそれを受けて同年八月十六日「東京市区改正条例」公布の運びとなり、ようやく市区改正事業が本格的に軌道に乗ることとなった。同条例第一条に基づき内務大臣の監督下に関係諸官庁の高等官十五名と東京府区部会議員十名から成り、各年度事業の決定を行う市区改正委員会が設置され、卯吉もその中に加えられたのである。委員長は内務次官芳川顕正、内務省衛生局長長与《ながよ》専斎《せんさい》、同土木技師古市公威《ふるいちこうい》等の名も見える。渋沢栄一・益田孝ら東京商工会のメンバーも臨時委員として名を連ねていた。卯吉の他に府会議員の中から委員に選ばれたのは、犬養毅・沼間守一・須藤時一郎・福地源一郎・藤田茂吉らである。

築港計画の挫折

しかし、この市区改正委員会での審議は、藤森照信が描くごとく低調をきわめたものであった。その原因は横浜側の巻き返しにより築港計画を内閣が却下してしまったためであり、卯吉もその点を委員会の場で追及したものの、もちろん大勢を覆すことはできなかった（藤森前掲書、二二三ページ）。東京を国際商業の中心に、という夢が萎んでゆく過程を委員として直接目撃しなければならなかった卯吉の胸中はどのようなものであったろうか。明治二十二年三月五日、委員会の最終案が決定され、五月二十日公示の運びとなった。

五　憲法発布・条約改正

その後の卯吉の動きを追おう。明治二十二年（一八八九）一月二十一日改正徴兵令が公布された。卯吉は四月十五日本郷区徴兵参事員となった。
二月十一日、紀元節を期して大日本帝国憲法が発布された。国民はこぞってこれを祝った。卯吉もこの数日前に「我后《きみ》万歳」（『東京経済雑誌』四五六号、二月九日。『全集』八）と題する次の今様調の歌を作った。

亜細亜の東雲晴れて　朝日ぞさしぬ日の本の　国の光は今よりぞ
四海の外を照しなん　后万歳と祝へかし　后万歳と祝へかし
時しも今は春立ちて　草木も芽ぐむ頃なれや　后の恵の下風に
自由の花ぞ咲き初めぬ
（中略）
今や天運廻り来て　専制政治の跡は絶え　皇国万機の礎は
民の心に基きぬ　民の心は千秋に　聳ゆる富士の峰なれや

天地は崩れ万壑は　壊ぶるるとても動かじな　皇室之を得玉へば
御代磐石の安きあり　廟堂之に拠るときは　国潰爛の憂なし
是より国民蹶起せば　太平洋の波万里　大陸諸国の幾山河
日旗なびかぬ隈なけん　斯る基の成りにしも　皆我后の恵なり
后万歳と祝へかし　后万歳と祝へかし　后の恵の下風に
自由の花ぞ咲き初めぬ　花を簪して同胞よ　后を大路に迎へなん

憲法発布を祝う

憲法発布当日、卯吉は朝早くから経済雑誌社に出社して社員一同とこの歌を歌いつつ「その瞬間」を待った。やがてそれは来た。百一発の号砲が鳴り、『官報』号外として大日本帝国憲法が国民全体に知らされたのである。

卯吉は紛れもなく国民の一人であった。憲法を一読して感きわまり、「謹て聖恩の辱きを謝し奉る」の一文を『東京経済雑誌』四五七号（二月十六日）に載せている。卯吉は社員とともに酒杯を挙げてこれを書いたのであった。

この中で卯吉は、既に憲法をもっている欧米諸国の人民が皆「暴戻厭なき」君主を相手に「終に干戈を動かし生命財産を犠牲にして」それを得たのに対し、日本の臣民が「陛下の慈仁に因り、鼓腹撃壌杯酒を手にし太平を頌歌して」憲法を与えられた幸福を何よりもまず謳い上げる。そして法律・租税・予算がすべて帝国議会の議決を要することになったことを、責任内閣や政府に対する信任投票・弾劾権等、憲法には明記していない事柄を実現するための基礎として高く評価する。またそれらが明記されていない点をとらえて憲法を批判する者もいるが、第五十二条の、議員は議院における発言や表決について院外で責任を問われないという規定、及び五十三条に定めた不逮捕特権を見れば議会が内閣に対して独立した地位を有し、チェック機能を発揮しうることは明らかであり、条文以上の権限を得られるかどうかは「余輩臣民の技倆如何」にかかっている、と説く。議会開設という多年の夢が正に実現しようとしている、その瞬間の卯吉の心臓の鼓動が伝わってくるような文章である。彼の議会に対する期待の大きさが知れよう。

上田敏

　五月二十一日、本郷区所得税調査委員選挙のための第七部町村選挙人を嘱任された。同月二十七日、本郷区所得税調査委員補欠人となった。六月には市会議員（本郷三級選挙）及び市参事会員となった（二十三年五月まで在任）。九月、乙骨《おっこつ》太《た》郎乙《ろうおつ》の甥に当たる上田敏《びん》（当時十六歳）が一高へ入学したので、通学の便宜を図るため書生として預かることにした。上田の実父絅二《けいじ》が乙骨の弟で、上田家に婿養子として入ったという関係になる。上田は明治三十二年九月、卯吉の媒酌で斎藤悦子と結婚するまで田口家に寄寓することになるのである。

　四十三年間の、決して長いとはいえない上田の生涯の中で、田口家での十一年間は、詩人・文芸評論家、さらには西洋文学の紹介者として名声を得、また結婚と同時に東京高等師範学校教授に任ぜられるまでの重要な期間であったはずである。しかし、その間の上田と卯吉との交流を物語る挿話は残念なことに伝わっていない。卯吉の七回忌に際して上田は「田口鼎軒先生を憶ふ」という一文を『東京経済雑誌』一五九二号（明治四十四年四月二十九日）に寄せているが、これはかつて同居していた者としてのなつかしさを込めた文章とはいえない。「英雄豪傑、或は真の詩人美術家等に必ずあるSimplicityといふ特性」を卯吉の中にも見出すことができるが、それこそが卯吉の最大美徳であるという主旨の、むしろ非常に冷静な観察に基づく文章である。

鼎軒柳村居住之地碑
（長谷川如是閑筆）

後年、上田敏を偲ぶ記念碑をどこかに建てたいという英文学者日夏耿之介《ひなつこうのすけ》の意思を継いで、政治評論家嘉治隆一《かじりゅういち》が記念碑を建てるために奔走した。田口家の縁戚にあたる嘉治は、上田の少年時代からの大恩人である卯吉とあわせて顕彰することを思いつき、卯吉の長男文太をはじめ田口家の快諾を得て、文京区西片の田口邸の一角に碑を建てることができた。題字は文太の発案で長谷川如是閑《にょぜかん》に依頼した。昭和三十七年（一九六二）のことである。碑文の表には「鼎軒柳村（上田敏）居住之地　米寿叟　如是閑」、また背面には「田口文太建之　于時年八十五」と記されている（嘉治隆一「碑を建てる」、『フォト』一九六三年一二月一五日号）。

母町子死去

この年十二月十五日、卯吉の母町子死去。享年六十二。

『条約改正論』

前後するが十月に『条約改正論』（『全集』五）を出版している。当時、大隈重信外相の進めていた条約改正交渉に対し、改進党以外の各派、つまり旧自由党系や国権派が攻撃の矢を放っていたが、卯吉は九月十四日東京浅草の井生村楼において個人演説会を開き、大隈支持を訴えた。この時の演説をまとめたものが『条約改正論』である。

いうまでもなく、条約改正は明治政府が発足と同時に抱え込んだ最大の難問であった。岩倉使節団が、寺島宗則が、井上馨が、この限りなく高い障壁に挑み、挫折していった。そして今また、大隈重信がそれを試みようとしており、卯吉はその大隈を擁護する側に立ったのである。

卯吉が最初に条約改正問題について書いた文章としては寺島宗則外務卿時代、『東京経済雑誌』五号（明治十二年五月二十九日）所載の「条約改正」（『全集』五）を挙げることができる。関税自主権の無い状態がいかに国家の体面を損ない、経済的損失を招いているかを論じたものである。同年十一月二十九日の一五号でも同名の論説を書いている。こちらの方は政府が税権回復後にもくろんでいた輸入税増徴・輸出税軽減に対して、自由貿易尊重の立場から異議を唱えたものである。だが卯吉は、井上馨外務大臣の条約改正交渉及びそれに対する反対運動が進行している最中には特に目立った発言をしていない。

税権回復を主張

その井上馨のあと改正交渉を進めた大隈重信は周知のとおり各国別交渉の方針をとり、明治二十一年（一八八八）十一月にメキシコと修好通商条約を締結、ついでアメリカ・ドイツ・ロシアとの条約調印にこぎつけた。その改正案の骨子は、領事裁判権を撤廃すること、撤廃後五年間は大審院に外国人判事四名を任用し、被告が外国人である事件はその外国人判事が多数を占める法廷で審理し得るようにすること、新しい法典（民法及び商法）を領事裁判権撤廃の期限以前に発布すること、外国人に不動産所有権を与え内地雑居を認めること、等々である。なお、外国人判事の任免に関しては日本政府がその全権を掌握する旨の条項も含まれていた。

大隈条約改正

しかし前述のごとく、この大隈の改正交渉は朝野からの集中砲火を浴びる。主たる争点となったのは井上の時と同様、外国人判事の採用問題であった。外国人判事を大審院のみとはいえ採用するのは憲法に定めるところの日本国臣民の職業の自由を侵すものではないか、という議論が盛んに行なわれた。政府が帰化法を制定し、大審院に雇う外国人判事を日本に帰化させようという、いわば苦肉の策をとろうとしたことも、在野勢力からの批判を増幅する結果となった。

大隈改正交渉を擁護

卯吉は『東京経済雑誌』四八三号（明治二十二年八月十七日）に「居留地の制及び治外法権は如何」を書いて、こうした風潮に反駁を試みる。

すなわち、憲法第一条に「大日本帝国ハ万世一系ノ天皇之ヲ統治ス」とある。しかし、外国人居留地は明らかに日本の国土の一部であるにもかかわらず日本の法律命令の及ばない空間なのであるから、違憲ではないだろうか。また、憲法第二十四条に「日本臣民ハ法律ニ定メタル裁判官ノ裁判ヲ受クルノ権ヲ奪ハル、コトナシ」と規定しているが、現実に東京市中において外国人から暴行されたり、あるいは略奪された日本臣民は、治外法権の障壁のために日本の裁判所の保護を受けられない。これも違憲であるといえる。だから、帝国憲法を厳密に解釈するならば、憲法発布以後、外国人居留地も治外法権も消失してしかるべきであるが、現実に存続しているのは畢竟それが憲法の問題ではなく

大隈条約改正の挫折

外交事情の問題だからである。故に、外交上において憲法を持ち出しても始まらない。日本臣民としては、帰化法を施行して条約改正を一部なりとも達成した状態と現状とを冷静に比較し、いずれに利益が多いかを考えるべきなのである。自分の見るところ、帰化法施行には充分に利益があると思われる。こう卯吉は説いたのであった。

しかし、卯吉のような立場をとった者は残念ながら少数派であった。そして、ついに二十二年十月十八日、玄洋社社員来島恒喜《くるしまつねき》の投じた爆弾が大隈の一脚とともに改正交渉そのものを吹き飛ばす。卯吉は「思ふに彼等が此の如き暴行を為して心に恥ぢざる所以のものは、苟も外務大臣を暗殺せば其希望する所の中止論をして社会に勢力あらしむるを得べしと信ずるが為めならずや。然るに此の如き兇行は却て中止論の勢力を減少することを知らざるべからず。大隈伯の重傷は却て輿論をして断行論を親愛するの条を増さしむるものたることを知らざる可らず」（「外務大臣の遭難」、『東京経済雑誌』四九三号、明治二十二年十月二十六日。『全集』五）と、なお淡い期待を寄せたが、結局、空しかった。

この後の推移は周知のとおりである。青木周蔵・榎本武揚二代の外相が改正交渉に臨んだが、おのおの大津事件と内閣交代によって目的を果たすことなく終わり、その次の第二次伊藤内閣の陸奥宗光外相によって、ようやく最大の難関イギリスとの間に日英通商航海条約を締結することに成功する。しかし、そこに至る道は決して平坦ではなかった。陸奥は過去の失敗に鑑みて徹底した情報管理を貫き、また衆議院第一党であった自由党を軟化させて、在野の反対運動も封じ込めようとした。にもかかわらず、立憲改進党・国民協会等を中核とするいわゆる対外硬派は、内地雑居反対・現行条約励行を唱えて伊藤内閣及び改正交渉を揺さぶった。その結果、第五・第六両議会が解散されるという政治的混乱がもたらされるのである。

条約改正即行を主張

その間の卯吉の態度は、条約改正即行で一貫していた。彼にとって条約改正とは「国民として須臾も放置する能はざるもの」であり、しかも「成るべく平静に」実行されなければならないものであったのである。その観点から卯吉は「嘗て大隈伯にも賛成し、青木子にも賛成」し、「切に輿論をして外交の事情に通ぜしめることを希望」した。改正交渉の担い手が誰であり、それをどの勢力が支持するかといったことは、彼にとっては無視し得る問題であったのである。卯吉によれば、今現在、条約改正に反対する者は改正自体ではなく、その条件に反対しているのであり、それは結局とるに足らないものなのであった（以上、「条約改正豈に中止すべけんや」、『東京経済雑誌』五七六号、明治二十四年六月十三日。『全集』五）。

第五議会前後における、現行条約励行・内地雑居反対を旗印とした対外硬派の陸奥外相の改正交渉攻撃の際も、その立場は変わらなかった。卯吉が恐れたのは、「非雑居論

居留地と治外法権を重視

が原因となりて条約改正を遅延」することなのであった。彼は居留地の存在と治外法権を税権回復より優先して解決すべき問題とみる。日本に関税自主権が無いのは確かに問題で、日本の権利を伸張させる必要があるが、関税を互いに協議して決定する協定関税自体は欧州諸国間においても一般的に行なわれている。アメリカ合衆国のように文字どおり自国のみで専決している国がむしろ珍しいのである。それに対して居留地制度こそ「腹心の病」であり、それがもし外国貿易の繁栄とともに膨張するとしたら、「殆んど一敵国を国内に植うるに均し」いものとなるであろう、と危惧する。

従って「余輩が条約改正を急ぐ所以のものは、専ら治外法権の撤去及び居留地の廃止にあることとなり」。そこから「余輩は常に我外務大臣の改正意見を賛成せり」という態度が導き出されることになる。何故なら、「如何なる改正案もこの目的を離」れることがなかったからである。しかし、従来、外務大臣が改正に着手しようとすると必ず世論の攻撃を受け、失敗を余儀なくされてきた。現伊藤内閣は一見すると条約改正を全く進めていないように映る。それがもし非内地雑居論のごとき「鎖港攘夷論」が原因で遅延しているのだとしたら大いに問題である。幕末の大老井伊《いい》直弼《なおすけ》には多くの欠点があったが、彼が自らの命を顧みず開港を断行したことで国家は長くその恩恵に浴した。現内閣諸公はよもや井伊に劣ることはないはずである。「非内地雑居論の盛なるを口実として条約改正を遅延するなかれ」という論説（『東京経済雑誌』六九六号、明治二十六年十月十四日。『全集』五）の中で、卯吉はこのように強く訴えたのであった。

久米邦武

明治二十二年（一八八九）の卯吉に戻ろう。この年には株式会社東海銀行設立に当たりその顧問となっている。卯吉が銀行に関係したのはこれが最初で最後となったが、大蔵省翻訳局付属学校から紙幣寮という経歴を持ち、例のシャンドとも交友があったことからも分かるように一家言有しており、事実、論文も多い。詳細は『鼎軒田口卯吉全集』第七巻を参照されたい。

久米邦武と相識る

さらにこの年、旧事《きゅうじ》諮問会《しもんかい》に参加して初めて久米邦武と相識った。後年同じ事件（一七七ページ）に巻き込まれることになろうとはお互い知る由もなかった。

年改まった明治二十三年一月二十日、上州前橋において両毛鉄道開通式挙行。だが、不幸にしてその経営状態は芳しいものではなく、株主の中には出資を悔いる者が出てきたし、他方、利益が上がらない原因を卯吉の経営手腕の不足に帰し、奈良原繁（日本鉄道会社社長）を兼任社長として迎えようとする者が次第に増え、ついには株主の過半を占めるに至った。彼らの請求により開催された一月二十九日の臨時株主総会でついに卯吉は役員を解任され、奈良原が兼任社長となった。卯吉は自分が在職中ともに働いた社員を一切解雇しないことを条件として勇退したのである。

両毛鉄道を退く

卯吉排斥の策動

この策動の中心人物であったらしい西脇悌二郎は渡米中の鬼頭悌二郎に宛てた書翰の中で、「同氏ニ取ラハ創業ノ際ヨリ両毛ニハ不容易尽力モ被致、会社ニ取リテハ其功績モ不尠、云ハゞ創業ノ功臣ヲ放逐スル抔ハ不道徳ナラントノ説モアレドモ御承知ノ通リ同氏ハ天下ノ大計国家ノ経済ヲ論スルハ長所ナレトモ両毛会社ノ如キ一種ノ運□ノ事業ニハ不適任ナリ」（『田口卯吉関係文書』）と述べている。ちなみに、この書翰を受け取った鬼頭は既に紹介したとおり、共立学舎・大蔵省翻訳局で田口と同窓だった人物で、卯吉とは対照的に順調に官途を歩み、当時は副領事としてニューヨークにいた。在日当時、両毛鉄道には計画の段階でコミットしていた。そういうわけであるから、当然のようにこの西脇書翰を卯吉に転送している。鬼頭はそれに添えた自分の書翰の中で、「黒かねの道一筋につくしては君か功は知る人そしる」「ならの葉はよししげるとも末終にめでたく千代はまつにこそ見れ」の二首の歌に託して卯吉の功績を称え、労をねぎらった。

なお、この鬼頭は二十四年十二月二等領事としてバンクーバー在勤となるも、二十七年退官、自身深い関心を有していた北海漁業に乗り出すべく横浜同伸会社社長に推されたが、その矢先に腹膜炎のため急死した。享年四十。卯吉は『東京経済雑誌』七二六号（二十七年五月）に「鬼頭悌二郎君の霊に餞す」（『全集』八）の一文を書き、旧友の早すぎる死を惜しんだ。

両毛鉄道の経営好転

さて、両毛鉄道の方は結果的にこの鬼頭の二首目の歌のとおり推移したことになる。何故なら、奈良原の社長就任後も利益は思わしく挙がらなかったからである。そこで会社自体を二十四年限りで日本鉄道へ売却すべきだという意見が出され、それが採用されたのだが、卯吉らの意見で売却予定年を二十四年から二十九年に延期することとなった。皮肉にもその間に利益は増大し、株主たちは五十円で購入した株式を九十七円五十銭で売却し、相当な利益を得たのであった。

この両毛鉄道にまつわる経緯には、卯吉の人間像が象徴的に示されているようにも思える。東京株式取引所の場合といい、卯吉は常に将来を見据え、時代を先取りして事業を企画し、実行に移していった。彼が考えていたのは眼前の利益ではなく、離れた場所にある理想であった。しかしその反面、経営という行為は現在そのものでもある。そして彼は明らかにそれには不向きであった。経営という現在に敗れて彼はそこから退いていったのである。理想家の宿命というべきであろうか。だが、彼がそのことで格別苦しんでいたり、あるいは不満を感じていた様子はない。将来に向けて道筋をつけることが彼にとって最高の喜びであり、それから生ずる果実を自分ではなく他人が得たことについては恬淡としていた。

両毛鉄道の清算

両毛鉄道で彼と共に苦闘した木村半兵衛が『鼎軒田口先生伝』所収の手記の中で、「両毛鉄道解散の当時、本社事業に功労あるものの報酬として金一万五千円贈与の議を決せり。此分配に与りし創業当時の功労者は田口君と小生のみにして、小生には金五百円を送り来りたれども、田口君には唯々大幅縮緬一匹を贈りたるのみ。小生は之を聞きて田口君の為に憤慨措く能はざりしが、田口君は毫も意に介せざるもの丶如く、当時八百松に開きたる慰労会にも快く出席して、曾て不満を洩らされざりしは、君の宏量に驚くの外なしと雖」（四四ページ）と描写する田口の姿は、そのことを端的に物語っているように思える。

六　南洋への夢

議会開設の年、明治二十三年は両毛鉄道の開通と役員解任という、禍福の交錯から始まったが、卯吉の身辺はその後も相変わらず慌ただしかった。

二月、東京府会副議長及び府会市部会副議長、さらに区部会常置委員となった（七月まで）。

三月四日、第三回内国勧業博覧会事務委員となった。ただし、五月には辞している。

四月、東京市区改正委員会において地下電線の事を主張。

天祐丸の出帆

さて五月十五日、卯吉は天祐丸《てんゆうまる》という、九一トンばかりの船に乗り込み南洋へ向けて横浜港を出帆した。これにともない、同月市会議員・市参事会員を辞任、七月には府会議員も辞任している。また、不在のため第一回総選挙にも打って出る機を逸し、府会議員としての卯吉の選出基盤であった本郷区を含む東京第八区からは津田真道《まみち》が当選している。

南洋行は誠に唐突な印象を受けるが、実は前年の暮、関直彦・宇川盛三郎（ともに当時東京市議）に卯吉を加えた三人は東京府知事高崎五六《ごろく》からある依頼を受けていたのである。それは、高崎が『国民新聞』記者の質問に答えたところ（明治二十三年五月十一日付）及びこの南洋航海の記録ともいうべき『南島巡航記』の記述、さらに後述する如く世論の攻撃を受けるようになってから卯吉らが友人たちに配布した弁明書（『鼎軒田口先生伝』三三～三四ページ。なお、『郵便報知新聞』明治二十三年五月三日号等にも同文のものが掲載されている）によれば、次のような内容であった。

すなわち、当時東京府には、かつて岩倉具視《ともみ》の主導により各府県に下付された士族授産金が温存されていた。他府県については、「或は徒に消費したるもあり或は其用法実際士族の授産とならず寧ろ悪結果を生ぜしものあり」(『国民新聞』所載の高崎談話)という結果に終ったが、東京府では幸い松田道之《みちゆき》知事時代に利息分をレース製造所の維持費に充当した程度であったので、相当額の資金が残されている。だが、いつまでもその状態に置いておくことはできないし、士族たちに還元しようにも東京府士族の場合、転籍者・移住者がきわめて多いという特殊事情のため困難である。故にこの際、最良の方法はこの資金を誰か信頼のおける人物に託して事業を起し、その成果を広く一般に波及させるのがよろしいと思う。そこでどのような事業を行なうかだが、小笠原島の水産事業が有望ではないか。自分はかつてそこを巡回して事情を知っている。そして、この事業を任せられる人物は貴兄ら三人をおいて他に見いだし得ない。協力してもらえまいか。

小笠原の水産事業

卯吉らにとって気乗りのしない話であり、事実、一旦は断ったのだが、高崎の懇請におされ一応の検討を約して別れた。年改まった二十三年二月、高崎から回答を促された三人は一転して引き受けることになったのである。この裏には高崎の熱心な説得もあったのだが、榎本武揚《えのもとたけあき》に面会して南洋についての話を聞き心を動かされたこと、もし事業を起さなければ士族授産金は政府に引き上げられてしまうおそれがあったこと等の事情によるところが大きい。かくして三人は起業資金として四万四千四百四十五円五十銭を得たのであった。これを資本金として南島商会を組織し、貿易船天祐丸を購入するなど準備を進めたのである。

南島商会

南島商会への批判

ところが、その間に面倒な問題が生じた。彼らのこうした活動を見て、士族授産金という公的資金を卯吉たちがいわば私物化しているという批判の声が上がったのである。たとえば、『郵便報知新聞』四月二十六日号は社説「東京府士族授産金の処分」の中で、「知事は市会議員某々等に謀り南洋貿易会社なるものを設立せしめ其の資金として授産金の中凡そ五万円を貸下ることに決したり。是れ本年二三月頃のことなりと。而して其の銷却の方法も寛大なる利引法を用ひ此際若干円を一時に上納すれば返金の義務なきものとなるべしとのことなり。されば某々等は五万円を受取り其の中より幾何かを割て東京府に返納すれば其の残金丈け全く恵与されたると同一の勘定に当れり。是れ恩恵の賜金にして貸付金にあらず。斯の如きは果して至当の事なるか。公共の財産を取扱ふべき正則に叶ひたるものと云ふを得べきか」と追及している。さながら明治十四年政変の際の開拓使官有物払下げに対する批判の如くである。ちなみに、卯吉が南洋へ出発した日から三日後の五月十九日付で高崎は府知事を免ぜられ、蜂須賀《はちすか》茂韶《もちあき》に交代している。

これで嫌気がさした関・宇川の両名は計画から手を引くのだが、卯吉は一人踏みとどまった。夢想家の血がなせる業であったのだろうか。少なくとも、卯吉がこの事業そのものに多大な魅力を感じるようになっていたことは事実である。出発にあたり、『東京経済雑誌』五二一号（明治二十三年五月十七日）掲載の「別に臨み意中を表す」（『全集』八）の中で彼はこう書いている。「余輩は苟も我行為の非なりしことを悟らば、直に改むべきなり。然れども世間誹謗の為に、一時我名誉を損ずるが如きを決して意に介せざるなり。余輩は南洋事業の好望なきを知らば、直に廃すべきなり。然れども世人未だ知らずして之を議す。余輩何ぞ服するを得んや。之に関するは実に世人をしてこの事業の安全にして、且利益あるを知らしめんと欲するなり」。

南洋に魅せられる

また、南洋事業の意義について次のように敷衍してもいる。「熟ら従来我内地人民の海外に移住するものを察するに、多くは皆洋人の使役に従ひ、其土地を耕し、其家事を理するものなり。独立独行のものに至りては実に少し。布哇移住民の如き皆然るなり。是れ亦なきに勝る。然れども我人種の品位を高め、我国力の増殖を図り、我海運の進歩を計らんと欲せば、独立自営の殖民の繁栄を企図せざるべからず。余輩不肖願くは一臂の力を之に添へん。是れ余輩の私に期する所なり」。なお、この文章に続けて書いている「南征歌」（『全集』八）という詩はきわめて情熱的な調子で貫かれたものである。

僚友伴直之助と佐久間貞一は世評を慮って卯吉に事業中止と資金の府庁への返還を勧

めた。だが、南洋事業の意義を力説し、「而して予が世人を欺くや否や、乞ふ之れを予が行為に付て判断せられんことを」と語る卯吉に、二人は説得の言葉を失った。伴と佐久間はこの経緯を新聞紙上に発表し、卯吉を援護した（『国民新聞』明治二十三年五月十六日号）。

かくして天祐丸は出航した。船長は宮岡百蔵、卯吉も事務総長・南島商会頭取として乗り込み、水夫等を含めて乗組員は総勢一六名であった。出発後夫人に「出発前友人諸君に訣別せざることは宜敷御詫相成候様頼候」（五月二十三日付書翰。『全集』八、六〇三ページ）と書き送っているところからみて、誠に倉皇とした旅立ちであったらしい。同じ書簡の中ではさらに「新聞上にも定めし色々申したるなるべし一笑に付せらるべし、遠からぬ内に輿論は拙者を賞するように相成可申候」と、夫人の不安を軽くするよう配慮している。

天祐丸の行程

さて、天祐丸の行程を追ってみよう。五月二十二日、小笠原到着。この地で夫人に宛て、「船中は随分難儀を覚え候得共追々宜敷相成当地へ着後は東京に居候時よりも気分宜敷相成候、当地は暖地に（而）色々珍しき品もの数多是あり殊にパインアップル、バナナ、レモンなどは小生の最も好む所に御座候、帰朝の節は必ず数多の珍しきものを持参候心得に御座候、風帆船は蒸汽船よりも穏やかなりとは此回の航海にて実験致候」

『南島巡航記』

井上彦三郎・鈴木経勲著『南島巡航記』

（五月二十六日付書翰。『鼎軒全集』八、六〇三ページ）と、異境での興奮をにじませた書翰を認めている。

六月十一日、グアム島着。二十七日、ヤップ島着。七月一日、パラオ島に向けて出航し、十日同島着。八月七日にパラオを出、十日ポネピー島着。十一月三日出航、十二月二日横浜到着、四日品川湾に到着。半年間にわたる航海はこのようにして終わったのであるが、その収穫なり成果はいかなるものであったのだろうか。

航海を終えてから約二年後の明治二十六年三月、井上彦三郎・鈴木経勲《けいくん》著『南島巡航記』が経済雑誌社から刊行された。監修は卯吉である。その中に

「南洋貿易事務報告」と題した部分があり、そこには「南洋通商の利あること世間之れを説くもの多し、然れども其説能く信ずるに足るものなし、南島商会の起る実に先輩の南洋通商を主張するに因る、而してその実践を欠く、故に拙者先きに南洋マリアナ及カロリン諸島を巡廻し、親しく貿易を試み、以て其利益の多少を検索したり、今其景況を左に略叙すべし」と記され、グアム・ヤップ・パラオ・ポネピーの諸島につき面積、人口、産物及び通商の見込み等を述べる一方で殖民を奨励すべきことが説かれている。出発前は文字どおり夢想に過ぎなかった南洋諸島との通商とそこへの殖民の可能性が、実地見聞により事実で以て裏づけられたということなのであろう。なお、この南島巡航に関しては丸山義二の小説『帆船天祐丸』（昭和十六年、万里閣）がある。南進論が台頭した時代、卯吉の壮挙は再び脚光を浴びたのであろうか。

新型船の試運転に失敗

やや余談に属するが、航海から帰った翌年、つまり明治二十四年十一月二十一日、東京経済学協会例会を向島（墨田区）に催した折、卯吉は南洋の独木舟を模して発明した転覆の心配の無いボートの試運転を行なっている。そのアイディアの詳細は、同年八月十五日の『東京経済雑誌』五八五号掲載「新船を造るの説」（『全集』八）に見えている。西カロリン群島でみたカヌーの「快走」ぶりに強い印象を受けた彼は、「若し之に施すに蒸汽力を以てせば、其進行更に快なるものあらん」と考えたのである。この着想に基づいて試作した船を隅田川に浮かべて試運転を行なったのであるが、案に相違して速力が出ず失敗に終わった。

これを単なる明治男の稚気と片づけることは簡単であるが、ただの好奇心や酔狂でやれることとも思えない。南洋での見聞をヒントに閃いたアイディアを、卯吉はどうしても試してみたくなったのであろうし、そうだとすれば、これは紛れもなく南洋航海の収穫であったといえよう。またそこに南洋航海が卯吉に与えた影響の強さを読みとることもできるであろう。

井上彦三郎

さて、ここで、『南島巡航記』の著者井上彦三郎と鈴木経勲について触れておこう。嘉治隆一解説・校訂『南島巡航記』（昭和十七年、大和書店）によれば、両名ともそれまで経済雑誌社に直接関係を持ったことは無かった人達であり、南島商会で初めて卯吉との交流ができたのであった。井上は会計主任事務員兼支配役として重用された。鈴木はそれよりは軽い事務員兼支配役であった。

塩島仁吉（経済雑誌社社員）の談話によると、井上は尺《せき》秀三郎（尺振八《しんぱち》の嗣子）の従兄弟に当たり、航海中は会計を掌理すると同時に鈴木の上司として共同で現地調査を行なっていたという。帰朝後、紀行文等を鈴木とともに『東京経済雑誌』誌上に発表したのであるが、それが後に纏められて一冊となったわけである。不幸にも早世したので、その事績は詳らかではない。

鈴木経勲の方は幕臣鈴木孫四郎の子として、嘉永六年（一八五三）十二月十二日に江戸に出生。孫四郎は戊辰戦争の際五稜郭で奮戦している。経勲は早く昌平黌において漢学を学び、また横浜に出て外人について仏語を修めたが、明治元年（一八六八）に徳川氏に従って駿府に移り、田園生活をおくっていた。然るに明治八年横浜に寄港したノルウェーの密漁船に前借水夫となって乗り込み、北海道・千島方面に出漁した。同年外務省に出仕。十七年四月、南洋マーシャル群島において日本人漂流民が殺され、船や貨物を略奪された事件の取調べ方を命ぜられて、後藤猛太郎に随行、現地に赴いている。語学力及び遠洋航海の経験を買われたのであろう。十八年三月、一旦帰朝して取調べの結果を復命した後、同年の内に再度渡航。二十年には軍艦あるいは探検船に乗り込み、南北太平洋、マレー方面の調査に従事する事四度に及んだ。このような経歴の後、卯吉とともに南島商会に加わったというわけである。

ただ、南島商会に関わったのは知識と経験からだけではなかったであろう。旧幕臣という出自も影響していたのではなかろうか。自ら「鈴木南洋」と号していた彼は、卯吉らとの航海から帰った後、井上とともに途中の見聞を折に触れて『東京経済雑誌』に執筆していた。挿絵・地図の類も多くは鈴木の手になったものだという。実は、それらの見聞記は一冊に纏められた上で博文館から出版される予定だったのであるが、その事を聞きつけた経済雑誌社がすでに博文館に渡されていた原稿を三十五円で買い戻し、改めて経済雑誌社から出版したのが『南島巡航記』だったのである。

なお、鈴木には他に『南洋風物誌』（明治二十四年、八尾新助出版）・『南洋探検実記』（明治二十七年、博文館）の二つの南洋関係の著作がある。彼は明治二十五年に名古屋の『扶桑新聞』主筆となり、日清戦争に際しては従軍記者として戦地に赴いたが、のち東京に帰って家業に従事し、下谷区方面委員・下谷衛生会副会長などを務めた後、昭和十三年（一九三八）十二月に没した。享年八十六。伝記に竹下源之介『太平洋探検家鈴木経勲』（昭和十八年、大日本海洋図書出版社）がある。

その後の南島商会

ところで、この南島商会はその後どうなっていったであろうか。卯吉は南洋からの帰朝直後に東京府下十五区六郡及小笠原島士族総代会議を起した。南島商会の経営を譲る受け皿とする意図からであった。そして明治二十三年十二月末日付の収支決算書を作成、それに将来の経営に関する意見書等を添えて士族総代会に渡し、同時に南島商会の経営も同会に引き継いだ。南島商会本来の趣旨からすれば当然の結末とはいえ、卯吉の胸中は自分一身の利益のために為したことではない、という誇りと満足感に満たされていたことであろう。

南島商会を退く

もっともこれについては、世論の攻撃を受けて過ちを悔いたためであるという世評が一部から出た。徳富蘇峰の『国民之友』一〇九号（明治二十四年二月十三日）にも「東京府士族授産金処分は、田口卯吉氏より之を譲渡し、東京府士族総代之を譲受けて、見事其局を結べり、吾人は実に心中欣喜に堪へさる也、惟ふに田口氏の心、初より一点の私あるに非ず、唯た南島商会を起して、然る後に之を東京府士族に譲渡さんとのこころなりしなる可し、然れども其行や、其心を説明する能はずして、遂に彼が如き識者の議を獲たり、然れども今や過を改むる、日月の蝕するが如し、今日以後の田口氏は、授産金を受取りたる田口氏に非ざるなり、吾人は実に其潔白を天下に証明せんと欲す」という記事が掲載された。

これに対し卯吉は、過を改むる云々という書き方ははなはだ納得のいかないものである、なぜなら、「若し最初より士族の共有金と為し得べき資金に有之候はゞ、小生の之を私有に致し候は不都合の義に有之候得共、当時にありては小生等の如きもの之を担当し、利引法を以て切棄にせざれば、中央政府の手を切る能はざるものに付、小生の如きもの無之ば、此貨幣は東京府士族の共有と相成ざるもの」であったからだ、と、強い自負をにじませつつ蘇峰に抗議している（明治二十四年二月十三日付書簡。伊藤隆他編『徳富蘇峰関係文書』一）。卯吉は『東京経済雑誌』五六三号にも「東京府士族授産金の顚末を明かにす」

（『全集』八）という一文を載せて駁撃を試みている。ちなみに、明治二十五年一月二十七日付で東京府士族総代会会長渡部温から卯吉に感謝状が渡されている。

　さて、士族総代会の当初の意見ではこの南島商会の経営を長期にわたって持続し、士族授産に役立てるという計画であったのだが、士族の数が多すぎること、転籍・移住その他の異動が多いこと等から困難な見通しとなったので、一転して、商会の資産を売却してその代価を士族に分配することとなった。その額が一戸平均五十銭だったことを卯吉は聞いたであろうか。聞いたとすれば、どのような思いでそれを受けとめたであろうか。

七　歴史家として

夢想家・田口の情熱に、筆の方が引きずられたかもしれない。再び明治二十三年（一八九〇）に戻ろう。

　五月に『続経済策』（明治十五年から二十一年まで『東京経済雑誌』に執筆した論説を集めたもの。『全集』三）、八月に『支那開化小史』新版（合本洋装）を出版。

『日本社会事彙』

　十月には『日本社会事彙』上巻を完成した。これは『大日本人名辞書』の姉妹編とでもいうべきもので（項目の配列もやはり五十音順）、人物ではなく日本社会の種々の事物についてその起源を記した百科事典である。「例言」に「此書上古より今代に至るまで、事実の源流沿革の概略を統記す」とあるとおりであった。

卯吉にとって、本当に多事であった明治二十三年（一八九〇）はこのようにして暮れていった。

翌明治二十四年五月二十一日、本郷区所得税調査委員選挙人に当選した。六月二十日、本郷区から府会議員に選出された（翌年十月事故のため辞職）。同二十三日、本郷区学務委員となった。

「史癖は佳癖」

またこの六月に、帝国大学において開催された史学会で「史癖は佳癖」と題した講演を行なった。その機縁で文科大学史誌編纂掛の重野安繹《やすつぐ》・久米邦武と親交を深めた。この講演要旨は『東京経済雑誌』五七八号（六月二十七日）に掲載されているが、卯吉は後にこれを『史海』の「日本之部」序文としても使っている（『全集』二）。内容は、卯吉の歴史に対する基本的な考え方を述べたものといってよいであろう。編年体の歴史は年表であって真の意味での歴史ではない、歴史はもっと有機的なものだ、というのがその骨子である。

『史海』創刊

この年五月、後に問題となった雑誌『史海』を創刊した（明治二十九年廃刊）。六月、『日本社会事彙』下巻を刊行。

六月七日、中村正直（敬宇《けいう》）が六十歳で逝去。卯吉は十三日発行の『東京経済雑誌』五七六号に「敬宇中村正直先生逝けり」（『全集』八）を書き、故人を追懐している。

十一月、『大日本人名辞書』第二版を出版した。「前版に於ては成功を急ぎたれば専ら世間流布の書に就いて伝記を求めたり、故に著名の人物にして採蒐に洩れたるもの頗る多かりき」（第二版巻末文。『全集』一）という反省の下に、内容の一層の充実を図ったのである。なお、協力者の中には重野の名も見える。卯吉は重野に対し、「数多の秘書の謄写を許されたり」（同）と感謝の意を表しているが、卯吉の交友関係の広がりがそのまま改訂に生かされたといってよいであろう。

『史海』第1巻

「神道は祭天の古俗」

さて時間は少し前後するが、この年十月十五日発行の『史学会雑誌』二三号から、久米邦武の論文「神道は祭天の古俗」の連載が開始された。よく知られているように、これが後に一つの大事件を引き起こすことになるのであ

考證

久米邦武君の史學に於ける古人未發の意見實に多し、而して余は此篇に於て最も敬服せり、故に既に史學會雜誌に掲載せしものなりと雖も君に請ひて左に之を掲載し以て讀者の瀏覽に供す、

余は此篇を讀み、私に我邦現今の或る神道熱信家は決して緘默すべき場合にあらざるを思ふ、若し彼等にして尙ほ緘默せは、余は彼等は全く閉口したるものと見做さゝるべからず、

鼎　軒

○神道は祭天の古俗

文科大學教授　久　米　邦　武

日本は敬神崇佛の國なり。國史は其中より發達したるに。是迄の歴史家は其沿革を稽ふることを忽にしたる故に。事の淵底に究め至らぬを免れず。因て爰に其概畧を論ずべし。

敬神は日本固有の風俗なり。中比に佛敎を外國より傳へ。合せて政道の基本となりたり。其は聖德太子の憲法に始まり。大化の令に定まる。大旨は格の孝謙帝ノ詔に。神護二年七月〔攘ㇾ災招ㇾ福必憑ニ幽冥一。敬ㇾ神尊ㇾ佛淸淨爲ㇾ先。云云〕とあるにて見るへし。又桓武帝の詔に。延暦二十五年正月〔攘ㇾ災殖ㇾ福佛敎尤勝。誘ㇾ善利ㇾ生無ㇾ如ニ斯道一〕とあるにて。神佛の別を見るべし。蓋神道は宗敎に非ず。故に誘善利生の旨なし。只天を祭り。攘災招福の祓を爲すまでなれば。佛敎と並行はれて少しも相戻らず。故に敬神崇佛を王政の基本となして。今日に至りたる習俗は。臣民に結ひ着て。堅固なる國體となれり。然れども神の事には。迷溺したる謬說の多きものなれば。神道佛敎儒學に偏信の意念を去りて。公正に考へるは。史學の責任なるべし。因て爰に現在の國民。敬神の結習より。遡りて東洋祭天の古俗を尋究し。朝廷の大典たる。新嘗祭・神嘗祭・大嘗會の起り。伊勢内外宮・及び賢

『史海』第８巻掲載久米邦武論文

る。同論文を読み、前人未発の卓論であるとまで高く評価した卯吉は、久米の了解を得て翌明治二十五年（一八九二）一月二十五日発行の『史海』八巻に転載した。ところが、これは国学者や神道家の憤激を買い、久米は退職（明治二十五年三月）のやむなきに至ったのみか、史誌編纂掛は閉鎖（明治二十六年四月）、帝国大学総長加藤弘之まで更迭（明治二十六年三月、後任は浜尾新《あらた》）という事態にまで発展した。

卯吉の当惑と衝撃は相当なものであったろう。『史学会雑誌』という小範囲の読者層しか持たない学術雑誌なら問題なかったものが、『史海』という広範な読者層を有する媒体に載せたがために思いもよらぬ騒動になってしまったわけである。

卯吉は久米論文転載に際して次のような序を『史海』に寄せている。

余は此篇を読み、私に我邦現今の或る神道熱信家は決して緘黙すべき場合にあらざるを思ふ、若し彼等にして尚ほ緘黙せば、余は彼等を全く閉口したるものと見做さゝるべからず

また、後書きには以下のごとく述べている。

神道を以て「只天を祭り禳災招福の祓を為すまでなれば、仏教と並行はれて相戻らず」と云ふ、達見と云ふべし、若し仏法にして渡来せざりしならんには、神道は或ひは宗教とまで発達したらんも知るべからずと雖も、中途にして仏法渡来し且つ之

と共に文学移入したりければ、我神道は半夜に攪破せられたる夢の如く、宗教の体を備ふる能はざりしなり、後世に至り之を以て宗教となさんと欲するものありと雖も、是れ遅まきの唐辛にして国史は之を許さゝるなり、而して其事実を證するもの著者に若くなし

卯吉の筆致に神道家たちに対して相当挑発的なところがあるのは否めないであろう。これが論文の内容に対する反発を増幅してしまったことは、卯吉の七回忌に際して、『東京経済雑誌』一五九一号（明治四十四年四月二十二日）に久米が執筆した「故田口鼎軒君の史海を回顧す」に、「（久米論文に田口が）自ら批評を加へて旧国学者の論を挑発されしに、忽ち神道家古学者其他朝野の頑固連の憤論を沸騰し」とあることからみてほぼ間違いのないところであろう。なお、『史海』八巻は明治二十五年三月四日、治安妨害をもって発売を禁止された。

『史海』発禁となる

騒動が表面化して後、卯吉は『史海』一〇巻（明治二十五年三月二十八日）に「神道者諸氏に告ぐ」を執筆する。それは次のような趣旨であった。

自分は神道を敵視しているわけではなく、また皇室の尊厳を損なおうとしているものではない。自分も久米氏も、皇室に不敬の念は持っていない。日本人民は古代史研究の自由を有しており、自由に古代史を研究することが皇国に対し不敬に当たる

神道家に反駁

わけでもないと信ずる。研究の結果「神代の諸神」が「霊妙なる神霊」ではなく、われわれと同じ生身の人間であることが明らかとなったにしても、それが国体の紊乱にならないと信ずる。自分も久米氏も、史実とは信じられないものを抹殺し、信ずべきものを採択するという態度で歴史を研究しているのであり、それは『大日本史』が「神道者諸氏が最も尊信する所の神代史」を抹殺し去ったのと同様なのであって、そのような態度を貫くことこそ「皇室に忠に国家に愛なるもの」と信ずる。久米氏が史家として唱えた新説に不満があるのであれば、神道家諸氏は「自己の信ずる事実を挙げて、これを弁駁」すべきであろう。ところが、「国家の秩序を紊乱するものなり、皇室の威厳を損するものなり、大学教授に不適任なり」という論理での批判であるのはどういうわけか。治安を乱すとの理由から久米氏の論文は発禁となり、非職も命ぜられ、神道家諸氏の主張は政府に貫徹したことになるが、しかし、神道家諸氏は「教理と条理」を以て国家に立っているのであって、「国家の秩序と皇室の尊厳とを保つべき職任」など持ってはいない。自分は久米氏と全て議論を同じくするものではないが、その新論を叩き台として「古史を討究」することが「天下の大快事」と信じたからこそ、神道家諸氏に紹介した。それを治安問題として告発するとは不可解である。「上古の尊達を以て神霊なりと信」じなければ国体の秩序や皇室の尊厳に害をなす、というのであれば、日本の神道は「羅馬教の千六百年代に於けるが如く」ではないか。

神道家批判のかたちをとりながら、卯吉の歴史家としての立場、矜持を表白したものといえるであろう。久米は前出の回顧の中でこの文章を、「此時君の神道家に対して酬はれたる一篇の論文は頗る苦心の作にて、彼等が分を踰たる致方を責る典故を得たることなどは、非常の嘉悦な顔を見たるが、該一篇は史海の君の筆にかゝる物の内に最も厳正に整粛なる作にて、恐くは一生の傑作なるべし」と賞賛しているが、確かに、それに値する格調を有する文章であった。

この事件が大きな波紋をよんだことは間違いない。しかし、それにとらわれて『史海』という雑誌とその周辺、さらには明治の日本史学界に漂っていた自由な雰囲気というものが見失われてはならないであろう。たとえば、卯吉と久米とは事件直後の『史海』誌上において、孝謙天皇と道鏡との関係についてかなり突っ込んだ議論を行ったりもしている（一二巻所載の田口「久米氏に対して」〔『全集』一〕、一三巻所載の久米「田口氏に答ふ」）。久米の事件をもってただちに、明治の日本史学界が不断に権力からの圧迫にさらされていたというイメージを導き出すのは早計というものであろう。事件の影響についていえば、当事者である久米の「余の神道論につき諸大官連が或る種々の関係より頑固輩の尾について措置を誤り、勢ひに引れて学説の自由を圧迫したるにより、我国史の古代を研究せんと欲する学界の要求は気焔を熾んにし、史海に向ひて燃上りたれば、君は亦種々に工夫して其要求に応せんと、批評欄の応接を努められしにより、頓に史海に議論の花を開きたり」（前出の回顧）という評価は、ここに掲げるに値するであろう。

八　エコノミストとして

明治二十五年二月、東京府会市部会副議長となる（同年十月まで）。同月十五日に投票が行なわれた第二回衆議院議員総選挙に際しては、これまでの行きがかり上、候補を津田真道に譲り、出馬しなかった。そして間もなく、一切の名誉職を辞した。

輸入税廃止論

またこの年、福沢諭吉を時事新報社に訪ね、輸出税全廃問題について議論したというが詳細は定かではない。ただ、卯吉は第一回帝国議会前から輸出税廃止の必要を強く訴えていた。明治二十三年四月の『東京経済雑誌』五一七号に書いた「輸出税廃止の必要」（『全集』六）の中で「苟も文明国と称せらるる邦国にして其輸出品に関税を課するものなし。之あるは実に我日本国のみ」と明快に指摘した卯吉は、さらに輸出税ある限り開港場において官吏が行なう無税品か有税品かの検査が避けられないため輸出手続きそのものが煩雑となるし、また全ての輸出品を一旦開港場に運ばなければならないとすると、外国人貿易商でも開港場で容易に物品を買いつけることができ、その結果、日本人の買入れ面での有利も失われてしまうと論じ、輸出税廃止の急務たることを主張した。そもそも卯吉の信奉する自由貿易論と輸出税はそもそも相容れるはずがなかったのである。

樺山《かばやま》資紀《すけのり》海軍大臣の蛮勇演説で解散された第二回帝国議会においては、審議未了にこそ終ったものの、「外国ニ輸出スル物品ニ課スル海関税免除法律案」が田辺有栄《ありひで》代議士（巴《ともえ》倶楽部《クラブ》）等によって提出されている。卯吉が『東京経済雑誌』六一〇号（二十五年二月十三日）に「輸出税全廃の急務」（『全集』六）を載せたのは、そうした事実が念頭にあってのことかもしれない。以後も、輸出税全廃は卯吉にとって重要なテーマであり続けるのである。

十月、『日本外史と読史余論』（『全集』二）を出版。頼山陽が『日本外史』において示した史観が、そのほとんど全部を新井白石の『読史余論』に負っているという説に対して反駁したものである。

翌明治二十六年、栗原亮一・柴四朗・古荘《ふるしょう》嘉門《かもん》らの発起により殖民協会が設立され（会長榎本武揚、副会長前田正名）、卯吉も三月に評議員として加入した。同時に卯吉は、友人佐久間貞一の賛成を得て殖民協会に建議書を提出し、その実行を求めたが採用されなかった。

「風帆船」貿易を建議

その建議書は『東京経済雑誌』六七〇号（二十六年四月十五日）に掲載されている（「殖民協会に提出せる建議」。『全集』四）。卯吉がこの中で提案しているのは「風帆船」による貿易である。卯吉によれば、日本の人民に海外通商の志をおこさせるにはコストの安い航海法を導入することが肝要で、その航海法こそが「風帆船」であるという。「我邦開港の初、汽船の便先づ開け、風帆船の廉価にして且つ安全なること未だ世に知られざるは不幸と謂ふべし、……汽船の如く快走するを得ずと雖も其安全と愉快と廉価とに至りては汽船の遠く及ばざる所なるは諸君の熟知せらるゝ所なり」と、卯吉は汽船と比較しながら風帆船の利点を協調する。さらに、日本が将来貿易の相手として考えるべきなのはメキシコ、南米、アフリカ、南洋諸島であるが、これらの諸国・諸地域との貿易には汽船よりも風帆船が適していることも指摘している。しかし、そうはいっても実例を示さないことには世の財主はおいそれと風帆船による貿易には手を出さないであろうから、殖民協会が先導役を果たさなければならない、とした上で具体的な提言に移る。

「実践商船隊学校」

その提言というのが、「実践商船隊学校」の創設であった。それは「一風帆船を以て商船学校となし、之に商人若くは商業学校卒業生等を乗せ、航海の際之に航海術を教ふるもの是なり」という、いわば校舎の無い商船学校で、「船長及び運転手は航海中、温量、風帆の操縦、水戦の方法等を教授」し、生徒は「船中に於ては水兵を以て待遇」されて「水夫を補助するの義務」を負うが、「着港の後は自由に商業を営み且つ探検を為すを得」る。また、船長及び運転手は海軍省から貸与を受けてもよいとする。卯吉等の試算によれば、この方法だと帆船一隻あたり年間五千三百円の出費で済み、生徒を三十人乗り組ませ、彼らから一人あたり食費及び授業料として一ヵ月十二円徴収すれば充分収支均衡し、しかも船長と運転手を海軍省から貸与されれば、浮いた分を協会準備金の積み立てに回すことも期待できるという。

以上のごとく誠にユニークな提言であったが、そのユニークさが拒否反応を誘発したのであろうか、先に述べたように協会に受け容れられるには至らなかった。このことがあってか、卯吉の情熱も冷めていったようである。

六月、『群書類従』活字印刷本の刊行を開始している。完成は翌二十七年の秋であったが、詳細については後述する（二二二ページ以下）。

北海道を視察

七月、木村半兵衛とともに北海道を視察した。南洋にあれほど心ときめかした卯吉の目に北の大地がどのように映ったかは、『東京経済雑誌』六八七―六九三号の七回にわたって連載した「北海道瞥見」（『全集』四）に詳しい。その文章はこんな風に始まっている。「古来我邦の論者北海道を称して北門の鎖鑰と云へり、余亦嘗て其然るを思ふ。今回此地を漫遊するに及びて其特に鎖鑰にあらざることを知れり。北海道は実に我日本帝国の基礎なり。其国家に関係あるや、蘇格蘭《スコットランド》の英国に於けるより重く且大ならん。何となれば其人口を容るゝの多き、物産を発するの多き、蘇格蘭に勝るべければなり」。

過去の北海道論

卯吉は過去にも北海道に関する論説を発表している。即ち、開拓使官有物払下げ事件の沸騰の中で『東京経済雑誌』七七号（明治十四年九月十日）に執筆した「北海道開拓論」（『全集』四）は、「北海道の地は我国北門の鎖鑰なり、若し一たび之を失せば国家の守甚だ危し」という、正に「北門の鎖鑰」論的立場からの緊迫した調子で始まっている。経済的視点も勿論多く含まれているが、基本的には国防の最前線としての北海道であり、そのための開発という枠組みの中でのものであった。その後の十二年間の時の流れと状況の変化及び実地の見聞が、卯吉をして北海道の持つ豊かな可能性に瞠目させたのである。

だが、同時に卯吉の目はその可能性と現実との落差にも向けられる。「北海道の地味実に此の如し、故に速に開拓の功を奏し人民をして之に移植せしむることは実に国家の急務なり。然るに従来開拓使の政多く其方法を誤る、是を以て其成跡今日に於て見るべきものなし。巨万の国資を費して而して其結果此の如し、是れ余の遺憾とする所なり」。

卯吉によれば、このような状況を生み出した原因は「開拓使が自ら製産に従事若くは会社を保護して之に従事」させた「干渉主義の失敗」にあるという。この観点から卯吉は、「第一　集治監」「第二　屯田兵の事」「第三　函館小樽間鉄道敷設の事」「第四　北海道水産税の事」「第五　自治制の事」「第六　札幌維持策」「第七　北海道金融」「第八　密猟予防」の八項目にわたって現状分析と将来への提言を行なっている。ここに展開されている卯吉の議論を総括するならば、要するに北海道を特別視せず、本土と均しい制度を布くこと、効果的な開発計画の確立ということになるであろう。

函館小樽間鉄道

その意味で最も積極的な提言として、またこれまでの卯吉の軌跡との関連で注目されるのは「第三　函館小樽間鉄道敷設の事」であろう。八項目の中で最も多くの紙幅を費やしている点からも、その重要性を伺うことができる。北海道視察の同伴者が、両毛鉄道で苦労をともにした木村半兵衛というのも単なる偶然とは思われない。「北海道開拓に付ては種々の方策あるべしと雖も、今日まで数千万円を費して而して其結果一も見るべきもののなきは偏に函館、小樽間の鉄道布設なきに因るなり」と卯吉は断ずる。この鉄道を布かないのは「恰も橋梁を架せずして対岸に大家屋を建てんと欲するが如し」であるという。さらに卯吉は、この函館・小樽間鉄道が既に敷設されて好成績を収めている炭礦鉄道会社の幌内線と比較しても、将来大いに有望であることを詳細な数字を挙げて

貨幣制度調査委員となる

論じ、「世の財主が此計画を為して危険なきことを保証するを憚からざるなり」と主張するのである。

さて、十月二十一日、卯吉は大蔵省貨幣制度調査委員を仰せ付られる。同月十四日公布勅令第百十三号「貨幣制度調査会規則」により大蔵省に貨幣制度調査会が設置されたのにともない、その委員となったのである。同規則第三条「会長副会長及委員ハ高等行政官帝国大学教授帝国議会議員其ノ他通貨ニ関シ学識経験アル者ノ中ヨリ選定シ大蔵大臣ノ奏請ニ依リ内閣ニ於テ之ヲ命ス」に基づいて選ばれた顔ぶれは、まず会長に谷干《かん》城《じょう》（貴族院議員）、副会長田尻稲次郎（大蔵次官）。委員の内「高等行政官」は外務省から原敬《たかし》（通商局長）、農商務省から若宮正音（商工局長）、大蔵省から阪谷芳郎（主計官）・添田寿《じゅ》一《いち》（参事官）、日銀総裁川田小一郎、東京帝国大学法科大学から和田垣謙三・金井延《のぶる》の二人の教授、栗原亮一（自由党）・高田早苗《さなえ》（改進党）・牧朴真《なおまさ》（国民協会）といった衆議院各派代表、さらに民間から渋沢栄一・益田孝・荘田《しょうだ》平五郎等実業界の指導者たちであった。この中に卯吉も民間代表として名前を連ねたのである。

「大蔵大臣ノ監督ニ属」する同調査会は次の三つの事項を調査審議するものとされた。

一、近時金銀価格変動ノ原因及其一般ノ結果

一、近時金銀価格変動ノ我邦経済ニ及ホス影響

一、近時金銀価格変動ハ我邦現行貨幣制度ヲ改正スヘキ必要アルヤ否、若シ其ノ必要アリトスルトキハ新ニ採用スヘキ貨幣本位竝ニ其ノ施行方法

ここに明らかなとおり、調査会設置の背景には当時の日本、というよりは世界規模での経済情勢の変動があった。

銀相場の下落

一八七〇年代に入ると、世界的な金生産量の減少と、銀生産量の増大とによって銀相場は下落傾向が顕著となっていった。加うるに、一八七三年(明治六)以降欧米各国が次々と金銀複本位制から金本位制へ転換していったことから、従来の金銀比価は大きく変動する様相を呈し始めた。たまたま時期を同じくしてヨーロッパを不況が襲ったことを契機として、その不況と通貨問題とが結びつけられて論じられる風潮があらわれてきた。即ち、不況の原因を金価格の騰貴による金本位国の物価下落や、銀本位国への輸出減退に求める議論が活発化し、それが複本位制への回帰、さらに進んで国際的複本位制度確立の動きにまで発展していった。一八八六年(明治十九)、イギリスに銀行家や綿業者を中心に複本位制同盟が結成されたのは、それを象徴するものであった。

そうした国際環境の中、日本は明治四年(一八七一)の新貨条例によって制度上は金本位制をとっていたが、貿易の決済には主として銀貨のメキシコ・ドルが用いられている状況に鑑み、開港場に限り一円銀貨の法貨としての通用を認めていたため、実際には専ら

金銀複本位制

政府の鋳造した一円銀貨が開港場での貿易に使用されていた。しかも、世界的な銀価格の急落により金の流出及び銀の流入が顕著となったことから、明治十一年に政府は銀の流通制限を撤廃し、事実上の金銀複本位制となっている現状を追認することになったのである。その中にあって、金銀比価は銀下落にもかかわらず固定されていたため実質的に円の切下げとなり、その結果として輸出が顕著に伸びた。いわば、日本は銀使用国のうま味を享受することになったのであった。さらに、松方正義大蔵大臣の下で断行された明治十八年（一八八五）の日銀による銀貨兌換銀行券の発行開始は、事実上の銀本位制確立を告げるものであった。

だが、欧米諸国が現実に金本位制をとっており、しかも銀安基調に変化が見えないとなると、この事実上の銀本位制度を恒久的に維持し得るのか、また維持することが将来にわたり日本経済にとって果たして有益であるのか、といった点について明確な展望を開くことは困難であった。既に明治二十年（一八八七）十二月、松方正義蔵相は東京経済学協会に銀貨下落問題について諮問している。これに応えて卯吉をはじめ、出尻稲次郎・阪谷芳郎・天野為之・乗竹《のりたけ》孝太郎・伴直之助《ばんなおのすけ》等が調査委員となり、翌二十一年四月には第一回の報告書（ちなみに、卯吉の執筆であった）を発表していたのであった。卯吉が貨幣制度調査会委員に加えられたのはその学識とともに、過去において東京経済学協会の一員としてこの問題を調査している経験を買われてのものであったろう。

特別委員会

この貨幣制度調査会は十月二十五日に第一回総会を持った。直ちに調査会の中に三つの調査事項を効率的に審議・検討するための特別委員会が設けられることとなり、園田孝吉・阪谷芳郎・添田寿一・金井延、そして卯吉の五人が委員に指名された（なお、特別委員長は園田）。この特別委員会は十一月十四日に第一回を開き、以後、回数にして三十七回の審議、十八ヵ月の時間を費やした後、明治二十八年三月二十七日報告書を提出した。この間の特別委員たちの精励ぶりは「内ニシテハ実業家商業会議所其他旧家諸組合等ニ就テ或ハ其意見ヲ諮詢シ或ハ其報告統計ヲ要求シ又各官庁ノ調査ニ係ル書類ヲ閲覧シ外ニシテハ我公使領事ノ報告各国政府ノ報告書類貨幣調査会ノ報告等ヲ参照シ凡ソ本問題ニ関係アル内外公私ノ報告書統計表著述等ハ百方捜索シテ及フ限リ具サニ之ヲ検按シ雑フルニ委員各自ノ実験ヲ以テシタリ。事固ヨリ内外ニ渉リ調査ノ範域頗ル広大ニシテ稍隔靴ノ歎アルヲ免レサリシト雖亦甚シク遺漏アラサルヲ信スルナリ」という、園田特別委員長の述懐（「貨幣制度調査会特別委員調査報告」〔国立公文書館所蔵、分類番号2A—36—委10〕の序文）に集約されていよう。そのようにして得られた特別委員調査報告は如何なる内容のものであったか。少し先走ってしまうが、その内容を概観しておこう。

調査報告

特別委員の間で最も議論を喚んだのは第二項、「近時金銀価格変動ノ我邦経済ニ及ホス影響」であり、これに関しては卯吉と金井延・園田孝吉が主張する甲説と、阪谷芳郎・添田寿一の唱える乙説に見解が分かれた。

金銀比価変動の影響

甲説の要旨は以下のとおり。

近時金銀比価変動ノ我経済社会ニ及ホス影響ハ、全体ニ於テ頗ル喜フヘキモノナリト云ハサルヘカラス、然レトモ銀貨ノ下落物価ノ騰貴ヲ以テ絶対的ニ国家ノ慶事ト為スヘキモノニ非ス、況ヤ本位貨幣ノ一時ニ暴落スルカ如キハ経済社会ヲ紊乱スルコト極メテ大ニシテ、最モ怖スヘキモノナルニ於テオヤ、唯本員等ハ銀貨ノ向後際限ナク下落スルカ如キハ其ノ絶無ナルヲ信スルモノニシテ、且金銀比価ノ変動ヨリ本邦ト金貨国トニ及ボセル利害ヲ相対照スルニ当リ、本邦ノ利ハ大ニ金貨国ノ利ニ勝リ本邦ノ害ハ遙ニ金貨国ノ害ニ及バザルコトヲ明認スルモノナリ。

乙説の要旨は次のようなものであった。

近時金銀比価変動ノ本邦ニ及ボシタル直接間接ノ影響ハ上来列記シタルカ如クニシテ、或ハ利益トナリ、或ハ損失トナリ、或ハ弊害ヲ醸スモノアリト雖、一時幾分カ輸出ヲ増進シ、商工業ヲ振起セルハ其ノ利益中ノ主タルモノニシテ、労働者ノ困難及外国貿易渋滞ノ如キハ其ノ損害ノ最モ大ナルモノナリ、而シテ金銀価格ノ変動ヨリ来ル所ノ輸出ノ増進ハ、銀ノ輸入ヲ促カシ、通貨ノ増加トナリ、物価ノ騰貴トナリ、遂ニ輸入ノ超過ニ至ルハ、事物ノ順序ニ於テ免レ難キ所ナリトス、永久全般ノ利益ト認ムルコト能ハス。

（以上、「貨幣制度調査会特別委員調査報告」）

卯吉ら民間側の委員が甲説をとり、官僚代表の阪谷・添田が乙説、というようにくっきり二分されたのは興味深い。なお、この問題は報告書提出から三ヵ月後の明治二十八年六月十二日の第六回総会で採決に付された結果、荘田平五郎・渋沢栄一・小幡篤次《おばたとくじ》郎《ろう》・和田垣謙三・渡辺洪基《こうき》等多数が甲説に賛成したため調査会としては甲説をとり、河島醇・栗原亮一・益田孝が賛成にまわった乙説は少数意見として付記されることとなった。

金銀比価変動は不利益にあらず

一方、第三項については目下のところ現行貨幣制度を改正する必要なし、という線で一応意見の一致をみたものの、その理由については統一見解を打ち出すことが出来なかった。そこで報告書提出直後の三月三十日に開かれた第二回総会において若宮正音から出された動議に基づき、当初の五人の特別委員にさらに議長指名による委員二名を追加し、都合七名の特別委員によってさらに調査を続行することとなった。追加の委員には渡辺洪基・益田孝の二名が選ばれた。新しい特別委員会は四月十日に第一回会合を開き、委員長に再び園田孝吉を選び、以来四回の会合で調査結了、五月十五日に報告書提出の運びとなった。

だが、結果的にこの報告書においてもやはり委員会としての意志統一ができず、七人の委員全員に意見書を提出させ、その趣旨を列記する線にとどめざるを得なくなった。それらを瞥見してみよう。

園田孝吉委員長は「現制改正ノ必要ナシ」。

「欧米各国幣制確定ノ日ヲ俟チ其時ノ宜キニ処スヘシ」という慎重な意見を述べたのは益田孝。

「金貨本位制採用ノ必要アリトシテ其方案ヲ具」したのは阪谷芳郎。

「将来金貨本位採用ノ必要アルモ目下幣制改正ノ時機ニアラストシテ之カ準備ノ方案ヲ具ス」。これは添田寿一。阪谷・添田という大蔵省組の意見は緩急の違いこそあれやはり近い。「将来金貨本位採用ノ時機アルヘキヲ以テ金貨蓄積ノ必要アリ」という渡辺洪基の意見もこちらに分類してよいであろう。

金銀複本位論を主張

一方、それに対して金銀複本位論を唱えたのは金井延と卯吉であった。金井が「将来万国複本位同盟ノ成立アルヘキヲ以テ其時ニ臨ミ加盟ノ必要アリ」と唱えたのと比較すると、卯吉の議論はさらに積極的で「欧米各国ヲ勧誘シ進テ共ニ複本位同盟締結ノ必要アリトシテ其方案ヲ具」したのであった（以上、「貨幣制度調査会特別委員調査報告」、分類番号2A

―36―委8)。

卯吉は既に、明治十四年（一八八一）の時点で複本位制を支持しており、またこの問題に関して、当時、犬養毅の拠る『東海経済新報』と論争を交わしている。世界の大勢が金本位制にあること、金銀複本位とはいっても実際には価値の低い銀が専ら流通し、結局のところ物価騰貴をまねくこと、金銀二重の価値変動の影響を受けるため、金銀各々の価値変動が貨幣価値をより大きく動揺させること、等を論拠に複本位制を批判する『東海経済新報』の論調に対し、卯吉は金銀双方の価値変動が相互抑制の機能を持ち、貨幣価値の変動が少なくなる点に着目して複本位制の利益を強く主張したのであった。「蓋し貨幣の貴ぶ所は其価の動揺せざるの一事にあり。単本位複本位の別かるゝ所以も、其動揺の多少如何を争ふに過ぎざるなり。単本位にして価の動揺少なければ、単本位は貨幣の美制なり、複本位にして動揺少なければ、複本位は貨幣の美制なり。余は実に複本位を以て動揺少しと認むるものなり」（「貨幣の制は複本位に如かず」、『経済策』第八章。『全集』七）というのが卯吉の基本的立場だったのである（この論争については熊谷次郎「三つの経済論争―平均・平準の社会秩序を求めて―」〔杉原四郎・岡田和喜編『田口卯吉と東京経済雑誌』所収〕第三節参照）。卯吉の見解は当時から貨幣制度調査会に至るまで基本的に変化していなかったことが理解されよう。

貨幣制度改正を支持

この特別委員会報告は六月十二日の第六回総会にかけられ、審議の結果、当面は問題ないとして将来的に貨幣制度改正の必要があるか否かについて採決を行なうことになった。その結果、八対七という少差で将来改正の必要あり、という線でまとまった(卯吉も、改正を支持した)。この曲折に富んだ審議経過は、問題自体の難しさをそのまま反映したものといえるであろう。なお、この貨幣制度調査会の経緯が明治三十年(一八九七)の金本位制採用にいかなる関係を有したのかは、必ずしも明らかではない。

明治二十六年に戻ると、十月、『居留地制度ト内地雑居』(『全集』五)を出版している。『東京経済雑誌』六六八―六七五号(二十六年四月―五月)にかけて連載したものを一冊にまとめたのである。いうまでもないが、雑居の無害を主張している。

地租軽減に反対

ところで、既に触れたごとく、卯吉は南洋渡航等のために初期議会において代議士として活躍する機会を逸した。当然ながら、帝国議会開設をあれほど待望していた彼が、またそこでの議論が専ら財政問題を争点として展開されていくのを目の当たりにした彼が、それに無関心でいられたはずはなかった。初期議会の、いわゆる富国強兵対民力休養という対立を卯吉はどうみていたか。年末には初期議会の大きな山場を迎える明治二十六年の締めくくりとして、やはりそれに触れておくべきであろう。

結論からいえば、卯吉は民力休養の具体化というべき地租軽減には一貫して反対していた。その理由は、まず第一に、地租軽減＝地租賦課率の低減を行ったとしても、それが地主を利する効果しか持ち得ないからであった。そのことを卯吉は、「単に現今の地主をして英国風の貴族たらしむるに過ぎざるのみ、日爾曼《ゲルマン》風の豪族に変化せしむるに過ぎざるのみ、勤倹素朴なる田舎紳士をして驕傲傲慢なる都会紳士たらしむるに過ぎざるのみ」と、かなり厳しい表現で指摘している（「再び地租軽減の事に就いて」、『東京経済雑誌』五五五号、明治二十四年一月十七日。『全集』六）。また、民党の主張する地租軽減論が、一年限りのものではないにもかかわらず長期的な財源の見通しを欠落させており、それは「実に其日暮的の計算を以て国家の経済を議せんとする」のものに他ならない、とも批判している（「非地租軽減論の勝利」、同五六三号、三月十四日。同六）。

地方税軽減を主張

ただし、卯吉は減税一般を否定しているわけではなく、また地主層の負担軽減に無理解なわけでもない。「財政の要は先づ多害なる租税を全廃若くは改良して而して寡害なる租税を保持するにあるや多弁を要せざるなり」（「本年の議会に望む」、同五八一号、二十四年七月十八日。『全集』六）というのが卯吉の基本的な立場であり、その意味で地租より「多害」で軽減すべき租税は他にあるという。卯吉によればそれは地方税であり、警察費・監獄費を国庫支弁に移し、戸数割・営業税・雑種税等を軽減すべきであるとする。「戸数割を払ふ能はずして不納処分を受くるものは則ち多くは小作人なり、自作人なり、農民なり。斯く現に農民を虐待しながら仮に民力休養を名とし地租を減ぜんとするは余輩私に其意を解する能はず」と、地租軽減論が真の民力休養ではないことを鋭く指摘しつつ、「土地所有者を利するよりは小作人を利すること急務なるべく、又た財産家を利するよりは営業者を利すること急務なるべし」という観点から、「故に地租を軽減するよりは戸数割営業税雑種税を軽減する事是れ急なり」と主張するのである（「此国民を如何せん」、同六〇五号、二十五年一月九日。同六）。

地価修正に反対

民力休養論の一要素たる地価修正論に対しても、卯吉は懐疑的であった。卯吉はそもそも、公定地価を決定した明治初年の地租改正自体、その技術的困難さを認識せずに断行したという点で政策的には失敗であったと断ずる。卯吉によれば、五年ごとに改正を行っていくとしていた政府が、結局、明治十七年の地租条例制定により以後改正を行わずと明言したのは、改正実行にともなう経済的負担に到底耐え得ぬためであり、そのことは政府の見通しの甘さを示すとともに、現時点における地価の見直しが相当程度困難であることを物語っている。それをおして地価修正を断行したとしても、それによる減税効果はさほど期待できず、むしろ最近の米価が地租改正当時より騰貴していることや、近年の売買地価が公定地価より高水準にあることに徴しても、現在よりさらに高い公定地価が設定される可能性がむしろ大きく、それならば、やはり地方税負担に属する費目を国庫負担に移すことの方が減税の方向として妥当ではないか、と卯吉は説くのである（「地価修正論の勢力」、同六二三号、二十五年五月十四日。『全集』六）。技術的困難及びその減税効果への疑念から地価修正に反対するというスタンスは一貫したものであった（たとえば「地価修正」、同六五三号、二十五年十二月十日。同六）。

尾崎三良との交流

こうした卯吉の議論がどの程度影響力を持ったかは定かではないが、少なくとも、それが藩閥政府にとって好ましいものであることは間違いなかった。明治二十五年三月十四日、当時第一次松方内閣の法制局長官であった尾崎三良《さぶろう》に、卯吉は次のような書簡を書いている（国立国会図書館憲政資料室所蔵「尾崎三良関係文書」七八―二）。

尊書拝見仕候。陳は地租軽減に反対致候論文色々錯綜罷在、且つ調査も不行届にて御参考には相立申間敷候得共、御申越に従ひ尊覧に供候。此外英国の地租の国庫に入り候者は恰も徳川氏の八百万石と申す様のものにして諸侯領のものは無之、全く王室付属の小作米なりしを巴力門に質入し流れたるものに有之候。右の事情はダブルデーの英国理財史に詳細有之候。

右申上度如此御坐候。匆々頓首

三月十四日　　田口卯吉

尾崎三良様侍史

これだけでは両者の交渉の詳細はよくわからないが、尾崎が卯吉の地租軽減反対論に注目し、民党陣営の主張する民力休養論に抵抗するための理論提供を卯吉に求めたことはほぼ間違いない。卯吉もまた、自己の財政意見が受け容れられるのであれば、接触する相手を選ぶことはなかったのであろう。ちなみに、このあと卯吉と尾崎は帝国財政革新会で行動をともにすることになるのである。

増租論の萌芽

こうした卯吉の議論は、地租の負担を相対的には軽いものとみている点において、日清戦後に彼が増租論を展開してゆく素地をなしたものといってよいであろう。また、当然ながら卯吉の議論は純然たるエコノミストとしての見地からなされたもので、政党が藩閥政府を揺さぶり、政権参入を果たすためにあえて論理的には破綻している民力休養論を唱えていた（佐々木隆『藩閥政府と立憲政治』）という政治的文脈を、特に意識していた形跡はみられない。そのことは、自由民権運動時代、さらには後述するように日清戦後も、政党との縁は薄かった卯吉の歩みと重ね合わせることができるのかもしれない。

第五　代議士当選と日清戦争

一　帝国財政革新会の結成

卯吉は明治二十七年（一八九四）三月帝国財政革新会を結成し、同年九月一日に行われた第四回総選挙で衆議院議員に当選した。卯吉にとって、帝国議会の議場に立つことは、最初の選挙の時よりの素志であった。

明治二十二年（一八八九）、大日本帝国憲法と同時に衆議院議員選挙法が公布された時、卯吉の居住する東京府第八区（本郷区・下谷区）には、他の有力な候補として、もと『東京日日新聞』主筆で東京府会議員の福地源一郎がいた。福地は卯吉に対し、ともに同じ選挙区に立って競争することの不利を説き、暗に卯吉が他の選挙区に転ずることを求めた。卯吉はそれを無視していたところ、東京府会に吉原貸座敷収賄事件が起り（一三六ページ）、福地も収賄を受けたと告発されたため、福地は人望を失い選挙に出馬できなくなった。これによって東京八区は卯吉の独り舞台となったかに見えたが、前述のように東

東京府第八区

京府士族授産金の使途をめぐって卯吉らへの批判が高まる中、二十三年五月から十二月まで南洋に渡航したため（一六四ページ以下）、七月の第一回総選挙では、津田真道《まみち》が代りに立って当選した。

第三回総選挙

本郷中和会

明治二十五年二月の第二回総選挙では、津田に再出馬の意志があったため彼に譲ったが、続く二十七年三月の第三回総選挙では、津田が候補を辞退したため、卯吉は候補に立つ決意を固めた。しかし、これまでの選挙で兵庫県から出馬していた青木匡《たかし》が、本郷区在住であることから、この選挙では東京八区での出馬の希望を表明した。青木は卯吉と同じ本郷中和会（区内の有権者によって組織された団体）に属していたこともあり、卯吉はまたも出馬を見合わせ、青木に候補を譲った。この事情に関しては卯吉にとって面白からざる経緯があったことは、次の吉川仙太郎ら四名の調停委員連名の書簡（早稲田大学所蔵「田口卯吉関係文書」）が卯吉の手許に残されていることからもわかる。

陳は去月六日青木氏と交渉之件に関し云々御申越之趣審了仕候。右は貴君に於ては中和会を分裂せしめて競争せらるゝに忍びず御断念相成候儀は固より信ずる所に有之候処、却而敗を恐れ降参致され候様の文字を世間に発表ありては貴君之御迷惑御尤に有之、小生共は右の解釈いたし候儀無之、且青木氏に対し右の如き不都合なる通知致し候儀決而無之候。依て此段御回答申上候。

青木の陣営では、卯吉が当選の見込みがないから辞退したというようなことを喧伝したのであろう。この書簡は、連名の四名のうち一名は実際にはこの議に関わっていなかったとして卯吉が差し戻し、あらためて四名が協議し、全員が捺印をして卯吉に再送したという経緯がある。この事情からも、卯吉の憤懣知るべしである。

出馬への意欲

さらに選挙の結果、せっかく候補を譲った青木匡は、阿部孝助に破れ落選してしまった。このことによって卯吉は国会議員となる意欲をいっそう高めた。総選挙直後に石川半山《はんざん》（安次郎。卯吉に私事していたジャーナリスト）に宛てた書翰の中で、「議員選挙の結果として区内人心不安、小生の精神亦 Excite 致候」と述べている。

この卯吉の政治への意欲の高まりは、議会開設以来の財政問題に対する政府・政党双方の取組みが、ともに卯吉にとって非常に不満であることが最大の原因であった。

政府・民党に対する不満

第一議会以来、民党勢力の主張する「民力休養」をめぐって、政府と民党が対立してきた。卯吉は、地租を軽減し、商業税を増税すべしとする民党の主張に反対する論文をしばしば『東京経済雑誌』に発表していたが、卯吉の目には、実際には政府・民党ともいたずらに政争を繰り返すばかりで、真剣に財政問題に取り組んでいないと映っていた。その証拠に、年々六百万円余の国庫余剰金がありながら、そのほとんどが追加予算の名目で消費されてしまい、全く有効に使われていないと言うのである。第三回総選挙では、政治争点が条約問題に変わったことで、政治争点がますます財政問題から離れていき、議会で政争を事とする風潮が顕著になっていくことに、強い危機感を募らせていった。

帝国財政革新会

総選挙直後の明治二十七年三月、卯吉は、須藤時一郎、尾崎三良《さぶろう》、八巻九萬《やまきくまん》、伴直之《ばんなおの》助《すけ》、風祭《かざまつり》甚三郎らと謀り、帝国財政革新会を結成した。趣意書では、議会開設以後、政治的闘争の中で財政問題に深く意を注がれない状況を批判し、富国、すなわち産業立国の基盤整備の必要を訴え、府県監獄費の国庫支弁、戸数割営業税・雑種税・輸出税等の全廃、府県の家屋税徴収の許可、郵便料の半減などを目標にかかげた。府県の財政基盤を確立して地方人民の負担を軽減し、産業および貿易の振興の障害となる諸税を廃し、また運輸・通信の負担を軽減しようとするものである。会員・支持者は府会議員、実業家が中心であったが、実業家には政社の構成員となることに抵抗を感ずるものも多く、そうした支持者には賛成有志者としての寄付を呼びかけることにした。

『帝国財政意見』

四月始めには、卯吉ら革新会のメンバーは関西地方を遊説した。このときの卯吉の大阪での演説を速記したものが、五月に『帝国財政意見』と題し大阪経済社より発行された。経済学者大内兵衛は、『帝国財政意見』について、「博士においては、租税の要は国民経済の自然発達を害することなくして、国家機能を維持する財力を得るにあつた。……議会開設後の財政は政府における事業拡張、民党における負担軽減をめぐつてゐたが、その実は地租軽減、地価修正論と現状維持論とであつた。この時において博士は、民党、吏党、政府に対して敢然として反旗をひるがへしたものである」と解説している（『全集』六「解説」）。卯吉ら帝国財政革新会は、このように政府、政党双方の財政問題に対する取組みへの不満から政社としての活動を開始したのである。

対外硬派

この時期、政府と自由・改進両党の民党連合が対立するという政界構造は崩れ、政府と自由党が接近し、これに対し改進党・国民協会を中心とした諸政党は現行条約励行・責任内閣の完成をスローガンに掲げて激しく対立し、後者は対外硬派と呼ばれた。第三回総選挙はこうした対立の中で政府が議会を解散したために行われたもので、選挙後の五月十五日に開会された第六議会においても、政府・自由党と対外硬派を中心とした諸政党は激しく対立した。

尾崎三良日記

このような政局の中で誕生した帝国財政革新会は、政府に批判的な態度から、一部からは対外硬派に加担する勢力と見られ、あるいは期待されたが、第六議会においては、対外硬派と一致した行動をとった形跡はない。四月二十八日、芝（港区）の弥生館で総会を開催し、対議会方針が議された。尾崎三良（貴族院議員）の日記には、「午后三時弥生館ニ至ル。財政革新会ノ惣会ナリ。田口卯吉、須藤時一郎、風祭甚三郎其他凡ソ二十四、五名。三時ヨリ須藤ヲ押シテ会長ノ席ニ着シメ、第六議会ニ対スル運動ノ方針等ヲ議ス」と記されている。決定された対議会方針は、趣意書に掲げた監獄費の国庫支弁、輸出税・車税・菓子税の全廃などを議案として議会に提出するよう、貴族院議員、東京府下選出議員に働きかけるというものであった。また、当面の体制として須藤時一郎（衆議院議員）と卯吉が仮幹事として会の運営の中心となった。会期中は、五月二十五日に評議員会を開催して、決議した意見書を衆議院に送付し、さらに二十八日、卯吉は須藤とともに芳川顕正《よしかわあきまさ》臨時内務大臣を訪ね、会期延長を申し入れるなどの活動をおこなっている。議会解散後となったが、六月には帝国財政革新会編として『帝国財政革新論綱』を出版した。

第六議会解散

しかし、衆議院では五月三十一日には内閣弾劾する上奏案が可決され、六月二日には議会は再び解散された。『東京経済雑誌』（七二九号、「第六議会の解散」）では、多くの実務的な問題を議了しないで議会を解散した政府を非難した。

二　日清開戦と代議士当選

第六議会解散によって、政府と議会の対立はさらにエスカレートするかに見えたが、ここで起ったのは、朝鮮において日本と清国が衝突し、日清両国が開戦するという事態であった。ここでは、まず卯吉の日清戦争に対する意見を追ってみよう。

卯吉はかねてより、日本にとって清国との戦争は、日本が欧米に肩をならべていく過程で、避けることのできない階梯であるとの意見を懐いていた。

末広重恭『東亜之大勢』

日清戦争の前年、明治二十六年（一八九三）二月二十五日の『東京経済雑誌』六六三号において、卯吉は友人末広重恭《すえひろしげやす》（鉄腸《てっちょう》）の著書『東亜之大勢』を評した文の中で、「余輩の所見を以てするに、日清両国は到底一戦せざるべからず、一戦せざれば、両国共に強国と為るなく、随ひて欧米諸国と拮抗すること能はざるべし」と述べている。朝鮮において日本の人民と、その商業活動を保護しようとすれば、かならず清国と衝突するであろうから、その時に至ってはただ一戦あるのみという。また、日本が強国になるためには、戦争という経験を経なければならないが、その相手は日本にとって強すぎもせず弱すぎもしない清国がもっとも適当であるとも主張していた。

東学党の乱

こうした意見を懐いていた卯吉が、明治二十七年の東学党の乱を契機とする日清の対立が起こったとき、積極的な主戦意見を展開したのは当然であった。

明治二十七年六月、清国が東学党の乱鎮圧の支援を名目に朝鮮に出兵することを日本に通告したとき、卯吉は「支那兵をして東学党を打たしむるなかれ」（『東京経済雑誌』七三〇号）と主張し、東学党鎮圧を名目にして清国が朝鮮の内政に干渉することに反対した。

日清開戦

ついで、六月中旬、日本が公使館保護の名目で朝鮮に出兵し、清国が撤兵を要求すると、卯吉は、日清両国の開戦は両国が出兵した時点でもはや動かしがたいものとなり、戦争の機は熟しているとし「余は速かに開戦して、戦争の利益を挙げんことを希望せざるべからず」（『東京経済雑誌』七三二号）と論じた。七月末、ついに戦端が開かれたことを聞いた卯吉は、快哉を唱えて、日本の大勝を祈ったという。

第四回総選挙

さて、解散後の総選挙は、清国との間に戦争が起ったため、九月一日に行われることになった。東京府第八区では青木匡は立候補せず、卯吉は本郷中和会などの推薦によっていよいよ出馬することとなった。

責任内閣

卯吉は、第六議会解散直後、『東京経済雑誌』七二九号（六月九日）に「各府県選挙人諸君に檄す」（『全集』五）と題する檄文を発表し、自らの政治姿勢を明らかにした。卯吉はつぎのように言う。日本国を善美なる立憲帝国にするには、責任内閣を確立しなければならず、責任内閣を確立するためには、財政の全権を衆議院が握らなければならない、財政の全権を衆議院が握るためには、一時政府の財政を窮乏させなければならない、と。対外硬派のスローガンの一つである「責任内閣」の主張に、卯吉なりの政治主張の立場から正当性を与える論理をこのように展開したのである。また、「現今の租税の有害不良なるものは地租にあらずして、帝国財政革新会が主張する所の各種の租税にある事」

と述べ、最大急務の政治課題が租税問題を中心とした財政問題であること、これまで政府に対立してきた民党の民力休養路線とは根本的に異なることも明らかにした。

初当選

この選挙では、前回第八区で当選の阿部孝助は立候補しなかったが、第十区で当選した林和一が、本郷区に居住するため今回は第八区で立候補し、卯吉と争うことになった。六月下旬から九月一日の投票日まで、互いに壮士を用いるほどの激しい選挙戦が行われたが、林の五十八票に対し、卯吉は百三票を得て当選した。卯吉は以後死去するまで、連続して当選する。また、この選挙で帝国財政革新会は、卯吉のほか、須藤時一郎、山田忠兵衛、橋本省吾《せいご》、伴直之助の五人が当選した。

副議長候補

当選後初めての議会は、十月十五日、大本営の置かれた広島に召集された。このとき自由党より、卯吉に対し副議長に選挙したい旨の申し出があったが、議長・副議長となることは自分が代議士となった目的ではないとして辞退した。自由党としては議長選挙で、卯吉はじめ財政革新会が対外硬派の候補楠本正隆に反対し、自由党の候補河野広中を推したことから、卯吉に期待したのであった。もっとも副議長選挙では、卯吉らは対外硬派の島田三郎を推しており、たとえ卯吉が副議長となっても、自由党としては期待はずれになったであろう。

この議会はもっぱら日清戦争の軍費協賛のために召集された臨時議会で、一億五千万円の臨時軍事費予算案が全会一致で可決されたほか、若干の議案、法律案、決議案が審議されたのみで、わずか四日間で終了した。卯吉はこの議会で、日本国民が管轄地方庁の許可なくして朝鮮へ渡航することを禁ずる緊急勅令の承諾を求める議案について、正当な商業活動を妨害するものであるとして反対の演説を行った。

「日清開戦の理由」

戦局が日本の優位に進む中で、十二月、卯吉は「日清開戦の理由」(『全集』五)と題した論文を『東京経済雑誌』七五四号に掲載している。その中で卯吉は、朝鮮をめぐる日本と清国の対立について、これまでの歴史を概観して、日本が開戦に正当な理由があることを明らかにするとともに、隣国の争乱に関与することは自衛の権利で、特に朝鮮は東洋枢要の地で、他の強国によって領有されることは日本にとって大きな害となるので、日本が朝鮮の独立を認めた上で内政の改良に関与するのは、やむをえない要求であるとともに当然の権利でもあるとした。卯吉は日本政府の発表や言論界において、日本の開戦の正当性について第三者が理解できるような公的な発言があまりみられないことに危惧を感じ、自ら筆をとったのである。

軍事公債

また戦時財政について卯吉は、八月に募集された軍事公債について、各府県の官吏が半ば強制的に募集させたことがあったと非難するとともに、公債の募集は国民の愛国心に頼るのではなく、市場のなりゆきに任せるべきであるとした。ついで第二次の公債募集の動きがある中、十一月十日、卯吉は帝国ホテルで開かれた東京商工相談会総会での演説で、公債の募集は外国債ではなく内国債としてなされるべきことを主張した（『東京経済雑誌』七五三号、「内国債及外国債の利害得失」。『全集』六）。卯吉の意見がどこまで財政当局の判断に影響があったかはわからないが、同月下旬に公布された五千万円の軍事公債は内国債として募集された。

卯吉は、戦後日本はこうした公債を償還するだけでなく、財政規模を飛躍的に拡大しなければならないと考えていた。しかし国内の租税徴収には限度があり、何としても欧米のように外国貿易を隆盛にさせ、海関税収入を巨額にさせるしか方法がない。かくして卯吉は、輸出税全廃や開港場の増加整備など、多年主張してきた財政政策の実行が必要であるとの認識をますます強めた。そして十二月に召集された第八議会では、帝国財政革新会として、財政革新に必要な財源を得るという目的で、日本銀行課税法案、開港法案などの法律案を提出した。しかし政府は、日清戦争が終結すれば財政計画は当然大きく変更することになり、その計画がまったくたっていない現在においては、こうした法案は通過させるべきでないとして反対した。また、戦時中ということもあり、世論もこうした法案にはあまり関心を示さなかった。

三　日清講和と三国干渉

講和条件

直隷省

戦争が日本の優勢に進む中、卯吉は、講和の議は日本軍が北京《ペキン》に入城するまでは起こしてはならないと主張し（『東京経済雑誌』七四四号）、また講和条件については、清国が多額の賠償金を払える状態ではなく、巨額の要求をすべきではないとし、吉林《きつりん》・盛京・直《ちょく》隷《れい》の三省の割譲を主張し、特に直隷省の割譲を最低限の条件とした（同七四五号）。直隷省は現在の河北省に相当し、北京・天津《てんしん》を取り囲む地域で、実質的に中国全土を掣肘する要地であることは、歴史的にも明らかなところである。敵国の首都を扼する地域を領有すべしという卯吉の直隷省割譲論は、はたしてどれだけ現実的な要求であったのだろうか。たとえば同じ時期に、当時の代表的な言論人の一人であった徳富蘇峰は、台湾・遼東《りょうとう》半島の割譲を唱えている（『大日本膨張論』）。卯吉よりも控えめな主張であるが、現実にはほぼその通りの講和条約が結ばれ、しかも遼東半島は三国干渉によって放棄させられている。この現実のみから見れば、卯吉の主張は当時の日本の実力からすれば、実現性には乏しかったかもしれない。

もっとも、卯吉の言い分は、清国が自ら敗戦を収拾してその独立を全うできるのであれば、日本はあえてこの要地を要求する必要はないが、日本との戦争で自らが脆弱であることを世界に示してしまった以上、たとえ日本が直隷省をとらなくても、今後、必ずこの機に乗じてこれを取ろうとする列強が現れてくるというのである。日清戦争後、実際に列強による清国の分割が進み、また三国干渉によって返還した遼東半島がその後ロシアに租借され、そのため日本は日露戦争で苦汁をなめた経緯などをみると、卯吉の主張は一つの慧眼であったといえよう。

清国分割を予測

もっとも、清国の分割の問題については、卯吉は単に軍事面よりもむしろ、経済面での競争ということを強く意識していたことは確認しておくべきだろう。講和条約の内容が巷間に伝わってきた明治二十八年四月はじめ、卯吉は「新領地には宜しく自由港の制を布くべし」として、割譲が伝えられた大連湾・台湾・澎《ほう》湖《こ》島《とう》をそれぞれ無税港として、それぞれ北シナ・南シナの貿易の拠点とすべきことを主張した（『東京経済雑誌』七七二号、明治二十八年四月十三日）。イギリスが香港《ホンコン》を自由港としたことによって、広東《カントン》・澳門《マカオ》の商権を奪い東洋一の貿易港になったことが念頭にあった。

自由党

また、こうした新領地はすぐに利益を生み出すものではなく、むしろその防衛のための軍事費や、植民地経営の諸経費など歳出が大幅に増加することは誰の目にも明らかであった。卯吉がこれまでの地租軽減反対から、さらに踏み込んで地租増徴論を唱えるよ

地租増徴論へ

うになったのは、日清講和締結の直前であった（同前）。歳入不足を補うために地租を五厘増徴すべきことを、この時より、さかんに訴えはじめたのである。

下関条約

明治二十八年四月十七日に調印された下関条約の結果、日本は二億両の償金と、遼東半島・台湾・澎湖島を得ることになった。直隷省の割譲を要求していた卯吉にとって、この条約の内容は当然不満であった。二十日発行の『東京経済雑誌』七七三号で、卯吉は「媾和条約成れり」（『全集』五）と題する論説を掲載し、「余輩は元来我軍の北京に臨みし後に至りて平和条約を締結せんことを主張したるものなり。故に此回の媾和に依りて得たる土地及償金は必ず余輩をして満足せしむるものにあらざるを知る。……余輩豈敢て平和を祝せざらんや。唯々此平和は論者が主張したるが如く永遠の平和にあらずして、是より東洋の多事を喚起すべきは疑ふべからざる也」と批判している。この論説が原因で『東京経済雑誌』は四週間の発行停止となった。

発行停止
三国干渉

こうした主張をしていた卯吉が、三国干渉で遼東半島を還付したことに対し、さらなる不満を募らせたことはいうまでもない。三国干渉の報が流れるのと同時に、これを外交の失敗として伊藤内閣を攻撃する各政派の動きが活発になり、日清戦争によって中断していた対外硬派の運動がふたたび高まる中で、卯吉もその一派として内閣攻撃陣営に加わっていった。政府はこれに対し、言論活動や集会を圧迫し、他方で各地で祝勝会を催すことで政府攻撃を押さえようとした。

有志懇談会

卯吉は五月十日、星ヶ岡茶寮において開かれた有志懇談会に出席し、島田三郎らと外交問題について協議し、六月十二日には革新党事務所での各派交渉会に出席、奉祝会開催反対を決議している。こうした各派の交渉は、六月十五日愛宕館《あたごかん》に集会を開き、政友有志会を結成し決議を発表した。卯吉はこのとき委員に選出される。しかし政府は、政友有志会は結社であるとして政社法を適用し、解散を命じるとともに、卯吉ら六名を起訴した（卯吉は罰金二十円の有罪判決をうけたが直ちに控訴し、控訴審で無罪となった）。

政友有志会

起訴される

けれども有志会は、結社ではなく単なる有志の会合として、各地で政談演説会を開催するなどの活動を続けた。六月三十日神田（千代田区）の錦輝館《きんきかん》で、卯吉・島田三郎をはじめとする民間名士十数名による政談演説会が開かれたが、演説者は全員警察によって演説を中止された。さらに七月二十一日、卯吉は錦輝館において「国辱を雪ぐの唯一手段」（『東京経済雑誌』七八四号。『全集』五）と題して、遼東還付を批判する演説を試みたが、これもまた中途で停止させられた。

四　帝国財政革新会の解散と進歩党参加

「鼎軒日誌」

こうした外交問題で伊藤内閣を攻撃する対外硬派の動きは、二十八年暮の第九議会が近づく中で、高揚することはあっても衰えることはなかった。とりわけ、十月に朝鮮事件（いわゆる閔妃《びんひ》殺害事件）が起ると、これを機に内閣を退陣に追い込もうという動きが活発になった。『鼎軒田口卯吉全集』第八巻に収録された「鼎軒日誌」は十一月から十二月までの簡潔な政治日誌であるが、十一月一日には、鈴木重遠（立憲革新党）、工藤行幹（同）、肥塚龍《こいづかりゅう》（立憲改進党）らと愛宕館にて会合した模様が記されている。それによると、鈴木は西郷従道《つぐみち》に、工藤・肥塚は大山巌《いわお》にそれぞれ会見した結果を報告、「皆此回の朝鮮事件を処分せし上に於て引責の事は決すべきものと云へる由」とのことであった。当時の対外硬派の一部が伊藤内閣に代わるものとして、松方正義と大隈重信の提携を画策していたことは知られているが、卯吉の周辺においても、このように薩派との接触がなされていたのである。

志賀重昂

大合同

また、対外硬派を結集して一大政党を作ろうという動きもあり、卯吉の手許には、十一月、志賀重昂《しがしげたか》（同志会）が卯吉・長谷場純孝《はせばすみたか》（立憲革新党）の両名に宛てて大合同の必要を訴えた書翰が残されている。その中で志賀は、「独り伊藤のみならず現政府に在る者に赤誠、道理、議論など申したりとて馬之耳に念仏同然」であり、「何にしても先づコハガラス様なる仕方、これではコハイと申す様なる仕方を以てせざれば到底埒の明かぬ事」と思われ、その手段としては「民間党之大合同之他には無之」と述べている。卯吉を巻き込んだこの合同の動きは、さらに翌年にかけて続けられていく。

政府、自由党と提携

一方伊藤内閣は、こうした運動に対抗するために自由党との提携を進め、十一月末に正式な提携を発表した。

内閣弾劾上奏案

十二月に召集された第九議会の会期中、卯吉ら帝国財政革新会は、立憲改進党・立憲革新党などと同志会と称する連合を組織し、翌二十九年一月九日に遼東還付および閔妃事件における伊藤内閣の責任を追及して、内閣弾劾上奏案を提出した。卯吉も提案者の一人として賛成の演説をしている。十二月、卯吉はまた「忘るゝな征清事件に関する衆議院の建議を」（『東京経済雑誌』八〇六号）と題した論説を発表して、遼東還付が戦時中の衆議院の建議に反するものと政府非難を公にした。

明治二十九年度予算案

また卯吉はこの議会で、伊藤内閣の提出した明治二十九年度予算案に対し、修正動議を提出した。議会開会以前より卯吉は、日清戦後経営の最大課題である軍備拡張について、陸軍よりも海軍増強を優先すべきことをさかんに主張していたが、行政費の十分の一減額と陸軍の五個師団増設の要求金額の半減によって、海軍第二期拡張に要する経費を速やかに計上し、二〇万トン以上の海軍力を整備すべしと要求するものであった。これもまた否決された。

進歩党結成

第九議会の会期中の二十九年三月一日、立憲改進党・立憲革新党などは解散し、新たに進歩党を結成した。このとき、卯吉ら帝国財政革新会も政社を解いて、組織を社交倶楽部に変更し、進歩党に加った。

進歩党の結成にあたって卯吉は、新政党組織委員の一人として「全国同憂の士」に政党組織を呼びかける檄文に名を連ね、結党式においては政綱および宣言書を朗読、常議員に指名されるなど重要な役割を担っている。

帝国財政革新会解散

また、帝国財政革新会の解散の理由について、卯吉は、所期の目的をほぼ達成したための解散であって、他の政党が大政党結成を目的として解散したのとは異なることを力説した（『東京経済雑誌』八一五号、「帝国財政革新会の解政社」。『全集』五）。卯吉によれば、帝国財政革新会が目的として掲げてきたことのうち、菓子税・車税の全廃はすでに政府の原案として提出され、輸出税も三十一年より廃止することが財政計画に明記され、営業税も地方税より国税に移るため改良の見込みであるという。また、郵便及び鉄道料金は、近来の物価騰貴のため、実質的に軽減されたと同様になっているとする。ただ、監獄費国庫支弁および警察費国庫下渡金割合の改正のみは、実行の見込みが立っていないが、戦後財政計画が一変し、国庫金が不足を告げようとしている今日においては、時期を待って新たな計画を立てなければならないとして、帝国財政革新会は、ほぼその目的を達したと結論づけている。要するに、日清戦後経営という新たな財政課題の中で、帝国財政革新会のこれまでの主張は意味を持たなくなり、したがって存在理由を失ったというのである。

しかし、帝国財政革新会が本当に存在意義をなくしたとしても、外交問題のみに同調して、必ずしも財政問題について意見を同じくするとは思えない諸政党と合同することは、卯吉にとってどれほどの意味があったのであろうか。進歩党の結成からまだ半月を過ぎたばかりのころ、卯吉は石川半山に宛てて「陳ば小生の近況に対し御賛辞を辱うし候段感喜に不堪、誠に小生の近況はコロムウェル死後のウィグ党と同一にして、殆んど身を容るるの地なき程の有様に御座候。故に耳目に触るる所一として我心を楽しましむるものなきに、此際尊兄の玉音に接し、……勇気再び振起することを覚え候」(明治二十九年三月十八日付)と語っている。ホイッグ党に我が身を喩えたのは、清教徒革命後の反動でホイッグ党が一時逼塞していた状況をさすのであろう(ホイッグ党の実態が大土地所有者、貴族層と商業家・銀行家と結びついたものであることと、進歩党内の卯吉の立場と重ね合わせても面白いのであるが、そこまで含意のあることばなのかはわからない）。すでに進歩党内の空気と、自分の政治意識のずれを深刻に意識しはじめていた。

五　『群書類従』と『国史大系』

『史海』廃刊

ここで、日清戦争前後よりの卯吉の歴史方面での活動をみてみよう。

明治二十四年（一八九一）に創刊した『史海』は原則として毎月一巻ずつ発行してきたが、二十七年四月より休刊していた。帝国財政革新会結成以来、政治活動に奔走し多忙を極めたのが主なる理由であった。翌二十八年九月より隔月刊として刊行を再開したが、結局、二十九年七月に廃刊となり、かわって『東京経済雑誌』に「史海」欄を設けることとした。とはいえ、卯吉の歴史に関する情熱がうすらいだということでは決してない。最初の「史海」欄は、同年九月二十六日の第八四四号より、卯吉の「北条政子」（『全集』二）の連載が始められた。その後も不定期であるが卯吉は「史海」欄にしばしば執筆したほか、経済学協会やその他の公演会や会合で、歴史を主題とした演説をかなりの頻度で行い、その筆記も『東京経済雑誌』などに掲載された。

この時期の卯吉の歴史観を知る上で重要なものが、二十八年十月に史学会で行った

「歴史は科学に非ず」

「歴史は科学に非ず」（『東京経済雑誌』七九九号。『全集』一）という講演である。卯吉は歴史研究をライフワークの一つとしていたが、歴史は科学（サイエンス）ではなく研究（スタディ）であるという考えであった。なぜなら、科学は一定の単純で一貫した法則・原則が存する分野を対象とするものであるが、歴史現象にはそうしたものは見いだすことができないからである。これに対して経済学は卯吉にとってまぎれもなく科学であったが、このことは後の瀧本誠一との論争のときにもまた確認することになるであろう（二七五ページ以下）。また卯吉は、歴史は社会という一個の有機体の現象を扱うものであるから、それには有形部分と無形部分（思想・文学・宗教など）の両面があり、それが一体となっている以上、双方の連関に留意して記述しなければならないとする。しかし、有形無形の関係を追いながら古来よりの沿革を論ずることは非常に困難な作業であり、一人の人物を対象とすることによって、その社会一般の事情を論ずる方法を普及させていくことが望まれるとも述べた。卯吉はこうした方法論を「輪切体」と呼んだが、彼の歴史論に人物評が多いのもこうした考えからであった。

輪切体

『群書類従』刊行

歴史関係の出版では、明治二十六年六月、塙保《はなわほ》己《き》一《いち》が江戸時代に編纂した『群書類従』の活字印刷本を経済雑誌社から刊行を開始し、翌二十七年十月に完成した。保己一の『群書類従』は、一般の目に触れることが困難な史料を広く世に供した点では意義のある事業であったが、木版本は冊数が多く、漢文には句点がなく、仮名文字も読みにくいなど、すでに明治中期の人々にとっては、かならずしも利用しやすいものではなくなっていた。卯吉の考えでは、歴史研究の目的は社会の大勢を達観することで、小事件の実否の調査のために多くの時日を消費することは好ましいことではなかった。それゆえ、利用しやすい史料集の刊行は非常に意義があるものと考え、訓読点を打ち、仮名文字を読みやすいものにするなどの加工を施すこととした。

全体の校合には森貞二郎が携わり、和文の句点は川上広樹、漢文の訓点は金井知義がそれぞれ担当した。また保己一の孫忠韶《ただつぐ》もこの計画を知り、大いに協力した。同種の試みは過去にもなされたが、みな中途で挫折していた。それを完成させようと大いに意気込んだのである。経済雑誌社で購入予約を募ったところ、二〇〇名という予想をはるかに上回る六五〇名の申し込みを得た。喜んだ卯吉は、「是に於て大に用紙を精選し体裁を美麗にし、以て応募者の好意に酬いんと」したが、最初、一万六六〇〇と見込んだページ数がいざ実際に印刷する段になると二万一〇〇〇ページに達し、しかも、通常の活字にはない古体文字を急遽作字するのに多くの時日を要したため、印刷費が頗る巨額となり、予想外の損失を出した、と卯吉は回顧している（『群書類従』一八輯、「群書類従の後に書す」。『全集』二）。この事業に注いだ卯吉の情熱の深さと、商売には徹しきれない人間性を

『大日本人名辞書』の増訂

『国史大系』

『国史大系』第1巻『日本書紀』

垣間見せる挿話である。

ついで『大日本人名辞書』の第三版の出版準備を二十八年四月に開始し、翌年二月に完成した。これまでと同様に予約を募ったが、予約者は九六七人で、第一版・二版にくらべ三倍以上の増加であった。内容面でも大幅に訂正増補を加え、収録人名も千六、七〇〇名以上増加した(「大日本人名辞書第三版の後に書す」。『全集』一)。その後、『大日本人名辞書』は明治三十三年に第四版、三十六年には第五版と着実に増訂を加えて版を重ねた。

明治二十九年十一月には『国史大系』の編纂をはじめた。六国史以下、日本史研究の基本史料の定本となるべきものを刊行しようという試みである。校訂の中心となっ

黒板勝美の校訂

った黒板勝美《くろいたかつみ》によれば、卯吉は日本の歴史に関する版本は多くが大冊で冊数も多く、ちょっとした事実を調べようにも非常に不便を感じており、『群書類従』出版の経験も手伝って『国史大系』の計画に踏み切ったという。

黒板は『国史大系』の予約広告が新聞にでたときには、全くこの企画に関わっていなかったし、卯吉とは何の面識もなかった。彼は当時、帝国大学を卒業したばかりであったが、国史懇話会（大学の日本史関係者の集り）で『国史大系』の広告が話題となり、代表の一人として割引談判をするために本郷西片町（文京区）の卯吉の家を訪ねた。

卯吉は黒板らの訪問を喜んで迎え、応接間に通した。卯吉は『国史大系』の計画が世間で評判がよいことを喜んでいること、今は歴史学界は多少不振であるが、むしろ他日の捲土重来を期して待つ機会であることなど大いに語った。黒板はこれまで出版された六国史など史料の翻刻には誤りが多いことを指摘し、もし『国史大系』がそれらを訂正増補して定本を作ったならば、「その天下後世を益することの必ず大ならんことを信ずる旨」を述べ、再会を約して田口邸を辞去した。数日後卯吉から黒板のもとに、また会いたいとの手紙が来た。黒板がふたたび田口邸を訪問すると、割引承諾の回答とともに卯吉の口からでたのは、校訂を担当してくれないかとの依頼であった。原稿はだいたいできているが、先日君が語った訂正増補はぜひ行いたい、ついては君が言いだしたのであるから、ぜひその任にあたってくれないか、というのである（『東京経済雑誌』一五九一号、黒板勝美「田口博士を想ふ」）。

こうして、経済雑誌社と黒板との関係は始まった。『国史大系』全十七巻の完成は明治三十四年（一九〇一）十二月で、予定のページ数を大幅に超え、完成予定の期日も遅れたが、卯吉は第十七巻の巻末に「此の叢書に収むる所は既刊の書多きを以て校訂を要すること少かるべしと信じたりしに、実際之に着手するに及んで意外に誤謬脱漏の多きを発見し、諸家の秘書を請ひて訂正増補せり。其の労殆ど新著に譲らざるものありき」「主として校訂に任ぜられしは文学士黒板勝美君なり。此の叢書をして既刊の諸書に比し大に正確ならしめたるは、職として君の精密なる校訂に由るなり」（『全集』一）と記している。

また、明治三十五年一月には、やはり黒板の校訂による『群書類従』第二版を完成させるとともに、同年五月には『続国史大系』全十五巻、十一月には『続群書類従』全三十四輯の編纂、刊行に着手した。

『徳川実紀』

そのうち『続国史大系』の第九巻以降は『徳川実紀』であったが、その刊行開始の翌月、旧主徳川慶喜《よしのぶ》に公爵の爵位が授けられた。

徳川慶喜の授爵

六月十五日開かれた同方会主催の祝賀会で卯吉は祝辞を述べ（二一六ページ参照）、慶喜が恭順の姿勢を貫いたことは維新の大功労であったばかりでなく、その後の明治国家の建設的事業に功績を残した人物に旧幕臣の子弟が多いのも、慶喜の恭順のために多くの子弟の人命を損なうことなく、静岡藩としてその教育に意を向けることができたからであると述べた。『徳川実紀』刊行に着手できたことと、慶喜の授爵が重なったことは、旧幕臣である卯吉にとって感慨深いものがあったであろう。『続国史大系』は三十七年七月に完成し、引き続き翌三十八年より『続徳川実紀』五巻の編纂にとりかかったが、完成したのは卯吉の死後の明治四十年（一九〇七）のことであった。

続群書類従完成会

『続群書類従』も卯吉の死後経済雑誌社より刊行が続けられたが、大正元年（一九一二）の第十九輯飲食部の配本を最後として中断し、大正三年、同社は企画の継続を断念、その後、同十一年に太田藤四郎を発起人とする続群書類従完成会に引き継がれた。

『新訂増補国史大系』

黒板は卯吉の死後の大正期には、六国史を再校訂するとともに『類聚国史』を『国史大系』に加えた全五冊を経済雑誌社より刊行した。さらに昭和期には『新訂増補国史大系』六十六冊の編集をはじめ、昭和四年吉川弘文館より刊行を開始し、同三十九年完結した。日本史研究者としての黒板の業績は古文書学を中心に多方面にわたるが、今においても黒板勝美といえば『国史大系』が想起されるほど、黒板の『国史大系』編集・校訂の業績は大きい。これに対し、その企画を発案し事業を成し遂げた出版者としての卯吉の業績は現在忘れられがちであるが、その偉大さをもっともよく理解していたのは、やはり黒板であった。

黒板は卯吉を追想する文の中で「田口博士は国史大系、群書類従等の出版に於て、政事類典、大日本社会事彙、大日本人名辞書等の編纂に於て実に明治の塙検校であつた、……しかもこれ等の事業は塙検校が半ば幕府の力によつて大成したのと反対に、全く民間にあつて独力よくこれを完ふせられたるは博士にしてはじめて能ふべきことで、その百難をも屈せずして事に当られたる勇気は実に讃嘆の辞を知らぬやうである、ましてこれが博士の本業でなく、いはゞその癖から出た余業といふに至つては、誰か博士の精力盛なりしを想望せざるを得るであらうか」と語っている（前出「田口博士を想ふ」）。また、黒板は自分が研究者として大成したのも、卯吉のもとで『国史大系』の校訂に従事することができたからであると思っていた。坂本太郎が新訂増補版の校訂にはじめて携わったとき、黒板より、「この仕事は骨ばかり折れて、目に見えて役には立たない。けれど、僕が今日あるのは、若い時に田口さんの国史大系を手伝って、じっくり書物を読む機会をもったからだと思っている」と言われたという（坂本太郎『歴史と人物』）。

明治の塙検校

坂本太郎

第六　日清戦後経営の中で

一　地租増徴問題と進歩党脱党

愛媛・大分遊説

明治二十九年（一八九六）六月、卯吉は愛媛・大分の各地を遊説、この時の紀行文「思ひ出のまゝの記」が『東京経済雑誌』八三三―八三九号に連載された。この頃、前年に戦後財政計画についての意見対立から大蔵大臣を辞した松方正義と、進歩党の事実上の党首である大隈重信との提携工作が進められていた。八月、第二次伊藤内閣は辞職し、九月、第二次松方内閣が成立した。世にいう松隈《しょうわい》内閣で、大隈が外務大臣として入閣し、卯吉の属する進歩党が与党となった。

松隈内閣

進歩党が与党となったとはいえ、内閣と進歩党との関係は、二十六世紀事件がおこるなど、当初より必ずしも順調であったとはいえない。また、卯吉と進歩党との関係も、財政問題をめぐって、しだいに両者に溝があることが明らかとなっていった。

伊藤内閣が瓦解し松方内閣が成立した当時、進歩党は、伊藤の辞職は日清戦後の財政を誤ったためで、閣員の不折合を名目に、責任を回避したものであるとし、新内閣が伊藤内閣の失政を矯正し、特に戦後の外交・財政に一大刷新を施すにあたっては、全力を挙げて援助を図るべきで、松方・大隈二伯は進歩党の意志を代表するに足る人物であるとの見解を明らかにしていた。松方内閣も、財政を整理して、戦後の経営を全うすることを施政の方針として発表した。

財政整理案

それにもかかわらず、第十議会の開会が迫るころになると、明治三十年度の歳計予算案は前内閣の財政計画を踏襲するとの風評がひろまった。そのため卯吉は、財政整理に関する方案について、その私見をまとめたパンフレット「財政整理に関して」を進歩党代議士に配布した。その中で卯吉は、前内閣の財政計画を踏襲するようなことがあれば、自分は反対せざるをえないと宣言した。また、物価騰貴の現状から概算すると、たとえ前の議会で伊藤内閣に反対して主張していた陸軍拡張費の節減と、葉煙草《はたばこ》専売法および戸籍登録税を廃止を実行できたとしても、歳計において数千万円の不足は免れないので、財政整理を行うためには、地租増徴、または銀貨自由製造廃止の少なくともいずれかは実行しなければならないと主張した。

地租増徴は可能

地租は地価を基準とし、その二・五%とされていたが、実際の負担は米価によって変動した。卯吉の指摘によれば、いわゆる松方デフレの時期の明治十九年（一八八六）の米価は一石四円前後まで下がり、これは地租改正以前の負担よりも重く、この頃であれば地租軽減は当然の主張であった。しかし、米価が七円以上であれば、軽減の必要はなく、一時は十一円にまで騰貴した現今の米価では地主の負担は相当軽減されており、増徴の負担に耐えうる余力があるというのである。

銀貨自由製造廃止論

銀貨自由製造の廃止とは、従来、銀貨の供給量についての管理がなされず、必要以上の銀貨が出回っているが、若干量を鋳潰して適正な流通量にし、またあわせて兌換券を収縮し、正貨準備を銀貨のみとしようというものである。これによって、金利・物価が下がるので、戦時公債の利子を圧縮し、また官吏俸給・軍事拡張費、その他の支出も削減することができるというのである。

松方首相に面会

卯吉のこのような運動にかかわらず、明治二十九年暮に開会の第十議会に提出する予算案は前内閣の財政計画を踏襲し、さらに歳出を増加させたものであることが明らかになった。進歩党全体もこの財政方針に賛成する動きを見せる中、卯吉は党内でこれに反対する議論をしきりに行った。これをきいた松方首相は、卯吉を呼び意見を求めた。卯吉は自説を展開して財政整理の実行を求めたが、松方からはあいまいな返事しか得られなかったため、「それならば私はあなたを賛成することは出来来ぬ、就ては私は進歩党を脱する、進歩党は最早あなたと提携する意嚮になつているから脱する」(「田口卯吉君報告会」、

『東京経済雑誌』九一一号）と述べて進歩党を脱党し、中立の立場から予算案を攻撃することとなった。

貨幣法成立

またこの議会で、松方内閣は貨幣法を提出し成立させた（明治三十年三月二十九日公布、十月一日施行）。これは清国より金貨にして受領した償金をもとに、金本位制を実施するものである。

銀兌換の日本銀行券を発行して銀本位制をとっていた日本にとって、つねに銀相場の変動がおおきな問題であり、金本位制の採用の可否が議論されていた。

すでに述べたように（一九一ページ）、明治二十年（一八八七）、大蔵大臣松方正義が、東京経済学協会に銀貨下落問題について諮問したとき、卯吉は調査委員の一人となり、翌二十一年四月、卯吉の執筆による報告書を発表している。

ついで明治二十六年、大蔵省に貨幣制度調査会が設けられると、卯吉はこの時も委員に任命され、さらに特別委員に指名された。貨幣制度調査会は明治二十八年に調査が結了したが、各委員の意見はまちまちで、調査会としての統一意見を出すことはできなかった。

金銀複本位制

卯吉の意見が金銀複本位制を支持するものであることは、すでに詳しく述べた（一九二ページ以下）。もう一度ここで簡単に確認すると、金貨と銀貨と較べた場合、実際には金貨の価値の変動の割合は銀貨の変動の割合よりも非常に大きく、むしろ銀の方が変動が少なく貨幣に適しているといえる。したがって、金本位制は採用すべきではなく、今の段階では、日本は貨幣制度を改正せず、将来欧米諸国を勧誘し、協議の上で金銀複本位制を採用すべきであるというものであった。

欧米における複本位論

貨幣制度調査会の調査結了に少し先立ち、明治二十八年三月の東京経済学協会の例会で卯吉は演説し、欧米の金本位国は金貨高騰のため、近い将来金銀複本位制を採用せざるをえない状況であり、日本が複本位制を積極的に支持すれば、欧米の複本位論者を鼓舞することができるという認識を示している（「複本位制に就て」、『東京経済雑誌』七七〇号。『全集』七）。

卯吉のこの万国金銀複本位制ともいうべき主張は、実際にこのころ、英仏などでも盛んに議論されていた。ちょうど同じ頃（明治二十八年二月）、英国下院ではエヴェレット議員の発議で、金銀両本位制体制確立の目的で、列国貨幣会議を開くことに賛成すべしという趣旨の決議がなされ、翌年には、政府に金銀比価の安定に努めることを求める決議がなされている。同じ頃フランス議会でも同様の決議がなされ、二十九年六月には、ベルギーのブリュッセル大学で列国両本位制主唱者会議が開かれ、両本位体制確立への運動がなされた。しかし、こうした運動に対して、各国の政府はいずれも消極的であった。

経済学者の大内兵衛によれば、このときは「世界の大勢が金本位制に傾き、複本位制が事実上において実行性を有せざることがほぼ明白となつた」（『全集』七「解説」）という。

『非新貨幣法』

さて、貨幣法が議会に提出されると、卯吉は当然反対し、三十年三月十一日、衆議院において反対演説を行った（『東京経済雑誌』八六九号、「貨幣法案に対する演説」。『全集』七）。大内はこの演説を評し、「博士孤軍奮闘の記念にして、又その論拠の学問的なると、その信念に対する熱意とは、反対党の人々をしてすら充分の敬意を払はしめたるところである」（『全集』七「解説」）と述べている。また、『非新貨幣法』と題する小冊子を発行し、世人の注意を促した。

卯吉のこうした主張は受け入れられず、貨幣法は議会を通過し、日本においても金本位制が採用されることとなった。その後、貨幣法施行にあたって、当時旧金貨百円が百九十二円の相場であったものを二百円としたため、物価の騰貴がおこり、政府の財政にも大きな影響がでた。卯吉は『東京経済雑誌』九三三号（三十一年六月）において「貨幣制度を改めて旧条例の金貨本位となすべし」（『全集』七）と題し、旧金貨一円相当の金貨が一円として通用するよう、金貨一円の量目を四分とし、金貨の自由製造を停止して発行量を管理することを主張した。

貨幣本位にまつわるエピソードして、卯吉は東京商業会議所の依嘱をうけて、銀価変動の景況を調査し、その報告書を明治二十九年に提出したことがあった。このとき東京商業会議所は、卯吉の労に対して百円を贈ろうとしたが、卯吉は貨幣によって受け取ることを断り、東京商業会議所は、替りに時計用の金鎖を贈ったという。

卯吉は前述のように、彼の主張する財政政策が受け入れられなかったために進歩党を去り、また松方内閣の提出した明治三十年度予算や金本位制実施にも反対した。しかし、そのことは、卯吉を政治的に松方内閣・進歩党と敵対し、全く相容れない立場に立たしめたということではない。いうなれば、一個の独立した立場に戻ったにすぎない。

営業税実況見分

卯吉は毎年のように、各地の有志者の求めに応じて精力的に地方遊説を行った。明治三十年は五月に岡崎（愛知県）へ赴いたほか、九月には石川半山を伴い、信州・北陸・京都・長浜（滋賀県）・四日市（三重県）等を回った。これは営業税の実況見分を兼ねての遊説で、卯吉はこのころ営業税の賦課基準による不公平をなくすため、営業税を地価や建物を基準とした家屋税化することを主張しており、五月には経済学協会において営業税改正に関する調査委員に選出されていた。

謙譲の美徳

石川半山が書くところによると、この遊説中、半山が卯吉を「田口先生」と紹介したところ、卯吉は演壇で「石川君は私を先生と言はれたが、私と石川君とは友人で、先生でも何でもない、同君は今や中央新聞経済部の主任記者で、私は其の演説や文章の点に於ては寧ろ同君を先生として居る者で有る」(「鼎軒先生の特色」、『東京経済雑誌』一五九一号)と言ったという。半山はかつて中坂莞爾という匿名で、『庚寅雑誌』に卯吉の史論を冷評した文章を載せたことがあった。これに対し卯吉は庚寅社にを訪ね「中坂莞爾」に面会を求めたため、半山は匿名であることを明かした手紙を卯吉に送った。すると卯吉は「君の文章は非常に上達したから経済雑誌社に入社しないか」と手紙をよこし、入社することになったという。つまり半山は卯吉によって引き立てられたわけで、卯吉は、「先生」にほかならなかった。

この講演旅行で、長野では真っ先に知事を訪問した。半山が、知事の権藤貫一は声望・閲歴において卯吉の後進であるので、「名刺でもおやりになれば先方から来ましょう」といったけれども、卯吉は「イヤ此の市へ来た以上は、此方から敬意を表すべきだ」と服を改めて出掛けたのである。福井では、卯吉と嚶鳴社《おうめいしゃ》以来の関係がある波多野伝三郎が知事で、これこそ名刺でいいのではと半山は言ったが、「友人が知事となツて一県民の上に立て居るのを軽蔑するならば、其の友人の価値が低落するワケで、僕等は其の官位に対して敬意を表すべきだ」と、やはり服を改めて訪問した。

こうしたことからも、卯吉の謙遜して飾らない、誠実な性格がうかがわれよう。

このころ松方内閣と進歩党との軋轢が表面化し、特に地租増徴をめぐって対立は決定

財政整理期成同盟

的となり、第十一議会を前にして進歩党は内閣と断絶し、大隈外相らも閣外に去った。その後内閣は自由党との提携を模索したが、これも失敗し、その年明治三十年の暮、第十一議会中に瓦解した。こうした動きの中で、卯吉は「財政整理」を第一の緊要課題として掲げ、盟友島田三郎らと語らい、財政整理期成同盟を組織した。十一月十七日に富士見軒において行われた発会式では、貴族院の硬派、自由党・進歩党および中立の衆議院議員など七十余名が参加し、谷干城が議長に選ばれ、卯吉は評議員・幹事・調査委員に選出された。この会合で卯吉は、たとえ今回の増税を承認するとしても、財政計画を根本的に整理しなければならない理由を力説した。

内閣不信任案

議会に臨み、三十年十二月二十二日には内閣不信任案提出をめぐる各派交渉会に出席した。内閣不信任案は上程され、松方内閣は衆議院を解散するとともに総辞職となった。その間の事情について卯吉は、「余輩は素とより財政整理を以て唯一の主眼となすものなり。故に此の際に於て其の目的の一部にても行はんことを期したり。然るに松方内閣の人望を失するの甚だしきや、余輩をして財政整理を主張する能はざらしめたりき」と述べている。

「対外国是」

明治三十一年二月、卯吉は「対外国是」と題する論説を、三回にわたり『東京経済雑誌』九一五—九一七号（『全集』五）に発表した。このころ列国の中国分割の動きが活発となり、特にロシアの満洲(中国東北部)・朝鮮への侵出が露骨となり、こうした動きに対応して朝野の議論が高まっていたことが背景にあった。その中で卯吉は、まず、現今の陸海軍の兵力は、すでに西洋各国の侵略から守るに十分であり、また陸軍をさらに増強すれば、中国・シベリアに領地を得て、大陸進出も不可能ではないとした。しかしながら、領土を拡大しても、そのことが直ちに国家の富強にはつながらず、かえって新領地の経営は困難をきわめ、そこから得られる利益は、領地の獲得、維持に要する資金には見合わない。むしろ、外に領土を求めるのではなく、商業の拡大、つまり貿易の振興によって国家の繁栄を計るべきだというのである。となると、陸軍の増強はそれほど必要なく、比較的軍費のかからない海軍の整備に重点を置くことによって、財政を整理して商工業の振興をはかることができるし、戦争となれば敵を屈伏させる事はできなくとも、敵の港湾を封鎖し、敵の商業を妨害すれば、自然商工業は日本に集まるという。

この議論は、陸軍の師団増設要求を削減し、海軍を速やかに拡張整備し、あわせて財政整理を行うべしという、日清戦後の卯吉の財政意見をあらためて繰り返し、当時の情勢に対応した国家戦略という視点からも理論武装しようという試みであった。卯吉はこで、何事も「国利」を標準にすべきであり、東洋の平和を維持する「責任」「天職」というような道義的概念を基準にすべきではないことを強調しているが、いかにも卯吉

中国分割の進行

らしいところである。

三月になるとロシアは旅順・大連の租借権、南満鉄道の敷設権を得、ドイツは膠州《こうしゅう》湾《わん》の租借権を得るなど、列強による中国分割は事実として公然と進行した。これに対し日本国内では危機感が募り、在野の有志によって対外同志会が組織されると、卯吉はしばしばその会合に出席した。四月十八日には錦輝館において外交問題同志演説会が開かれ、卯吉は「英国の誤算」と題し、ロシアの遼東半島租借と南満鉄道の敷設は、ロシア陸軍を中国全土に導く端をなすもので、英国がこれに対抗して威海衛の獲得のみで満足するのは大いなる誤算であると指摘するとともに、日本が欧州列強の支那分割競争に参加することは不得策であると説いた（『東京経済雑誌』九二四号。『全集』五）。

二　政党との決別

第五回総選挙

第二次松方内閣のあとをうけた第三次伊藤内閣は、当初、進歩党・自由党との提携を画策したが失敗し、逆に地租増徴案などのために、両党が結束して反藩閥の気運を高めることとなった。

明治三十一年（一八九八）三月十五日に行われた第五回総選挙で、卯吉は選挙区で他の候補がなく、無競争で当選した。ついで五月十九日に開会した第十二議会では、卯吉は進歩党より副議長の候補に推された。前回に推挙されたときと同様辞退したが、それにもかかわらず百票以上の投票があり、副議長の候補とされた。

副議長候補

この議会ではまず、進歩・自由両党の議員は、それぞれ外交問題に関する質問書を提出し、列強の清国分割に対して何らの対応策もなしえなかった政府の怠慢を攻撃した。これに対する政府の答弁書は要領を得ず回避的であったため、卯吉は鳩山和夫ら十名の連名で、政府の無為無策を弾劾する上奏案を提出したが、自由党・国民協会の反対で否決された。

弾劾上奏案

伊藤内閣は、三十二年度以降の予算の財源不足を補うため（三十一年度予算は議会解散のため成立しなかったが、その不足は日清戦争での賠償金を充てることとした）、地租・酒税・所得税などの増税案を提出した。国民協会などを中心に、地価修正を政府が受け入れれば、地租増徴を認めてもよいという動きもあったが、地租増徴案も地価修正建議案もいずれも否決された。

卯吉の持論としては、地租増徴そのものには異論はなかったはずである。しかし、歳入の不足は明らかではあるにしても、現段階ではその額が未定である三十二年度の歳入の欠額を補充するために、この議会においてそれを既定のものとして増税をおこなうのは「立憲政治の根本主義に反するもの」という立場から、この増税案は否決されてもしかたのないものと考えていた。それでも、卯吉は内閣が三十一年度の追加予算において陸軍軍事費を削減したことなどを評価し、この内閣において出来る限り財政整理の目的を達したいという希望も持っていた。そのため、卯吉は地租増徴問題については、最初より一貫して、特別委員を選定して議会閉会中も審議を継続させるという継続委員説を唱え、政府の体面を傷つけず、一方で（立憲的な意味での）議会の勢力を高めるという配慮から、政府・議会の衝突をさけるために、自由・進歩両党の領袖への働きかけを積極的に行った。

憲政党

結局、卯吉の努力は無に帰したが、こうして自由・進歩の両党の領袖と交渉を重ねたために、彼にとっていささか意外と思われることに巻き込まれる。それは、自由党・進歩党の合同による憲政党の創設に関わり、その創立委員に加わったことである。

自由・進歩両党は、地租増徴反対をめぐって急速に接近し、とりわけ六月十日に地租増徴案を否決し、伊藤内閣が議会を解散したことによって、合同の気運が一気に加速し、二十二日憲政党が結成された。伊藤は、一時政府党を結党してこれに対抗することなども考えたが、結局断念し、二十四日辞表を提出して、後継に大隈重信・板垣退助を推薦した。これによって、大隈を首相とし憲政党を与党とする、初の政党内閣が出現したの

隈板内閣

である。

憲政党創立委員

自由・進歩両党合同の気運が高まったとき、卯吉は中立の立場でしかも両党の領袖に知友が多かったことから、双方からしばしば合同の周旋を求められた。卯吉はそれを断り続けたが、両党の合同が確実になった段階で、島田三郎が代表となって、創立委員に加わるよう求められ、引き受けることとなった。その理由を次のように説明する（「余は再び中立に帰せり」、『東京経済雑誌』九五二号、明治三十一年十一月。『全集』五）。

余は曩きに松方内閣創立の時に当り地租其他財政問題に関して進歩党の多数と議合はずして之を脱したりしより、再び政党に関与するを好まざりしが、時に伊藤内閣の旗色既に動き、藩閥の末路既に明かなりしかば、余は暫く藩閥破壊者たらんことを期して憲政党の創立者たることを諾したり。

卯吉は、第三次伊藤内閣が辞職したとき「藩閥内閣倒る」と題する論説を発表し（『東京経済雑誌』九三四号。『全集』五）、「伊藤内閣の辞職は藩閥の亡滅を意味するものなり」とし、「此事変の国家に及ぼす影響極めて大なり」と述べている。これまで卯吉は、自己の財政政策の貫徹ということを基準に議場での進退を行ってきたが、この事態を藩閥内閣がはじめて政党の力によって倒れるという歴史的な大事件としてとらえ、とりあえず、その歴史の渦中に自らを投じようという動機であったのではないだろうか。

憲政党に失望

しかしながら、大隈内閣の成立は、卯吉の予期せぬ早さであり、また成立直後より、この内閣が必ずしも卯吉の財政意見を容れるものではないという現実を突きつけられ、早くも心は離党に傾く。卯吉は言う（「余は再び中立に帰せり」）。

然るに藩閥内閣の倒るゝや、余輩の予想よりも速かなりき。憲政党の成りしより未だ数旬ならざるに、伊藤侯爵は大隈板垣両伯を推薦して其の内閣を引渡せり。破壊の時代は既に去りて建設の時代早く来れり。新聞紙は忽ち報じて曰く、大隈伯は横浜の専門学校同窓会に於て地租の永遠に増徴すべからざることを演説せり。又報じて曰く、伯は陸軍の縮少すべからざることを陸軍大臣に約せりと。果して然らば正に余の宿論と衝突するものにして、憲政党の党議果して之に帰するときは余は直ちに脱党せざるべからざることとなり。

けれども、卯吉はすぐに憲政党を脱したわけではない。内閣成立の当初、党内では、武富時敏が地租を永遠に増徴せずとの党議決定を求めたが、卯吉は反対し、島田三郎や江原素六《そろく》ら卯吉に同調するものが多く、否決された。また大蔵省が地租増徴の行われない代替として諸税の増税を計画したが、党の財政調査委員であった卯吉は反対し、廃案にすることが出来た。「故に余は卑見の行はれざるにあらざるを見て、憲政党内に在りて之を矯正するの幾分か国家に益あらんことを信じ、敢て脱党の手続を為さゞりき」

（同前）という。

つまり大隈内閣は、尾崎行雄文部大臣のいわゆる共和演説事件などで動揺し、官僚派や軍からの攻撃と、党内の進歩党系と自由党系との軋轢のため、短命に終るのであるが、卯吉は、尾崎問題の問題の早期処分を党の領袖などに進言するなど、憲政党が分裂する最後の段階までは、党にとどまって尽力した。そして十月三十一日、憲政党が自由党系と進歩党系とに分裂したときになってはじめて、卯吉は政友島田三郎に託し、「憲政党既に破壊したる上は拙者は自然中立に帰し候儀と御承知相成度候也」との、党を離れて再び中立の立場に立つ旨を憲政党（このときすでに、自由党系は脱して憲政党を結成しているが、これは残った進歩党系の憲政党で、十一月三日に憲政本党を結成）に届けた。卯吉は、このときの立場について、こう述べる。「憲政党既に事実に於て分裂せし以上は、余の如きは従来の歴史に於て自然中立のものとなるなり。進歩党には旧友多しと雖も、政見多く相反せり。自由党には知己少なしと雖も、今や政見相合するもの多し。故に余は此の分裂の際に当りて、再び旧地位に復し、両党嫉視争鬩の際に立ちて閑眠を貪ぼらんと欲するものなり」（同前）と。

再び中立となる

自由党とは「政見相合するもの多し」という、そのもっとも重要なものは地租増徴であり、この後の卯吉の政治的立場を暗示するものであった。一時は藩閥破壊に加担して

谷干城との論争

第二次山県内閣

日吉倶楽部

憲政党に参加していた卯吉であったが、この間、地租増徴論を棚上げしていたわけではなく、谷干城《かんじょう》が新聞『日本』に掲載した地租増徴反対論を『東京経済雑誌』九三五号（三十一年七月九日）で攻撃したことに端を発し、卯吉と谷はそれぞれ両紙誌に拠って激しい論争を繰り広げていた。もっとも卯吉は、これまでの経緯や議会の現状から見て、容易に地租増徴が実現できるとは考えていなかった。そのため、他方では地租増徴を行わずして財政整理を行う方策として、「貨幣制度を改めて旧条例の金貨本位と為す」ことも主張した。これは金本位制実施に際して、一円＝金七五〇ミリグラムというレート設定を行ったためにインフレになっていることに鑑み、かつての新貨条例のレート一円＝金一五〇〇ミリグラムに戻すことにより、米価も含めた物価水準を引き下げることによって、財政整理の実を挙げようというものであった。

大隈内閣に替わった第二次山県内閣は、自由党系の憲政党と提携し、成立と同時に迎えた第十三議会でいよいよ地租増徴の実現を期すこととなった。山県内閣成立にあたり、憲政党分裂の立役者であった星亨《ほしとおる》は、新たな自由党系の憲政党をリードして提携交渉を行った。提携条件として、星や党領袖の間では地租増徴については合意はできていたが、党全体を合意させるには困難もあり、たとえ憲政党の議員全員が賛成しても、国民協会とあわせて過半数に達せず、これに対し憲政本党も過半数に満たなかった。この議会で卯吉は、同様に中立的な立場の同志議員十数名と日吉倶楽部《ひよしクラブ》という院内会派を結成していたが、日吉倶楽部や無所属議員の動向が地租増徴実現の鍵となっていた。

山県内閣に協力

卯吉自身は、地租増徴は兼ねての持論であったが、一方で、かつて憲政党に参加したのは藩閥内閣の終焉という認識が大きな動機となっていたように、藩閥政治に反対してきた彼にとって、山県内閣に協力するということには少なからざる抵抗があった。卯吉は『東京経済雑誌』九五九号（三十一年十二月二十四日）で、「藩閥内閣御馬前の打死」（『全集』五）と題し、日清戦後の財政困難と山県内閣が地租増徴をせざるをえない事情と経緯を説明した上で、「嗚呼事情の変遷に因ると雖も、余の如きものにして山県内閣の馬前に打死を為すの覚悟を為さんとは、豈亦奇ならずや」と述べている。また、日吉倶楽部としては、当初は是々非々の態度をとっていて、そのため、第十三議会の開会当初においては、むしろ地租増徴に反対するものとみられていた。日吉倶楽部が賛成に回ったのには、星亨の斡旋があったとも言われている。

地租増徴反対同盟

議会の外では、地租増徴反対同盟が貴族院議員や憲政本党系の衆議院議員を中心に、谷干城（貴族院議員）を幹事長として結成され、全国に檄を飛ばすとともに、十二月十五日には芝（港区）の紅葉館《こうようかん》で大隈重信・曽我祐準《そがすけのり》・三浦梧郎をはじめとして二千余名の参会者を集める大懇親会を開くなどした。

地租増徴期成同盟会

一方では、十二月十三日には渋沢栄一を会長として東京・京都・大阪・横浜の実業家らによって地租増徴期成同盟会が結成されるなど、地租増徴に賛成する動きもあった。卯吉は十七日、帝国ホテルで開かれた地租増徴期成同盟会招待会に出席している。卯吉はまた、中村栄助・前川槇造らの議員とともに「地租増徴意見書」を発表し、衆議院議員に配布し、また十二月二十日には衆議院で賛成演説を行った。

『地租増否論』

この年の夏からはじまっていた卯吉と谷との論争も、ますます激しさを増した。両者の論争は、日本新聞社より『地租増否論』(明治三十一年十月。『全集』六に抄録)、『続地租増否論』(明治三十二年三月。同)として刊行された。論争の焦点は税を負担する階層をどのようにとらえるかということで、谷が小規模自作農や小作人にとって負担は決して軽くないという立場であったのに対し、卯吉は当時の農村社会は不在大地主による土地所有が相当進行しており、主たる税負担者はこれら大地主であり、小規模地主や小作人にはその影響は及ばないと主張した。この論争には相当の応酬があり、議論は日本の税制史、外国の税制との比較にまでおよび、当時世間の耳目を集めた。しかし、卯吉と谷は必ずしも互いに仇敵視したわけではなく、論争の間にも互いを敬する態度を持していた。石川半山は「想ふに先生の生前に議論をした人は多からうが、それが誰れも不快を感じないのは先生の徳で有る。殊に谷子爵とは度々議論をせられたが、谷子爵は決して先生を怒らざるのみならず議論の中にも十分の敬意を表して居られる」（「鼎軒先生の特色」、『東京経済雑誌』一五九一号）と回想している。

卯吉の誤謬

議論の中で、卯吉に明かな誤謬があった。卯吉は谷からそれを指摘されたが、論戦の中では「討論の気勢を損するの恐れある」と考え無視した。その後、その論争が『続地租増否論』として出版されるとき、卯吉は日本新聞社に「正誤」として誤りを認める文を送り巻末に掲載させた。谷はその告白を喜び、卯吉の徳を大いに賞した文を同社に寄せ、卯吉の文と並べて掲載させた。卯吉と谷は、後に東京市公民会で活動をともにすることになる。

地租増徴案の成立

地租増徴案は、当初、政府案は現行の百分の二・五を百分の四に引き上げるというものであったが、憲政党はこれを百分の三・三に引き下げ、代りに市街宅地租を百分の二・五から八に引き上げるなどして不足分を補う、また同案を五年間の時限立法とするなどの修正案を提出した。日吉倶楽部はこれに対して、「市街宅地々租を百分の五に止むる事」「歳出節約に関して日吉倶楽部の提議に賛成すべき事」の二ヵ条を憲政党・国民協会に申入れ、この同意を得て増徴案に賛成した。かくして、十二月二十六日、衆議院はこの修正案を可決して、ここに地租増徴が実現したのである。増徴案は日吉倶楽部の賛成がなければ多数を得ることは出来なかった。こうしたことや、卯吉が熱心に増徴賛成論を展開したことに対して、世間では政府より八千円にて買収されたというような風評など、いろいろな非難中傷が新聞に書かれたが、長年の宿願を実現した卯吉は「余が一生を追懐するに今日ほど幸福なる時期に遭遇したることなし」と述べている（「胸中無限の快を得たり」、『東京経済雑誌』九六〇号）。

三　北清事変と清韓旅行

法学博士となる

明治三十二年（一八九九）三月、卯吉は博士会の推薦により、法学博士の学位を授与された。『東京経済雑誌』九七二号では、『毎日新聞』の「門生等不平を唱へて曰く、先生をして赤門の腐れ学者に伍せしむるに忍びんやと」をはじめ、種々の批評・反対論などを紹介し、「田口に於ては博士となるも差支なき事なれば、難有頂戴したりとぞ」と伝えている。

東京市参事会員となる

六月には、渋沢栄一らとともに東京市参事会員に推挙された。明治二十三年（一八九〇）に南洋に渡航する際に、市議会議員・市参事会員ともに辞して以来の東京市政への関与である。卯吉を推挙したのは、星亨の影響力下にあった郡市派（憲政党＝立憲政友会系）であった。卯吉は、選挙の前に推薦の旨を通告された時には、いったんはこれを断った。

しかし、郡市派はそれにもかかわらず卯吉を候補者に加え当選させた。郡市派の思惑としては、何よりも私設鉄道論者である卯吉を入れることにより、市街鉄道問題を有利に解決できるという目算があったであろうし、漠然と卯吉の都市商工業者の利益を重視する姿勢に期待したのかもしれない。また地租増徴実現で卯吉と憲政党が一致した立場をとったことから、一定の協力を得られると考えたのであろう。

卯吉としても、東京市政刷新に関心を持ち、このころ市政に関する記事・論説をしばしば『東京経済雑誌』に掲載させていたこともあり、選挙された以上、参事会員として尽力するのは公民の義務であると考え就任を承諾した。卯吉がまず行ったことは、参事会の職務を重要なものに限定して負担を軽減しなければ公務を全うできないと主張し、八十五件あった市参事会の事務のうち、重要な二十七件を残して他は市長に委任し、従来、毎日開かれていた市参事会を週二回にあらためるなど、市参事会が市政刷新に臨みうる体制にしたことであった。

東京市参事会員として直面したもっとも重要な問題は、東京市街鉄道敷設問題であった。

東京市街鉄道敷設問題

東京市の市街鉄道敷設については、民間では東京電気鉄道（雨宮《あめみや》敬次郎・藤岡市助ら発起）、東京電車鉄道（福沢捨次郎・藤山雷太《らいた》ら出願）、野中万助・吉田幸作ら（地主派）を発起人とする自動鉄道の私設三グループがあり、一方、東京市も内務省に出願して認可を競っており、決着していなかった。この問題がなかなか決着しない理由のひとつはどのような動力方式を採用すべきかという技術的問題もあった。たとえば当時、「架空単線式」の場合、レールを伝わって復帰すべき電流が漏洩して地中の鉛管などを腐食させるのではないかという懸念がさかんに伝えられた。こうした技術的な問題の解決がまず必要であることを『東京経済雑誌』はさかんに主張しているが、このことはこの問題をめぐる卯吉の行動にはあまり関わらないので、ここでは論じない。

東京市街鉄道株式会社

ところがこの年の七月、星亨《ほしとおる》の周旋によって、三派を合同して雨宮らを代表発起人とする東京市街鉄道株式会社を設立する契約が成立し、同社は翌八月、東京市街電気鉄道の出願書を内務省に提出した。同社は同時に東京市に対し、利益中より東京市に対し納付金を納めること、東京市の監督をうけること、軌道内外の道路の修繕費等を会社で負担することを上申した。星が内閣と憲政党との提携を利用し、資金的に不利であった野中ら「地主派」を、合同の形で強引に割り込ませたといわれる。東京市街鉄道発起人は、市参事会から内務省へ認可を要請する上申書を提出するよう、市参事会へ請願書を出し、内務大臣からは市会に意見を求めた。これによって、東京市の市街鉄道は、東京

市有か民有か

市が直接経営する市有にするか、東京市街鉄道に一本化された民有にするかに絞られた

のであるが、民有にする場合は、会社が東京市に対してどれほどの納付金を納めるかということがさらに問題となった。

卯吉は、市街鉄道は民有であるべきと考えていたが、一方で東京市の利益という点も重視し、事業者が過大な利益を得て、東京市・東京市民の不利益になることには反対であった。星の周旋による東京市街鉄道株式会社が出願したことには何ら反対はしていないが、同社が東京市に対して申し出た納付金額が過少であると考えて、『東京経済雑誌』でもその事を指摘した。

明治三十二年十月六日、松田秀雄市長の附議で開かれた市参事会では、まず東京市の経営とするか（市有）、または私設会社に経営させるか（民有）について討議され、卯吉・星・渋沢らの民有説が一票差で採決された。

ついで、その条件について討議された。原案は、一日平均の収入に応じて市への納金割合を定める案であったが、卯吉の発議した公納金に関する修正案「資本金に対し年六分以上の利益ある時は、積立金準備金を控除したる純利益を折半し、其の一部を市への公納金とす」が可決された。

東京市街鉄道出願人は基本的には、民有が支持されたためこの市参事会の決定を受け容れたが、さらに公納金に関する再修正を求めた。十月十三日再び市参事会が開かれた。

卯吉はあらためて「年六分、折半」説を主張したが否決され、星の主張する「年七分、三分の一」説（年七分までの利益は定例配当とし、それ以上の利益について、積立金準備金を控除した残りの三分の一を市に納付すること）が議決され、市会に提出された。

市会の議決

しかし、十月十九日の市会においては、発起人の猛烈な運動が功を奏し、市参事会のこの決議は採用されず、一マイルあたりの収入が一日平均四十円以上の場合、収入金に応じて納付するという、市参事会の最初の原案に修正を加え議決した。このとき市会議員としての星亨は、市参事会で自ら主張して議決された原案を支持せず、市会の修正説を賛成した。『鼎軒田口先生伝』は「以て星氏が街鉄の利益を図りて、市民の利益を念頭に置かざりしことを知るべし」と評している。当時、蒸気鉄道のケースでは、一マイルあたりの収入が一日平均二十〜三十円の収入の場合で、年一割以上の配当があった。ところが、市会の決議では平均四十円以上の収入があって、初めて市への公納金を生ずることになるのである（もっとも、翌三十三年六月に出された内務省命令は、市参事会で議決された星案と同内容であった）。

十月二十四日に開かれた市参事会で卯吉は、「市会の決議は永く累を市民に遺すものなり、且市会の決議は決して市民の意見に合するものと認むるを得ず、故に若し市参事会に於て市会を解散するの権能あらば、宜しく之を行ふべきことなれども、市参事会には此権能なきを以て、宜しく市会をして再議せしむべし」（『鼎軒田口先生伝』）と主張し、星亨と激しい議論となった。その結果、市参事会の決議額と市会の決議額とで、公納金にどれほどの差異が生ずるか調査することとなり、卯吉・星ら五人が委員に選ばれた。

参事会の再調査

委員は、当初調査材料の提出を東京市街鉄道の理事に求めたが、理事はこれまでの計算を修正して、市会の決議と市参事会の決議との大差がないとしたたため、議論が紛糾した。そのため、卯吉が十分な調査を行って報告書を作成し、市参事会員の同意を求めることとなった。

卯吉の報告

卯吉は報告書の中で、理事の報告での経費見積の計算方法の誤謬や、積立金を巨額にして純益を少なくしていることなどの不当を指摘し、市会決議の場合の公納金は、参事会案の場合に比べて大幅に少ないと結論した。この報告をうけた市参事会員は、多数が卯吉の調査を是認して「大体に於て市会は東京市に損失あることを認む」としたが、星と高山権次郎の二人は反対し、「市会の決議は市参事会の決議と大差なきことを認む」という主張も少数意見として併記することとなった。ついで、市会に再議を求めるか否かについて議論された。ここでも卯吉の調査結果は多数に支持されたけれども、市会に再議を求めることについては、一票差で否決された。

このため、卯吉は十一月十五日、渋沢栄一・立田彰信・鈴木信仁らとともに市参事会

東京市参事会員辞職

員を辞した。鈴木と連名で出した辞職届は次のようである（『鼎軒田口先生伝』）。

拙者共儀本年十月十九日東京市会の市街鉄道に関する決議は、大に本市の利益を殺ぎ、之を会社に与へ候ものと認め候に付、市参事会員として其の事に従ふに忍びず候間辞職仕候。依りて此段御届申上候。

東京市会は、星の発議によって、辞職の理由が不当であると決議したが、実際には卯吉らに何らの制裁は加えられなかった。

『東京経済雑誌』千号

明治三十二年（一八九九）十月十四日、『東京経済雑誌』は第一〇〇〇号を発行した。当時、それまで雑誌で千号に達したものは、『団々珍聞《まるまるちんぶん》』以外にはなかった。明治十二年一月二十九日発行の第一号以来、二十年十ヵ月を経過し、その間印刷したのは三万八九〇〇余頁、七八八〇余万字になるという。十四日に記念の祝宴が柳橋（台東区）の亀清楼で開かれた。

腸チフス

明治三十三年二月の初め、卯吉は流行感冒で体調を崩していたが、さらに中旬には腸チフスに罹ったため、十九日、医学博士青山胤通《たねみち》の診断によって東京帝国大学医科大学附属病院に入院し、ベルツ博士の内科室で、樫田亀一郎助手を主任として治療をうけた。卯吉にとっては明治十九年（一八八六）の夏から秋にかけて熱病にかかって以来の大病で、しかも回復期になってからしばしば腹部が膨張し、腹膜炎を起こしそうになり、時には危篤に陥った。三月には退院したものの体調はすぐれず、夏には胃病と脚気を患うなど、結局、全快するまでに、半年近くを費やすことになった。

外山正一の死

卯吉の入院とちょうど同じ頃、静岡時代から親密な交際を続けてきた外山正一《とやままさかず》も、たまたま同じ病院に入院していた。卯吉は二月中はほとんど人事不省で、外山の入院を知ったのは三月になって、ようやく意識がはっきりしてからである。外山が耳疾で入院していると聞き、それほど重症ではないだろうと思い、戯歌《ざれうた》を送って答歌を促した。ところが数日たっても答歌がなかった。今まで卯吉と外山は戯歌を交換したことは数限りないほどあったが、外山の方から答歌がなかったことは一度もなかった。不審に思った卯吉は周囲のものに尋ねると、既に病癒えて退院したという。

実は、外山は三月八日に死去していたのであった。中耳炎から脳膜炎を起こし、岡田和一郎によって三度の切開手術が行われたが、もはや手遅れであった。周囲のものが卯吉の病状を気遣い、これを秘していたのである。外山の死を知らされたのは、卯吉の病が回復してからであった。卯吉の驚きと痛恨の思いは察して余りあろう。卯吉はようやく七月になって、『東京経済雑誌』一〇三八号に「外山博士を憶ふ」(『全集』八)と題する一文を掲載した。

同年八月、卯吉は「財政経済救治策」と題する論文を『東京経済雑誌』一〇四四—一〇四六号（『全集』四）に掲載した。その中で卯吉は、日本の財政および経済を救治するには、「租税を増徴する事」「積極主義の名義のもと起りたる新事業及び下付金を削減する事」「多く公債を償却する事」の三つを実行する以外、他に奇策はないと主張した。

北清事変

また、同年五月、清国にて義和団の蜂起を契機に、清朝もこれに乗じて列国に宣戦布告するという、いわゆる北清《ほくしん》事変が起きた。結局、事変は日本の陸軍を主力とする連合軍が北京を占領して終結したが、卯吉は、日本の出兵に先立ち、清国の開戦の意志を確かめること、および戦後の償金等の要求につき事前に列国の意志を確かめ、清国を分割するというようなことであれば、日本は出兵すべきではないという、慎重な意見を述べていた。さらに、事変が一段落した直後の九月には、「清国と列強」と題した論説を発表した（『東京経済雑誌』一〇四六号）。

「清国と列強」

その中で卯吉は、列国の清国分割の野心をそれぞれ説明して、「衷心清国の保全を希望するものは、独り我日本国なるべし」とし、日本が福建のような偏隅の地を得ても、北清の要地を欧州の強国に与えるようなことがあっては、むしろ不利益であると主張しながらも、一方では、清国を保全するために列強を敵にすることもできず、日本はいかんともしがたい境遇であるという。また、たとえ今回は清国は分割を免れることができても、久しく専制政治の下に屈伏していた人民は、韓国と同じように到底有力な政府を建設する見込みはなく、列強が清国の分割に乗り出せば、日本だけがそれを辞することはできないという。

日本のとるべき道としては、益々財政を整理して富強の実を挙げ、西欧列強の侮りを防ぐことに努めなければならないが、他方では、極東において孤立することは不得策であるので、中国四億の人民が日本の外援となるようにさせるための策は、あらゆる場合において尽くさなければならないとも主張した。従来の卯吉の対外論のトーンとはやや異なり、極東における日本のおかれた境遇について、そのジレンマを包み隠すことなく、悲観的な調子で述べたものである。

北清旅行

明治三十三年九月、卯吉は博文館の雑誌『太陽』の記者坪谷善四郎とともに北清・韓国への旅行に出発した。

仁川丸

九月十六日午後六時、新橋から汽車で出発し、十八日午後五時、仁川丸《じんせんまる》にて宇品《うじな》（広島県）を出港した。新橋停車場を出発のとき、卯吉は参謀本部次長寺内正毅《まさたけ》陸軍中将より、陸軍歩兵大佐宇佐川一正、砲兵大佐税所《さいしょ》篤文、二等監督辻村楠造、歩兵少佐立花小一郎らを紹介され、汽車中、船中にて極めて親しく語り合うことができた。卯吉にとって、軍事経済、東洋の形勢、日清戦争当時のことなど、知識・経験の全く異なる人々との会談は非常に有益に感じられた。

威海衛

二十三日は威海衛《いかいえい》の前を通過し、英国軍艦が停泊するのを見て、「誠に弱国の状況憫れむべきもの」と慷慨の感を催している。

天津

二十四日太沽《タークー》に入港し、翌二十五日は塘沽《タンクー》より汽車にて天津《てんしん》に行き、そこにて三井物産会社にある海軍陸戦隊本部で陸軍騎兵大佐秋山好古《よしふる》らから昼食の接待をうけた後、清国船に乗船して、通州にむけて白河を溯行した。通州までは六日間であったが、その間卯吉は、陸軍兵站部の優遇を受けて将校と飲食をともにした。この運河について卯吉は、「直隷北京をして遼金以後支那統一の地たらしめたるには大原因たるべし」（「清韓通信其二」、『東京経済雑誌』一〇五二号。『全集』八）と、歴史家らしい観察をしているが、住民が大小便を垂流しにする河水を飲料にするのにはずいぶんと閉口したようである。

北京

十月一日北京《ペキン》に到着し、七日まで滞在した。北京では主として第五師団の世話をうけ、中将山口素臣《もとおみ》師団長、西徳二郎公使らよりさまざまなもてなしをうけて、北京の処々を見物した。また、総税務司ロバート・ハートを訪問し、二時間にわたって清国の財政経済の事情を聞いた。七日に帰途につき、途中韓国に立ち寄り、帰国したのは三十一日である。

露兵の暴虐

卯吉がこの旅行で見聞してもっとも強く衝撃をうけたことは、北京に進撃した連合軍の殺人、暴行、略奪、破壊などの残虐行為である。ロシア兵がその最たるもので、フランス兵がこれについだ。それとは全く対照的な日本軍の規律の厳しさと勇猛さにも強い感銘をうけている。また、卯吉はロシアの態度について、列国間の協議事項を、特に日本に対してことあるごとに無視することに怒りを覚えている。卯吉の観察では、北清の外交は、そこに駐在する兵力の外交であり、日本がもし不足を感ずるなら、さらに兵を送るべきであるとも述べている。卯吉は帰国後、こうした感想を各地で演説し、またそれが『東京経済雑誌』にも掲載された。

『ジャパン・タイムズ』の批判

こうした露仏の残虐行為について卯吉が語ることについて、『ジャパン・タイムズ』が批判した。『ジャパン・タイムズ』はこうした事実があったことを否定したのではないが、この事実はすでに輿論の宣告を受けており、いたずらに国民の憎悪と偏見を煽ってはいけないし、国際関係の利害上からも、露仏はじめ西洋諸国との親和を害するような議論は知者のすべきことではないというものであった。

卯吉はこれに対して、まず、こうした事実は外国で報道されても、日本では秘密にされて報道されておらず、したがって世論の宣告は受けていないと反論した。また、この問題は一面では人道の問題であって、それを新聞記者が発言することは、政治とは関係がないし、政治問題であるとしても、恐れて黙するは知者のすべきことではないという。卯吉は『ジャパン・タイムズ』記者がこうして露仏をはばかるのは、露仏の兵の強いことを恐れるためであると、その姿勢を逆に批判している。むしろ、このような行為をする列国の兵は強兵とはいえず、政治上においても、こうした兵隊で戦争をすることの無謀さを勧告すべきであるというのである。

卯吉は、この後も海軍優先の軍備拡張論を変えたわけではないが、この北清での見聞は、後に日露開戦の強硬論に転ずる要因の一つとなった。

四　東京市疑獄と東京市公民会

東京市会汚職事件

東京市政は、卯吉らが参事会を辞職したことによって、まったく星亨らの郡市派の手に落ちた形になっていた。

ところが、明治三十三年（一九〇〇）十月になって、星配下の郡市派市参事会員の汚職が暴露された。これは水道管納入をめぐる贈収賄事件で、卯吉の盟友島田三郎が主宰する『毎日新聞』が暴露して攻撃を始めたのが、問題となったきっかけで、十一月になると、参事会員・市会議員が収賄の疑いでつぎつぎと拘引され、市参事会・市会の腐敗への批判、とりわけ成立したばかりの第四次伊藤内閣の逓信大臣となった星亨への攻撃はますます高まった。

東京市公民会の設立

こうした中、卯吉らによって設立されたのが東京市公民会である。そもそも、卯吉が所属する本郷中和会のように各区ごとの公民団体は存在したが、全市にまたがった組織はこれまでなかった。東京市公民会設立の計画は、この年の三月頃から進められていたが、先に述べたように卯吉はこの年の前半は病気で、その後九月から十月末まで清国へ旅行し、当初より計画に積極的に参加していた形跡はない。島田三郎によれば、立憲政友会創立の動きがあるころ、卯吉は東京市政を矯正する志があることを島田に語っていたが、たまたま北清事変が起り、さらに卯吉が北清へ赴いたため、その不在中に島田らが市政矯弊の運動を起したという。卯吉が帰国した十月末は、まさに東京市公民会設立の気運が高まりつつあるときであった。

創立大会

十一月九日、日本橋倶楽部において東京市公民会創立協議会が開かれ、各区の有志百四十余名が出席して、創立の方法等について協議した。ついで十二月八日、芝公園の弥生館にて、約二千人が参加して創立大会が開かれた。大会では、板倉子爵が仮会長に推されて開会を宣言し、卯吉が設立趣意書を読み上げた。「我東京市は十五区各結合を異にして、其間気脈の交通を欠くが為めに、市民の希望往々之れを遂ぐるの途なくして空しく沮止せらるゝことあり、……徒らに独立市制の名に誇りて、一も其実の挙らざるは市民の大に恥づべき所にあらずや、乃ち市会の外に有志の機関を設け、市会の行動を監し、其正を助け、その否を遏め、更に同志をして市政に参せしむるを要す、……」(『東

幹事長となる

京市公民会の組織」、『東京経済雑誌』一〇五六号)。つづいて谷干城・須藤時一郎らが演説し、「市政腐敗の結果、徒に市税を増加し、事務愈々紊乱し、市民は一日も此の不幸なる状態の下に立つに忍びず、故に本会は此の弊害を芟除するを以て目的とし、其の方法は之を評議員会に一任す」(『鼎軒田口先生伝』)という決議をなした。

この決議に従って、各区より評議員が選挙され、会長に二条基弘、副会長に谷干城・富田鉄之助が選ばれ、卯吉は幹事長として活動の中心となり、市参事会の決議や市会議員の活動などを調査する活動を開始した。

宮地正人『日露戦後政治史の研究』によれば、東京市公民会は「星・利光ら政友会系の市会支配と政治を利用しての実業活動に反感をもつ進歩党=憲政本党系政治家たちと、政友会系の市内政治組織化過程で、さまざまな理由でそこからおとされていった市内有力者層が中心」とし、「幹事長田口卯吉が『東京経済雑誌』を機関誌として使用しながらいっさいをとりしきった」という。

東京市政について卯吉は、「市町村の政務の如きは道路、橋梁、堤防、下水其他衛生、学校の事務の如きに過ぎず。何ぞ政争をなすへき程の事あらんや。然るに之を以て政争の具となし、終に其費を賄賂に求むるに至る、市政の紊乱之より恐るべきはなきなり」(「東京市政」、『東京経済雑誌』一〇五九号)という。つまり、市政は国政から分離されるべきで、

市政監督に関する質問書

国政の政争を反映する場、党派の勢力拡張の場となってはならならず、市政の運営は非党派的な「宿望ある元老」の手に委ねるべきであるというのである。

公民会の実際の活動は、結成の動機となった市参事会員らの収賄事件については、東京地方裁判所において予審が進行中であったため、調査結果を公表して世論に訴えることはできなかった。そのかわり、市政の紊乱については見過ごすことはできないとして、東京府知事千家尊福《せんげたかとみ》、内務大臣末松謙澄《すえまつけんちょう》に対して、東京市政を監督するよう求めたが、両者ともに回答はなかった。そのため卯吉はその年の末に召集された第十五議会において、政府に対し「東京市政監督に関する質問」を提出し、翌三十四年二月二十一日の本会議で、収賄事件の顛末を詳述してその理由を説明し、違法な決議に参与した東京市長・市参事会員に対し、政府がなんら懲戒処分等の措置をとらないのは、監督官庁としての職責を尽くさないものではないかとただした。これに対する内務大臣末松謙澄の答弁は、監督官庁としては、法令の範囲内で常に相当の監督を怠っていないこと、決議が不当であることと、懲戒すべき責任とは別問題である旨の内容であった。卯吉は質問趣旨の演説の中で、市政腐敗に関する星の責任を糾弾したが、星はこの演説のとき欠席していたため、あえて卯吉と論ずることを避けたと世間からは見られた。

当時、伊藤内閣はこの問題について、問題が政友会系の収賄事件であるだけに、内相末松謙澄と法相金子堅太郎が協議して、できるだけ審問の範囲を狭くするよう検事に圧力をかけた。とりわけ星に累が及ぶことは内閣にとって致命的であり、三十三年十二月末には、金子法相は星の不起訴を声明するとともに、星は身の潔白を声明して逓相を辞任した。

収賄事件は、明治三十四年五月四日、東京地方裁判所において第一審の判決があり、長谷川深造・太田直次・峰尾勝春ら十名に有罪の判決があった。

星亨刺殺

その直後の六月二十一日、星亨が刺殺されるという事件が起こった。

伊庭想太郎

犯人伊庭想太郎《いばそうたろう》は先に触れたように、幕末の剣客伊庭八郎の弟、卯吉・島田と同様に旧幕臣で、沼津時代に中根淑の門下として共に漢籍を学ぶなど知友の間柄であった（三五ページ）。教育者として評判が高く、一時は旧唐津藩主の小笠原長行《おがさわらながみち》に請われ、その嗣子長《なが》生《なり》の学業補導にあたったこともある。後に東京農学校長などをつとめ、一時は四谷区会議員となり、また日本貯蓄銀行創設にも関係した。卯吉によれば、伊庭は明治二十四、五年

星　亨

ころ学園舎を起こし、そこでの演説会に卯吉や島田はしばしば出演したため、親密な交際が復活したが、学園舎の活動が不振になったため近年は途絶えていたという。

しかし、田口と島田三郎はかねてより星亨の横暴を攻撃して来た立場にあり、そうした関係から、両人と犯人との間の教唆関係を疑うものもないわけではなかった。石川半山によると、警視庁から星の配下の壮士から暴行される恐れがあるので、会葬しないよう注意があったという。島田は葬式に出なかったが、卯吉は意に介せず、平然として参列した。

卯吉は、星の死の直後「星亨氏の横死を悼む」と題する文を『東京経済雑誌』一〇八七号（『全集』八）に載せている。その中で卯吉が述べるところでは、東京市の鉛管納入に関わる収賄などについては、みな彼の配下の罪であって、星自身が収賄した事実はないという。この点については、星は部下の党員が彼の権勢を利用して其の私利を営むことを抑制することができなかったにすぎない。しかし「其部下の曲事を庇護し東京市政を紊乱」したことは、まさに星の責任以外なにものでもなく、卯吉はそのことを攻撃することについては、何のためらいもなかったという。

また、卯吉は翌一〇八八号には「伊庭想太郎氏」（『全集』八）と題し、伊庭の紹介も行っている。その中で、卯吉は伊庭の動機について、個人的な怨恨ではなく、斬奸状に書かれているように、東京市の収賄事件が原因であるという。金銭に対し廉潔な江戸っ子の気風に加え、幕末に彼の兄伊庭八郎のような人物を生み出した伊庭氏の家系が、自らの生命を抛つ行為に駆り立てたとするのである。有泉貞夫著『星亨』によれば、伊庭には政治的背後関係はなく、前年の市会疑獄の新聞記事などを読み、星が自分の愛する「江戸の士風」を汚していると憎み、とくに伊庭が関わっていた教育界を星が引き廻し、「満天下の学生を堕落せしむること」に強い不快感を抱いていた。最終的に星殺害を決意したのは、星が儒教倫理を痛撃した六月十六日の東京市教育会での演説の新聞記事を読んでのことであったという。

江戸の士風

伊庭は無期徒刑となり、獄中で病死した。

またこのころの出来事として、明治三十四年八月八日、『東京経済雑誌』を会計の面から支えてきた望月二郎が肺結核で死去した。特に草創期の経済雑誌社において、望月の役割は大きかった。その当時のことを、卯吉は次のように語っている（「社員望月二郎君逝けり」、『東京経済雑誌』一〇九四号。『全集』八）。

望月二郎死去

我が経済雑誌社創立の初には、余が亡姉木村鐙子其の事務を処理したりしが、久しく之に干与し得べき身分にあらざるを以て、余は君に入社を請へり。当時君は大蔵省の官吏たりしなり。経済雑誌社創立の後三四年の頃は随分困難なる時代にてありき。而て当時種々の勧誘は余にも君にも来れり。余が富貴利達は却て経済雑誌を抛棄して他に方向を転ずるに存するが如く見えしこともありき。而して君の地位は更に有望なものにてありき。然れども君の心は金鉄の如くにして動かすべからざりき。故に余も亦心を動かさゞりしなり。

星死後の東京市公民会

星亨の死、およびその配下の有罪判決によって、郡市派（郡市懇話会）が勢力を失ったわけではなく、市公民会派との対立は続いた。ここでは、その後の東京市公民会の活動と卯吉と東京市政のかかわりについて概観しよう。

市町村会議員・市参事会員に関する法律案

東京市公民会は、腐敗を監視して世論を喚起し、監督官庁の職責を質すだけでなく、腐敗の原因となる種々の市制の不備の改正を求めていった。『東京経済雑誌』一一〇三号（三十四年十月）では「東京市政腐敗原因」（『全集』五）と題し、㈠市会議員・市参事会員の関係する銀行での公金取扱い、㈡助役の人数と選任方法、㈢市参事会員と市会議員の兼任の三点を市政腐敗の主要な原因として、この三点を改正すべく東京市公民会では、卯吉・須藤時一郎・銀林綱男を委員として、政府大臣をはじめ政財界の有力者への働きかけを行うことになったと伝えている。その結果を踏まえて卯吉は、市町村のために請負をしたり、金穀その他の物品出納の取扱をする者、あるいはそうした事業を行う法人の役員は市町村会議員・市参事会員となることはできない、市会議員は同時に市参事会員となることはできない、とする内容の市町村会議員及び市参事会員に関する法律案を起草し、明治三十五年一月、第十六議会に提出した。

衆議院特別委員会では、政府があらためて起草した法文に修正を加えたものが満場一致で可決された。参事会員たりえない者として、公金を取り扱う銀行役員を包含することが明示されたが、市会議員と市参事会員の兼任を不可とする条項は削除された。委員九名のうち、卯吉と三輪潤太郎以外はすべて政友会会員であった。

さらに本会議では、この法案に反対する郡市懇話会派の猛烈な反対運動が功を奏し、公金取扱銀行の役員の条項が削除された修正案が提出され可決された。貴族院では衆議院委員会の修正案が復活し、両院協議会では貴族院の意見が通過したが、衆議院が承認しなかったため、結局この法案は成立しなかった。

東京市会議員に当選

また東京市公民会は、市会において監査委員による市政監査を実現すべく活動したが、当初は市公民会自身は市会に大きな勢力を持たず、成果をあげることはできなかった。

明治三十五年六月に、市会の半数改選があった。卯吉も立候補し当選し、改選議席三十一名中十八名は公民会派が選挙された。ここにおいて、公民会派は、これまで敵視していた市会倶楽部派と交渉するなど多数派工作を行ってようやく市会の過半数を得ることができ、六月二十七日、市政監査委員を設置する建議案がほとんど満場一致にて通過

市政監査委員設置

した。

監査委員が設置によって、市政の腐敗の監視という、市公民会の大きな目的が達成された。そのことはまた、これまでの市公民会の存在意義の消失も意味していた。汚職の当事者はすでに政治生命を失い、その党類の市参事会員も市政監査の結果辞職した。当時の市長助役も交代した。取扱銀行の重役や請負業者の市会・市参事会からの排除も、法制は実現できなかったが、実質的には市参事会からは排斥された。市水道公債償還基金の銀行への預託を減却し、市の預金の小銀行への預託をやめるなどの市政弊害の除去策も実行された。そして、市会の各派の間にも、交渉妥協によって市政の刷新をおこなう機運が生じてきた。

須藤時一郎の死

明治三十六年四月十五日、旧幕臣で卯吉とは尺振八《せきしんぱち》の共立学舎以来の親交があった須藤時一郎が死去し、十九日に行われた葬儀で卯吉は東京市公民会を代表して誄詞（『東京経済雑誌』一一八〇号。『全集』八）を朗読した。須藤は、帝国財政革新会や東京市公民会などで卯吉と政治活動をともにしており、島田三郎と同様、卯吉にとってもっとも親しい政友といってよいであろう。

江戸ッ子の気風

須藤は真個の「江戸ッ子」の気風を存していたといわれるが、六月二十七日の『東京経済雑誌』一一八九号には「江戸児の気風」と題する評論が掲載された。これは、東京市刷新の実が挙がり、おおむね一段落した状況の中で述べられたもので、「金銭には極めて廉潔なること、恥を忍ひて利を得んとするか如きものなきこと、任侠にして一諾を重んすること」など、江戸っ子の美質を挙げ、東京市政の紊乱はこうした江戸っ子の気風を害するもので、これを放置すれば災いが後世に及ぶことを憂い、これまで批判・攻撃を続けてきたのだという。東京市刷新の運動のエネルギーとして、卯吉や島田・須藤、そして星を刺殺した伊庭想太郎のような、旧幕臣の江戸に対する誇りと愛着は、決して無視はできないであろう。

東京市公民会解散

七月に開かれた東京市公民会幹事会で、卯吉は東京市刷新の目的がおおむね達成できた形勢を述べて、東京市公民会解散の時節が到来したと演説した。ついで同月十四日、日本橋倶楽部にて評議員会および大会が開かれ、解散が決議された。

五　社会主義・労働問題と卯吉

明治三十四年（一九〇一）の星亨の横死の前後より、卯吉はしばしば労働問題につき執筆し、あるいは論争を行っている。

これには、当時、資本主義に反対する社会主義の立場から、労働問題を解決すべしと

社会民主党

いう議論が高まっていたことを背景としていた。こうした立場のグループは、『萬朝報《よろずちょうほう》』『毎日新聞』『二六新報《にろくしんぽう》』『六合雑誌《りくごうざつし》』などに拠って、運動を展開していた。例えば、四月九日の『萬朝報』では、幸徳秋水《こうとくしゅうすい》は「天下公衆に向つて、公々然堂々乎「我は社会主義者也、社会党也」と宣言するの真摯と熱誠と勇気とあるの人に非ざれば、未だ労働問題の前途を托するに足らざる也」と公言している。同月二十八日には、安部磯雄（社会主義協会会長、早稲田大学教授）、片山潜《せん》（雑誌『労働世界』主筆）、河上清（『萬朝報』論説記者）、幸徳秋水（同）、木下尚江《なおえ》（『毎日新聞』論説記者）、西川光二郎（雑誌『労働世界』）が会し、「社会主義を取る政党組織の事を協議」し、名称を「社会民主党」とすることなどを決定した。社会民主党は、五月二十日に結社届を出したが、即日禁止となつた。

「労働保護問題」

こうした中、卯吉は五月二十五日の『東京経済雑誌』一〇八二号に「労働保護問題」（『全集』二）と題する論文を掲げ、当時高まっていた、労働者保護のために労働時間を法的に制限しようという議論に対する反論を展開した。卯吉は、労働時間が制限されれば、製造主は職工を増やして生産を維持するであろうから、結局、職工一人あたりの賃金は低下すると述べるとともに、資本家の利益と労働者の利益は相容れないとする社会主義的な議論を否定し、資本家の利益の増大が賃金相場の増大につながるとした。

豊原又男の反論

卯吉の「労働保護問題」に対し、豊原又男からの反論が、経済雑誌社に寄せられた。

卯吉はそれを『東京経済雑誌』の寄書欄に掲載するとともに、社説において反駁し、相応酬すること四回に及んだ。豊原は明治五年（一八七二）、旧峰岡藩士族の子として生まれた。労働問題にも関心が深かった佐久間貞一《ていいち》に認められて秀英舎に勤め、佐久間の死後の明治三十二年、『日本の労働と調和』を出版した。また、佐久間が物心両面にわたり支援した横山源之助とともに社会調査に従事し、同年に発行された横山の『日本之下層社会』には、豊原は巻末に一文を寄せている。

労働時間の短縮

卯吉と豊原の論争は和田強の論文「『東京経済雑誌』上に展開された社会・労働問題論争」（杉原四郎・岡田和喜編『田口卯吉と東京経済雑誌』所収）に詳しいが、その争点は労働時間の制限と婦女子労働の禁止についての二点に集約される。労働時間の制限については、卯吉が労働時間と賃金の関係についてあくまで自由主義経済学的な需給原理でとらえていたのに対し、豊原は労働効果という観点から反論し、製造主に不利にならない範囲において労働時間の短縮が可能であるとした。しかし卯吉は、労働時間を法的に制限すれば生産コストを引き上げて結局は労働者の不利益となり、労働時間の短縮は製造主の裁量によってなされるべきであり、法律で制限すべきものではないと主張した。婦女子の

婦女子の労働

労働については、豊原の「婦女小童をして長時間の労働に服せしむるときは遂に其の健康を害し道徳を破壊するものもあれば、此等に適当の保護を与ふるの必要あり」という

意見に対し、「是れ衛生問題若くは道徳問題にして経済問題にあらざるなり」と述べ、結局、両者の議論は平行線をたどった。

労働問題は経済問題

製造主に信頼を寄せ、その自由な経済活動を拘束すべきではないと考える卯吉と、労働者の保護という観点から製造主を罪悪視する豊原とは相容れないのは当然であるが、卯吉の思想を考える上で重要な点は、卯吉が労働問題を純粋な経済問題ととらえ、社会問題とは切り離している点であろう。それは、卯吉が労働者の立場に冷淡ということではない。卯吉は一方では資本の増加が労働者の賃金増加につながると考え、他方で衛生・道徳問題は社会問題として別個に、場合によっては政府の干渉によって解決すべきであるが、経済問題としての労働問題は、社会問題と混同してはならないとするのである。

『萬朝報』との論争

こうした経済問題と社会問題を切り離して議論する姿勢は、当時においても反対者にはなかなか理解されなかったようである。このあと、三十四年九月から十一月にかけての『萬朝報』との論争では、「博士、足下は貴族、政治家、資本家、地主とのみ交際することを止めて今少しく労働者と交語せよ」と批判されたのに対し、卯吉は「是れ余を知らざるの言なり。余を知るものは余が貴族、政治家、資本家、地主に阿らざると同時に、労働者にも諛はざることを知るべし」と応え、「萬朝報記者は労働保護の問題に関しては熱心なる賛成論者なり。蓋し記者の如く平等と友愛との主義に薫陶せられて、而して経済の理を講ずるの遑なきもの、大約此の（経済の理を知らざる）弊に陥らざるなし」と述べた（『東京経済雑誌』一〇九九号、「萬朝報記者に答ふ」。『全集』二）。これに対し『萬朝報』は「博士は吾人を以て友愛平等の主義に偏して経済の理を知らずと罵れり。然れども吾人は唯だ賃金の高低を見て、道徳、教育、衛生を破壊するも省みざるの経済学あるを知らざる也」「衛生道徳の上より婦人小児を保護するの法は、是れ現時欧州諸国の輿論也、通論也。博士は今の労働問題には資本家の懐中を肥すの外に衛生道徳教育其他重大なる諸要件あるを忘る可らず」と卯吉を批判するのである。

このように、労働問題を純然たる経済の問題として、経済的合理性の観点から論じようとする卯吉と、人道的見地より労働者の立場に立ち、資本家階級を敵視する社会主義的論者との論争は、平行線をたどるのみであった。卯吉はまたこの年、津久井誠一郎ともさかんに論争を行ったほか、社会主義者と一線を画そうとする社会政策学会をも批判し、葛岡信虎と論争を行っている。翌年には、工場法をめぐって山口精一と論争し、山口の工場法擁護論を批判している。

津久井誠一郎・葛岡信虎・山口精一と論争

これより先、明治三十二年（一八九九）五月、卯吉は「ロッシエル氏商工経済論を読む」と題する演説を東京経済学協会にて行い、ドイツ歴史学派経済学の創始者の一人である

ロッシャー批判

ロッシャーの批判を行った（『東京経済雑誌』九八〇―九八六号。『全集』三）。その冒頭で「余は経済学を以て一箇の科学、即ち『サイヱンス』となさんと欲するに切なり。故に経済と云へる文字の濫用せらるゝことを好まざるなり」と述べているように、科学であるはずの経済学に、科学ではない歴史研究の方法論を持ち込むべきではないというのは、卯吉にとっての当然の批判である。もっともこの演説での批判は、そのことよりも、ロッシャーが商業国の衰退について、国民の徳義の頽敗・気力の萎微によって説明しようとしてしている点にもっぱら向けられた。ロッシャーの書を経済学ではなく、社会学としての歴史の書として見た場合、古来よりの商業、および商業国の興廃の原因を探求すること自体には、大いに興味をそそられたのである。

卯吉の考えでは、国家の盛衰はもっぱら政治上の問題で、商業とは一応切り離して考えるべきで、人民が自らの利益のために商売を行っている（つまり自由貿易）限りは商業はけっして衰えることはない、古来商業国の滅亡ということは数多くあるが、それは商業上の問題ではなく政治の問題であるという。卯吉は、ロッシャーを批判することによって、自らの商業史を著す必要を感じた。こうして発表されたのが『商業史歌』（『全集』二）である。これは最初、明治三十二年七月から翌年にかけて『東京経済雑誌』に連載されたが、しばしば中断し、三浦安に促されて三十四年六月、一冊の本として上梓され

『商業詩歌』

た。

瀧本誠一

「経済学は心理的科学なり」

経済学協会における卯吉のロッシャー批判演説に対し、その席上で反対意見を述べたのが、後に同志社大学・慶応大学の教授となり経済史の権威として有名になる瀧本誠一であった。瀧本は二年後の三十四年五月、経済学協会で「経済学研究の方法」と題する演説を行い、さまざまな経済学派の論点を紹介した後、卯吉が過去にロッシャーを批判したが、実はアダム・スミスが国富論で描こうとしたのは「ソシアル・フィロソフィー」で、ロッシャーと大きな違いがないのではないかと論じた。卯吉は、持論である経済学は科学であるという立場から反対意見を述べるとともに、その次の例会において「経済学は心理的科学なり」と題し、反論を展開した。経済学協会での両者の論争は、さらに瀧本が九月に「田口博士の駁論に答ふ」と題して演説し、これに対し卯吉は十一月に「経済学の性質に関して瀧本君に答ふ」と題して演壇に立った。また、津久井誠一郎も卯吉を批判する論説を『東京経済雑誌』に寄せた。

これら一連の議論は、松野尾裕著『田口卯吉と経済学協会』に詳しいが、要するに瀧本が経済学と国家を不可分と考えるのに対し、卯吉は経済学と経済論・経済政策とを区別し、科学としての経済学は自然の理法を解き明かすべきもので、両者を混同してはならないという立場で、結局平行線をたどった。松野尾は「田口が経済学はメンタル・サイエンスであるという主張にゆきついたことには、経済活動をはじめとして人間の行動の究極的な拠り所は「自然の理法」に支えられた自己自身のうちにしかあり得ないという田口の、生涯を通じての、確固とした思いが、どこか深いところで結びついていたに違いない」と評している。もっとも、卯吉の主張は確乎として揺らぐことはなかったが、社会政策学派が台頭する当時にあって、学説的にはもはや少数派であった。

瀧本は後に大正十二年（一九二三）、経済学協会主催のアダム・スミス生誕二百年記念会においてこの論争を回想し、「当時スミスの学説が時代後れであるといふので、欧羅巴諸国に於ても尊重する者がなかつた為めに、自然私もスミスの説を以て時代に適合せざるものと信じ」、卯吉に論争をいどんだものの、「若年の悲しさとでも云はふか、議論に於てはとうとう私が負けて仕舞ひました。併し数年の後には日本の学会に於てスミス派の学説を述べる者は殆んどないといふ有様になりましたので、私は議論の上では負けたけれど、実際に於ては勝利を得たものとして喜んだものであります」（『東京経済雑誌』二二三五号）と述べている。

それでは、卯吉の議論は、全く時代遅れのものになってしまったのだろうか。瀧本は続けて次のように語っている。

爾来年を閲すること三十有余、其間幾多の変遷を経て今日に及んだのでありまするが、今にして当時を思へば誠に其変化の著しいことに驚かざるを得ないのでありま す。即ち最近矢釜しく議論されてゐる社会政策、労働問題等の如きは其最なるもので、それが為めに往年力説したる私の経済学説は大に束縛されて来たのであります。之れは全く我国に於ける凡ての制度が干渉政策に陥つた結果に外ならないのであります。今日の如く凡ての事業が政府の直営となり若くは其干渉を受けるといふ様なことでは、民間に於ける経済的活動の余地なきに至るべきは勿論、経済的方面に於ては遂に奴隷国民となるの外はなからうと思ひます。此見地に立て我国の現状を考案するときは二百年前に於ける学祖アダム・スミスの学説の如何に尊敬すべきかを知ると同時に其主張せられたる自由貿易に立戻つて大に学ぶの必要あることを痛感せざるを得ないのであります。

第七　日露戦争と卯吉の死

一　地租増徴継続問題と海軍拡張

対外商業政策に関する質問書

第十六議会中の明治三十五年（一九〇二）三月六日、卯吉は対外商業政策に関し質問書を政府に提出した。

これに先立つ一月三十日、日英同盟が調印され、二月十二日桂太郎首相・小村寿太郎《こむらじゅたろう》外相はそれぞれ貴衆両院において報告し、同盟の目的は、極東の平和をますます強固にするとともに、清韓両国における日本の権利・利益を保全することであると説明した。

日英同盟

議会ではこれに対する質疑は行われなかったが、卯吉の質問には、日英同盟によって政府がどのような対外戦略をとろうとしているのか問いただす意図もあったと思われる。

元来、自由貿易主義者の卯吉は、日清講和に際して直隷省割譲を要求すべしと積極的に主張したことはあったが、基本的には領土獲得に消極的で、貿易の振興による経済発展を目指すべきだと考えていた。ところが、北清事変後の列強の中国での経営の実態がしだいに明らかになり、そこに卯吉の目に映ったものは単なる領土経営ではなく、自由港と鉄道を組み合わせた商業上の競争、つまり自由港を拠点とした「貿易上の帝国主義」であった。質問書の中で卯吉は、ドイツが膠州湾《こうしゅうわん》を、これに対抗してイギリスが秦皇島《しんのうとう》を、さらにロシアはシベリア鉄道と東清《とうしん》鉄道によって本国と結ばれる大連《だいれん》を、それぞれ自由貿易港として一大貿易拠点としようとしており、政府はいかなる商業政策をもってこれらの自由港政策に対抗しようと考えているのか質問したのである。

貿易上の帝国主義

内閣は、この質問の意味が明瞭を欠き、答弁をすることができないと答えたため、翌日卯吉は質問の理由を演説した。その中で卯吉は、このように欧州諸国が東洋において自由港の競争をしようとしているのに、日本がなすことなくこのまま推移すれば、日本の貿易は広東《カントン》が香港《ホンコン》のためにその地位を失ったようになってしまうと警告し、長崎港を自由港にすることや、京釜《けいふ》鉄道をさらに延長してシベリヤ鉄道に接続し、仁川《じんせん》・釜山《ふさん》を自由港として大連に対抗する策などを提議している。

自由港政策

卯吉にとって、自由貿易主義は帝国主義と対立するものではなかった。むしろ真の帝国主義は自由貿易主義であると思えたのである。卯吉は言う。領土を拡張して宏大なる帝国を建てるのに外国品の輸入を恐れるのは「小胆なる帝国主義」にすぎない。外国品を自由に輸入してこそ大帝国を建設する基である。少なくとも貿易だけは帝国主義でいかなければならない。英独露等の諸国が東洋において自由港の政策を用い、多くの人口をその港に集めて、将来にむけての拠点作りを進めているのは「貿易上に於る帝国主義」にほかならない。このようなときに「小胆なる孤立主義、鎖港主義」をとっていては、将来これらの自由港が香港のように盛大となったときには、これら自由港が都会で日本は田舎という関係になってしまう。つまり、貿易の拠点は都会である自由港に握られ、田舎である日本の貿易は、都会である自由港を経由してしかなされない状況に陥るだろう、と。

この後も卯吉は、同年五月に「自由貿易論」(『東京経済雑誌』一一三四号、『全集』三)を発表して、自由貿易論を展開して保護主義を批判し、翌明治三十六年八月には「東洋自由港の競争」(『東京経済雑誌』一一九五号、同四)と題して、右の演説と同様の主張を行っている。

第七回総選挙

明治三十五年八月十日に行われた衆議院総選挙は、議会開設以来はじめての任期満了による総選挙で、かつ改正された衆議院議員選挙法にもとづくはじめての選挙でもあった。

選挙法改正

選挙法の改正については、卯吉はこれより先、明治三十一年二月に『東京経済雑誌』九一四号に掲載した「選挙法改正せざるべらず」(『全集』五)を皮切りに、改正の必要を

都市部議員

さかんに論じていた。当時衆議院は、都市部を代表する議員は三百名中十七名に過ぎず、他はすべて郡村の代表であった。卯吉は、衆議院は一方でいかに必要な法案であっても、地租の増徴にわずかにでも関係するものはすべて否決しながら、他方では地租に関係がなければ政府に盲従する弊害に陥っているとし、この弊害を除くためには地主に偏した選挙法を改正しなければならないと訴えた。卯吉のこうした議論は世論を動かし、政府もまた地租増徴実現のため商工業者選出の議員を増加する必要を感じ、第三次伊藤内閣は第十二議会で選挙法改正案を提出したが成立せず、かわった第二次山県内閣も第十三議会に提出してまたも不成立、同内閣のもと、明治三十三年（一九〇〇）二月二十三日、第十四議会にてようやく成立した。

大選挙区か小選挙区か

改正の争点となったのは、主として大選挙区か小選挙区か、市部を独立させるか、および議員総数など選挙区についての問題であり、その他、投票方法（記名投票か無記名投票か）、選挙人の資格なども問題になった。第十四議会では、政府は大選挙区制などを骨子とする第十二議会の案を若干修正した改正案を提出、衆議院ではこれに対し卯吉の案などいくつか修正案が出され、卯吉らをメンバーとする特別委員会が設けられ、小選挙区制などを盛り込んだ修正案を可決した。

このとき卯吉は、ぜひともこの議会において選挙法改正案を可決させたいと考え、一文を草し貴衆両院議員に配布した（「衆議院議員選挙法改正案に関して貴衆両院議員諸君に告ぐ」、『東京経済雑誌』一〇一五号、明治三十三年二月三日。『全集』五）。この中で卯吉は市部選出議員の増加、小選挙区制の必要などを強く訴えた。しかし、貴族院は大選挙区制など政府案に近いかたちで修正可決、衆議院はこれに不同意を表明し、両院協議会が開かれることになった。両院協議会の協議には、卯吉は前述のように腸チフスに罹ったため関わることはできなかったが、結果、大選挙区制（一府県一選挙区、市部は独立選挙区）を骨子とする改正案が成立したのである。

大選挙区制となる

明治三十五年の総選挙はその初めての選挙である。市部は独立選挙区となったが、これも大選挙区が適用されて東京市は全体で一区となった。卯吉はふたたび立候補したが、選挙活動を旧選挙区の本郷区（文京区）・下谷区（台東区）を根拠地として限定し、友人候補との競争は避けるようにつとめた。そのため、辛うじて当選したものの、定員十一名中の最下位で、次点との差はわずかに六十三票にすぎなかった。後に十月十九日、早稲田大学開校式後の大隈邸での園遊会で、伊藤博文と話す機会を得た卯吉は、最初に政府案として大選挙区制を打ち出した伊藤に向かって今回の選挙法のために大いに苦しめられたと切り出し、大小選挙区の得失などを話題にした。

最下位で当選

地租増徴継続問題

同年九月、桂内閣が地租増徴継続を決定したという風聞が伝わった。『東京経済雑誌』

一一五一号でそれを伝えるとともに、この議会でそれを打ち出せば、議会での強い反対は避けられず、内閣にとって致命的となる可能性を指摘していた。それを実現するためには、立憲政友会の賛成が不可欠であった。同誌では、政友会総裁伊藤博文は「地租の非継続を唱ふるは、無責任論者の事なり」と述べ、政友会が将来内閣を引き受けるためには地租継続に賛成することが必要である、と語ったと伝えるとともに、はたして伊藤がリーダーシップを発揮して政友会を賛成に回らせることができるかどうかの危惧を表明している。また、内閣としては、次の議会ではとりあえず行財政の整理を争点とし、増租継続はその期限（明治三十六年十二月）となる次の議会で実現することにすれば、内閣の延命策になる可能性も指摘している。

政友会の反対

桂としてもそのことは十分承知しており、伊藤政友会総裁の協力の内諾を得て、内閣として増租継続に踏み出すことを決定した。ところが、やはり卯吉が危惧したように、伊藤は政友会内の継続反対の空気を抑えることができず、議会を目前にして反対に転じた。桂内閣は成り行き上、増租継続案を撤回することはできず、十二月六日に召集された第十七議会では、第三期海軍拡張計画の財源として、五年間の時限立法であった地租増徴を継続する法案を提出した。これに対し、政友会と憲政本党は共同で桂内閣に反対の姿勢をとることになった。

継続案を支持

卯吉は、これまで述べてきたように、地租増徴が実現するまで一貫してその必要を訴えており、海軍拡張にも賛成であった。しかも財政基盤の確立という観点からも、今回の地租増徴継続問題はぜひとも必要であると考え、卯吉は継続案では内閣を支持する立場をとっていた。もっとも、この議会で桂内閣が海軍拡張を追加予算ではなく本予算として提出し、加えてその財源として増租継続案を同時に提出したことについては、作戦を誤ったものと考えていた。卯吉が考えるところでは、海軍拡張案は追加予算でよく、また増租継続はその期限目前に召集される議会で提出すればよいというのである。

政友会・憲政本党は提携して地租増徴継続に反対し、十二月十六日特別委員会において増租継続案は否決され、本会議での討議に移された。卯吉は、増租継続の已むべからざる理由を説明したが、効果なく、否決されようとしたため、政府は議会の停会を命じた。

議会解散

さらに二十八日、政府は議会を解散した。卯吉は『東京経済雑誌』一一六四号（『全集』六）において、歳出予算を審議せずして歳入案を否決することは立憲的な行為ではないとして、政党を批判した。

三男泖三郎誕生

年が明け、明治三十六年一月三十一日三男泖《りゅう》三郎が誕生した。卯吉四十九歳の子である。

第八回総選挙

卯吉は解散後の総選挙においても再び出馬し、市内各所で政見発表演説会を開いた。

その中で、卯吉は、軍備拡張をはじめ日清戦後の積極政策は多くは商工業者の負担によってなされてきた、ところがいま、政党は「海軍拡張は必要である、地租は軽減すべし」というが、それは出来ない相談である、地租を軽減すれば他日かならず営業税・所得税などの増税となるに違いない、と商工業者の利害感情に訴えた。そうした演説のうち、二月二十日に京橋新富座《しんとみざ》（中央区）で演説した内容を『財政と経済』（『全集』六）と題し、出版した。

『財政と経済』

当選

三月一日に行われた選挙の結果、卯吉は上位当選を果たした。

増租継続案の撤回

ところが地租増徴継続問題は、すでに総選挙以前に政府と立憲政友会総裁伊藤博文との間で妥協交渉が成立し、明治三十六年五月に召集された第十八議会では、その約束に基づいて政府は地租増徴継続法案を撤回し、行財政整理・鉄道建設事業等の繰延べ、公債募集等で海軍拡張費を補うこととなった。卯吉は地租委員会において、公債募集の非を論じ、増租継続に替わる海軍拡張費の他の財源があるならば審議したい旨を論じたが、黙殺され、増租継続案は否決された。卯吉はその当時の憤懣を次のように記している（「十八議会の結果如何」、『東京経済雑誌』一一八七号）。

政府を助けて増租継続を主張したるものの如きは最も馬鹿を見たるものと謂ふべし、彼等は桂内閣に於て議会を解散するまでの決心あることを認めたればこそ熱心に民党と戦ひたるなれ、若し桂内閣にして中途にして挫折することを知らば、斯く迄に尽力せざりしなるべし、恰も新田義貞が比叡山に於て奮闘するに当り、後醍醐帝が足利尊氏と妥協したるが如し、義貞の不愉快は世人の推測すべからざるものあるべし。

二　日露開戦強硬論へ

関西旅行

議会閉会後、六月末から七月上旬にかけて、卯吉は石川半山を伴って関西方面を旅行し、園城寺（三井寺）の宝物を見物、大阪では内国勧業博覧会を見学し、また所々で講演も行った。

日露関係の緊迫

この頃、ロシアの満洲（中国東北部）での軍事力増強が顕著となり、日露関係が緊迫した。政府は、明治三十六年（一九〇三）六月二十三日御前会議を開き対露問題の基本方針を決定、これに基づき七月二十八日、ロシアに対して満韓問題に関しての商議を提議し、交渉が開始されることになった。こうした動きを察知してか、六月二十七日の『東京経済雑誌』一一八九号は「日露開戦と財政整理」と題し、株式市場の景況による判断として、日露関係の緊迫により相場は頭を押さえられつつあり、その解決のためには干戈に訴えるしかないかもしれないが、そのためにはあらかじめ開戦の目的を定めなければならないし、財政整理も必要であることを訴えた。

開戦論には慎重

日露の協議は秘密外交に属し、その詳細は国民に知らされなかった。一方国民の間には、満洲での第二期撤兵を履行しないロシアに対しての強硬論が沸騰し、八月九日には対露同志会が結成されている。その中で卯吉も、この頃対露問題についての意見を表明しているが、当初は必ずしも強硬な開戦論ではなかった。

たとえば八月一日の『東京経済雑誌』一一九四号では、「露国は今日に於ては迚も戦争を為し得べき国にあらず、若し之を為せば急戦を望むべし、久しく大兵を遠裔の地に駐屯するが如きは、露国の財政上大に困難を感ずる所なるべし」(「政界時事」)と楽観的な推測を述べ、また、満洲問題は北清事変処理の延長線上にある問題であり、日本政府が単独で当るのではなく、列国に対して露国の行動を訴えるのが至当であると述べている。「徒に兵を動かし、勝つも国家に利する所なく、破るれば国民をして悲境陥ゐらしむるが如き挙措は、日本政府の決して採るべき所にあらざる也、之を要するに、満洲問題が現時の状況に放置せらるゝは、露国にも不利にして、東洋にも有害なることなれば、余輩は北清事件に関係せる列国が、速に之を処分するの義務あることを認むるものなり」という。

満韓交換

その後、九月十二日の『東京経済雑誌』一二〇〇号の「日露の交渉」(『全集』五)では、日本政府よりの提案について、その内容の詳細は不明であるとしながらも、日本より新たな提案をすることは、自ら妥協を求めることになり、いわゆる足元を見られることになる、むしろ、ロシアが満洲撤兵の条件として清国に持ち出す要求に対し、日本は強硬に拒否し続けるほうがよいとのべる。特に世上聞こえる「満韓交換」については、「満洲問題は之を露に与へざる間は永く東洋の未決問題たる性質を有するもの」であるから、「之を露に与へて解決せんよりは之を与へずして未決問題となすこと」がよいと、その不都合を明言する。さらに韓国・満洲におけるロシアの動静を伝えた上で、「露国は種々に我を刺激するものと云ふべし、嗚呼終に最後の手段に訴へざるべからざるか」と結んでいる。

対露強硬論へ傾斜

このように卯吉は、不調のまいたずらに時日ばかりが遷延する政府の対露交渉の手際に対する不信を抱き、談判は結局は失敗するという見込みを抱いていたが、対露交渉が実際に不調な中でロシアの満洲への軍備増強がますます顕著になると、交渉の遷延によって日本は軍事的に不利な立場に立たされるという認識を深め、強硬論へと急速に傾斜していった。

時局問題大懇親会

卯吉は島田三郎・箕浦勝人《みのうらかつんど》・大岡育造らと謀り、東京にある新聞社・雑誌社を網羅して時局問題大懇親会を発起し、十月二十八日神田錦輝館にて演説会を開催した。この時の卯吉の演題は「大国民たるの時機」である。さらに十一月十日、帝国ホテルにて貴衆両院議員、東京府会議員・市会議員を網羅して大懇親会を開催し、「吾人は信ず、時局を今日の儘に推移するは我邦の利権を保全し、東洋の平和を維持するの所以にあらずと、故に挙国一致当局者をして速に断然たる処置に出でしめんことを期す」との決議を行った。十一月中旬には大阪へ行き、大阪の新聞記者とともに懇親会をひらき、同様の決議を行った。この頃、卯吉は、民間人の過激な煽動を好まない政府によって、尾行の探偵がつけられたという。

大阪における演説

大阪で行なった演説「満洲問題に関する日本帝国の位地」では、次のように述べている(『東京経済雑誌』一二二一号。『全集』五)。

若し露国が今日の如き不法の態度を以て満洲を占領するに於ては、他日支那帝国の独立は殆んど危いのであります。支那帝国の独立にして危うければ朝鮮も迚も支へられません。然らば即ち東洋の平和は常に擾乱せらるゝのみならず、日本帝国も実に危険を感じます。故に此の如き場合に於ては如何に平和を冀望する日本国民も最早耐忍すべからざるの境遇に立ちましたことゝ信じます。……然るに露国は爾来益々強硬の外面を装ひ軍艦を送り石炭を送り、盛んに軍隊を満洲に入込ましめ、奉天府を占領して居ります。是れは或ひは干戈に訴へて此の問題を解決せんとの内心ではありませんか。私は桂内閣が空く露国の返辞を待ちて時日を経過する間に彼は十分なる準備を為し、此の戦争をして意外に大なる戦争たらしむることを恐るゝものであります。

このように卯吉が急速に開戦論への傾斜していった背景には、彼がもっぱら論じてきた経済面からも、満洲問題の未解決が経済上悪影響を及ぼしているという認識もあった。また、明治三十三年、北清事変後の清韓視察での、ロシア軍の残虐行為の見聞も大きな影響があった（前同）。

露兵の残虐

況んや露国の軍隊の乱暴狼藉なるや、実に身の毛も「ヨダツ」程であります。私は明治三十三年北清事件の後、北支那を巡回致しましたが到処露兵の乱暴を聞きました。殊に通州に於ては身を汚されたる婦女が恥ぢて自殺したる者が三百七十五人ありました。是れは専らコサック兵の乱暴の結果であります。……此の如き乱暴なる軍隊が漸く我が邦に近づいて参りますのは如何にも恐るべきではありませんか。

こうしたロシア兵が残虐であるということ、さらには国家外交上においてもロシアは不法・不当な行為を行っているという認識は、卯吉の内心で「ロシア伐つべし」という意識へと結びついていった。また、一方で「我が兵士の働が外国に勝つて居る」こと、

「英国の有名なインドの「セポイ」とか、或は露西亜の「コサック」兵などを、日本の兵に比較して見ると、遙かに劣つて居」ることも清韓視察で見ている（「日本経済界の大変動と軍人遺族の困窮」、『東京経済雑誌』一一八八号。『全集』五）。先に触れたように、卯吉は、ロシアが極東で戦争を続ける能力には限界があると見ており、こうした日本の軍隊への信頼もあって、「ロシア組みしやすし」という、楽観的な認識を持っていたことも否定できない。

「征露歌」

明治三十六年（一九〇三）十二月に召集された第十九議会では、衆議院議長河野広中が、単に敬意を表することが慣例となっていた勅語奉答文の中に、内閣弾劾の意を込めた文言を挿入して朗読するという事件があり、桂内閣は議会を解散した。

総選挙は翌三十七年三月に行われることになったが、この間二月四日、日本政府はロシアとの交渉打ち切りを決定し、六日ロシアに国交断絶を通告、十日宣戦布告した。

卯吉は交渉の破裂を知ると、次のような「征露歌」（『東京経済雑誌』一二二六号。『全集』八）を作っている（一節のみ紹介）。

我が日の本は　　敵国の
馬蹄に汚れぬ　　皇国《みくに》なり
蒙古の大軍　　大陸を

蹂躙したる　　余威をもて
我に入寇　　　したりしも
見よ西海の　　藻屑《もくづ》たり
　進めよ男児　進みて敵を踏破れ

開戦後、卯吉はそれまで開戦論を唱え、同志の言論人と行っていた運動を発展させる形で、ただちに「国民後援会」を組織する運動に着手した。

国民後援会

二月十四日、東京新聞雑誌関係者の発起による、国民的後援方針に関する有志協議会が帝国ホテルにおいて開かれ、卯吉はその座長をつとめた。そこでの決議は、「一、軍国債の募集を助け出征軍人に対する国民的後援の実を挙ぐること、一、中央及び地方の政費を節約し以て国民の国債応募力を絶大ならしめんことを政府に勧むること、一、金融円滑の便法を講じ小資本の実業的活動を助けしむること」というものであった。卯吉はさらに実行委員十七名を指名し、みずからもその一人となった。十六日には歌舞伎座において大演説会を開催。非常な盛会で立錐の余地がなかったという。卯吉の演題は「大国民たるの時機愈よ来れり」(『東京経済雑誌』一二二二号、『全集』五)であった。

第九回総選挙

三月一日に総選挙が行われた。当初卯吉は、政界を退き著述に専念する意を支持者に洩らした。しかし、これまでロシアとの戦争を熱心に主張し、開戦後も国民後援会など積極的に戦争支援の運動をはじめた経緯もあり、また、支持者の要請もあって、再び立候補し当選した。

卯吉は総選挙直後の三月三日より、円城寺天山・石川半山らとともに国民後援会の講演旅行に出発、京都・大阪・名古屋の各地を講演し、先の決議の国民への浸透に努力し、また自らも軍国債の応募に応じた。

予算内示の濫觴

日露戦争の財政については、明治三十六年末に召集された第十九議会は、勅語奉答問題で解散されたため、ロシアとの緊張が高まりながらも予算不成立となり、そのまま開戦を迎えていた。卯吉は開戦直前、『東京経済雑誌』一二一九―一二二一号に「如何にして国庫を裕にすべきか」（『全集』六）と題し、税制の改良によって国庫収入を増やす方策を提示していたが、二十議会の召集を前にして、政府首脳や政党の領袖等に対し、すべての行きがかりをすてて協力するよう働きかけた。こうしたことが効を奏したのか、桂首相は開会直前に貴衆両院の主な代表者を官邸に招待し、戦時財政計画を内示して賛同を求めた。いわゆる「予算内示の濫觴」である。

衆議院では内閣と立憲政友会・憲政本党の交渉を中心に妥協がはかられたが、予算の財源となる増税案については、それほどすんなりと議会で承認されたわけではなく、いくつかの修正を経て通過した。このうち、絹布税・塩消費税および塩専売法の廃棄は卯吉の強く主張していたものである。そのほか、結局実現しなかったが、卯吉は毛布税の廃案も強く主張していた。卯吉がこれらの増税案の廃案を主張したのは、増税も必要であるが戦費調達には主として公債に依存しなければならず、公債の応募には商工業者が有望であると考えていたからである。商工業者はすでに所得税・営業税・市街宅地租など特別な負担をしており、公債募集のためにも商工業への打撃はできるだけ少なくすべきというのである。また卯吉は、戦時増税等による不景気により「金融閑慢」になることから、公債に応募可能な資金はかえって潤沢になるという見通しを示し、日本経済には募債に応じるだけの余裕が十分にあるという意見を『東京経済雑誌』一二二五―一二二七号に連載して訴えた（「日本経済上の戦闘力果して幾何ぞ」。『全集』六）。実際にも、国内での募債は順調に進んだ。

増税と公債募集

黄禍論

戦争が始まると、ロシア側は欧米諸国の日本に対する同情を殺ぐため、黄禍論《こうかろん》を盛んに唱えた。「黄禍論」とは、黄色人種の同盟が勃興して、将来白色人種に禍害をあたえるであろうという、欧米人によって行われた議論である。特に日本人に対しては日清戦争後、ドイツ皇帝ウィルヘルム二世によって、ロシアの関心を東方に向けさせる意図もあり、さかんに喧伝されたという経緯があった。

卯吉は、このことに敏感に反応した。ひとつには、欧米での日本への同情が、日本の

ロシア人は韃靼人の末裔

日本人種は黄人にあらず

外債の人気にも影響するからである。けれども卯吉にとってはそれ以上に、偏見に基づく人種差別論として受け容れがたいものであった。四月十六日発行の『東京経済雑誌』一二三〇号では「此の言や、特に一時的のものにあらずして、永く日本国民に対する評語なり。故に余は之を冷笑に付して黙過するを得ざるなり」と卯吉は述べる。また、満洲での横暴は、ロシア人こそが「黄禍」にほかならないことを示している、なぜなら、黄禍の歴史的事実として韃靼人《だったん》（モンゴル人）による西欧世界の災厄が語られるが、キプチャク汗国に一時支配されたロシア社会の支配層には、韃靼人の血が流れているからだと反発した（「黄禍とは何ぞや」）。

その後も卯吉は黄禍論に反論し、「日本人種は黄人にあらず」（『東京経済雑誌』一二三一号）、「日本人種はアリアン語族に属するものなり」（同一二三四・一二三五号）、「大和民族の容貌体格を秀麗となすこと決して難からず」（同一二三六号）など、日本人は本来はアリアン人種に属するという説を発表した。日本人に黄色人種の血が混じっていないというのではない。日本社会の中核を占めてきた部分の先祖＝天孫人種がそうであるというのである。六月にはこれらをまとめて、『破黄禍論　一名 日本人種の真相』（『全集』二）と題して経済雑誌社より刊行した。その後、史学会においても「日本人種の研究」と題した講演を行ない、その中では次のように述べている（『東京経済雑誌』一二七五—一二七七号、三十八年三月四日―十八日、『新公論』よりの転載。『全集』二)。

私は先づ日本人は匈奴人種の一種でありますと思ひます。匈奴と云ふと下等の人種のやうに思はれるかも知れませぬが、匈奴は現今の匈牙利で良い国民である。羅馬の史家はヒユンと云へば、鼻が低くて眼が凹んで妙な人種のやうに書いてありますが、今日欧羅巴で威張つて居るホンガリーは白い美しい人種である。東胡は冒頓単于が起る前は一時匈奴を支配したが、冒頓単于が起りて之に負けて東に逐払はれ其の行先は分りませぬ。さう云ふ者が朝鮮に来て、それから此国に御出になつたかと私は思ひます。

卯吉はこうした説をこの時突然言い始めたのではなく、「日本人種とは何か」ということは、彼にとっては以前より大きな関心があった。明治二十八年に発表された「日本人種論」(『全集』二)では、日本人はアリアン語族とも支那人種とも全く異なり、トルコ系の匈奴の一系統であるという説を出していた。そして『古代の研究』(明治三十五年十月刊。同)では、日本語かインドのサンスクリットやペルシャなどと同系統のアリアン語族であるという説を打ち出していた。

卯吉の以上の説は、さまざまな「科学的」証拠も挙ているが、結局のところ、神話など根拠の乏しいさまざまの歴史的伝承と、若干の根拠のある言語研究・歴史研究の成果とを恣意的につなぎ合わせたものという印象は否定できない。現代の視点からは、珍説・奇説としか思えない部分もあり、当時にあっても、『東京経済雑誌』一二三六号に掲載された久米邦武の批評（「田口氏の日本人は黄色人種に非ざる論を読む」）など批判は多かった。けれども、卯吉がなぜこのような説を唱えたのかということは、卯吉の思想の性格を理解する上で重要な手掛かりになるように思われる。

つまり卯吉は、一連の日本人種論の中で、卯吉は日本人が知力、容貌骨格において決して白色人種に劣らないこと、また人種的には支那人とは全く異なることを証明することに力点を置いているように思われる。卯吉の未完の遺稿となった「我が政治上及び経済上に及ぼせる英米二国の勢力」（『東京経済雑誌』一二四六―一二六一号）は、幕末史の叙述で中断しているが、「余は此度の日露戦争に関して、英米二国の人民が我帝国に寄する所の同情の極めて厚きことに対して感謝に堪へぬものから……余は茲に欧西の文明、取分け英米の文明が、如何に亜細亜東海の島中に果実を結びたるかを表明せんとの考を興したり」という執筆動機からも、卯吉のそうした意向を読みとることができる。いずれにせよこの問題は、卯吉の史論、文明論全体との関係について考える必要があろう。

六月十二日、卯吉は貴衆両院議員代表の一員として、戦地慰問のため満洲丸に搭じて横須賀（神奈川県）を出発した。貴衆両院議員の外、外国公使館付海軍武官・国内新聞記者・外国軍事通信員なども加わり、錚々たる顔ぶれであった。

韓国皇帝に謁見

一行は、まず呉《くれ》軍港（広島県）を訪れ病院に負傷兵を見舞い、製鉄所を見学、江田島（同）の海軍兵学校を視察し、道後《どうご》（愛媛県）の俘虜収容所、赤十字社を訪問した。次いで佐世保軍港（長崎県）を視察し、韓国へ向かい、二十二日仁川《じんせん》に上陸した。二十三日京城（ソウル）にて一行は、韓国皇帝から午餐を賜わり、二十五日皇帝に謁見した。卯吉は、衆議院の代表として、皇帝と応答した。京城では、陸軍の兵営、病院などを訪問した後、仁川よりふたたび満洲丸に搭じ平壌《ピョンヤン》に至り、日清戦争の戦没者を祭った哀悼碑、箕子陵等を訪れ、領事・居留民等の歓迎を受けた。

平壌を発した一行は、ふたたび満洲丸にて、鴨緑江《おうりょくこう》を経て塩大澳に向かい、途中、日本海軍の艦隊が整列して戦闘準備をする様子を望見し、塩大澳では、運送船病院船が蝟集して、補給、傷病者の移送が忙しく行われている様子もみた。

旅順口

七月十七日、満洲丸は塩大澳を越え、大連湾の港のある三山島を過ぎ、遠く旅順港口を望見して帰途に就いた。当時、旅順港口閉塞作戦が実施されている最中であったが、一行は大本営海軍参謀の財部彪《たからべたけし》中佐より、敵は閉塞船の一部を破壊し、戦艦が出入りできる状態になっており、毎夜水雷艇にて水雷を敷設するが、敵も明朝には除去するので、寸時も油断できない状態であるとの説明を受けていた。その日、洋上にて聯合艦隊

三笠艦上にて

司令長官東郷平八郎が、旗艦三笠《みかさ》にて一行を迎えた。一行は蒸気船にて三笠に移り、東郷に面会した。曽我祐準《そがすけのり》が貴族院を代表して、卯吉が衆議院を代表して、東郷の功労を謝する謝辞を朗読した。一行はその後長崎をへて帰京した。

九月になると満洲ではもはや冬の訪れの気配が感じられるころであるが、このころ国民後援会の主張に基づいて、出征軍人防寒のための毛布の義捐が募集されることになり、卯吉は『東京経済雑誌』一二五四号に一文「国民後援会の美挙」（『全集』八）を草して呼びかけた。

国民後援会祝捷大会

十一月三日の天長節、国民後援会の主催による祝捷《しゅくしょう》大会が日比谷公園にて開かれた。会衆は五万人といわれる。大会委員長の東京府知事千家尊福《せんげたかとみ》の式辞に次いで、島田三郎が陸軍に対し、卯吉が海軍に対し、それぞれ感謝状を朗読した。

講和条件

ところで、卯吉は戦争の見通しについて、当初よりロシアに勝っても日本は賠償金を取れないだろうと考えていた。ロシア軍は負けても、シベリアに引き下がれば日本軍は追撃することはできず、その時点で戦闘は停止し講和となるであろうが、それだけではロシアに賠償金を要求するだけの材料にはならないというのである。ただし、講和の条件として、東洋平和の担保として旅順・大連・浦塩（ウラジオストック）の割譲は最低限とした。また、樺太、東清鉄道、黒龍江沿岸漁業権などの割譲を付属的要求として掲げて

いる（「日露戦争終結の要求如何」、『東京経済雑誌』一二三七号、明治三十七年六月四日。『全集』五）。

十一月二十八日に召集された第二十一議会で、桂内閣は三十八年度予算案とともに、第二期戦時財政計画に関する諸案を提出した。

第二期戦時財政計画

第二期戦時財政計画が立案されるにあたっては、元老・政府当局者の間では、増税主義と公債主義に意見がわかれ、増税主義においても、その方法をめぐっていくつかの意見があった。第二期戦時財政計画の内容が伝わり、種々の増税主義を折衷したものであることが明らかになってきた時点で、卯吉は『東京経済雑誌』一二六〇号（十一月十二日）において、「増税主義と公債主義とは、一概に一を排し、他を揚ぐる能はざるものなり、若し英国所得税の如きものを増徴する場合に於ては、余輩は公債主義より非なりとは論ぜずと雖、塩専売若しくは織物税の如きに至りては、余輩は却て公債に代ふるの是なるを見るなり」（「増税主義と公債主義」。『全集』六）との意見を発表した。計画が提出されて、塩専売、織物税等非常特別税の内容が明らかになると、卯吉は政府に対し次のように不満を示した（『鼎軒田口先生伝』二〇二ページ）。

政府の増税案に反対

日本国民は今回の戦役に関しては、全国焦土と為るも、最後の目的を達せざれば、已まざるの決心を有するものなれば、租税にても公債にても、固より否むべきにあらざるなり、然れども之に関しては、政府も亦人民の斯の如き忠愛心を利用して、永遠に亘るが如き税法若くは経済上一大問題たるべき制度を採用せざるの徳義なかるべからざる也、若し国民が勉めて穏和に原案を通過するの態度あることを機として、平時なれば非常なる反対あるべき如き新法を採用せんとするに於ては、是れ当局者は強ゐて戦を人民に求むるものにあらずや、

都市部議員の活動

卯吉は、市選出の衆議院議員を富士見軒に召集し、増税の利害得失の研究に着手した。彼等は、塩専売、市街宅地租増徴、織物税・米籾輸入税等について、「生計の根本を覆すの結果あるべきを以て、之を実行するは国家に不利なり」として、廃棄を求めることになった。第二十議会において政府と立憲政友会・憲政本党との交渉が行われたとき、その他の議員はまったく交渉の圏外に置かれたこともあり、予め政府、両党に交渉する事になり、卯吉・奥田義人・横田虎彦・金子元三郎・佐竹作太郎が政友会を訪問し、島田三郎・北村佐吉・浅野陽吉・山本幸彦が憲政党を訪れ、それぞれ商工市民の要望も考慮するよう求めた。更に卯吉は、島田・奥田・山本・横田とともに桂首相を三田の私邸に訪問して交渉したほか、議場においても、政党に属さない都市選出議員からなる、「有志会」と称する会派を組織し活動した。また、『東京経済雑誌』一二六四号（十二月十日）にも「一大税源を起して苛税専売を廃止すべし」（『全集』六）と題し、「一種の税率を立て、之を一般に及ぼすは可なり、各種の税目を興して箇々之に課税するは非なり」と

批判を展開した。

しかしながら、こうした運動は結局無視され、第二期戦時財政計画に関する諸法案は政府と両党との交渉によってまとめられ、十二月十七日衆議院を通過し、二十八日貴族院の可決を経て成立した。卯吉は十二月三十一日の『東京経済雑誌』一二六七号で、「人民の休戚は度外に在り」と題して、財政当局者と両政党を批判した。

政界引退の希望

このように、衆議院において何事も政府と立憲政友会・憲政本党との交渉によって決定して、卯吉らの主張はまったく反映せず、しかもそこで決定される財政政策の多くは卯吉の持論に反していた。卯吉は大きく失望し、議院での政治活動に限界を感じていたようで、このころ再び、政界を退き著述に専念する意を洩らしていたといわれている。

三　卯吉の死とその後

発病

明治三十八年（一九〇五）一月、卯吉は流行性感冒に罹り、東京帝国大学医科大学三浦内科の青山助手の来診を受けた。その時脚部に水腫がみられたので、検査の結果腎臓委縮症のあることがわかり、三浦謹之介博士が治療にあたることとなった。ところが、感冒より中耳炎を併発し、こちらは岡田和一郎博士の診断を受けた。その結果、中耳炎は快

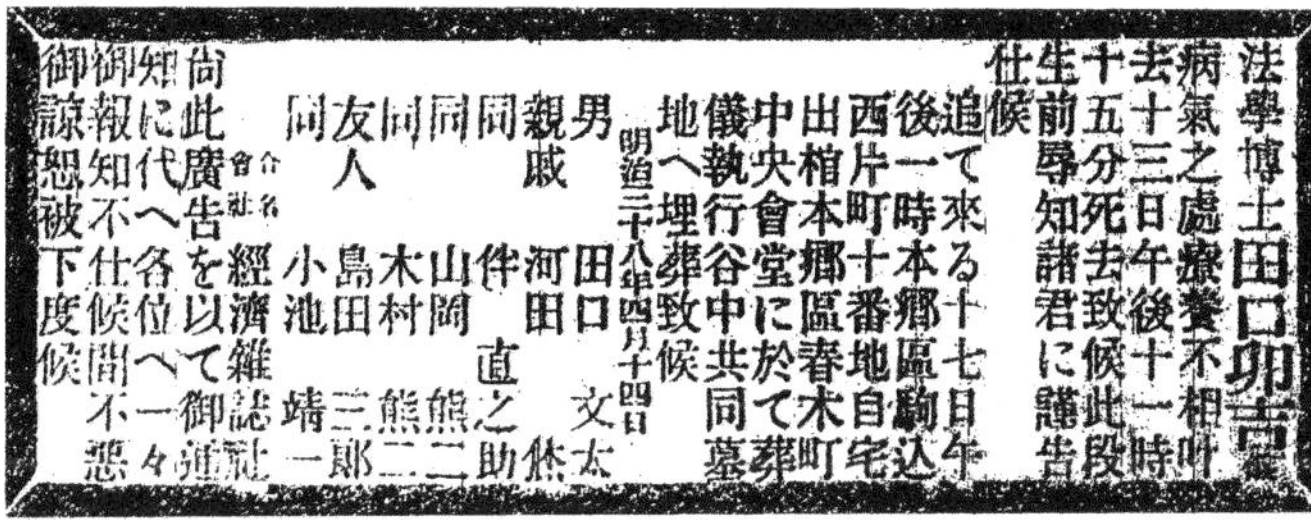
法學博士田口卯吉儀病氣之處療養不相叶去十三日午後十一時十五分死去致候此段生前辱知諸君に謹告仕候
追て來る十七日午後一時本郷區駒込西片町十番地自宅出棺本郷區春木町中央會堂に於て葬儀執行谷中共同墓地へ埋葬致候
明治三十八年四月十四日
男　田口文太
親戚　河田烋
同　伴直之助
同　山岡熊二
同　木村熊二
友人　島田三郎
同　小池靖一
合名會社　經濟雜誌社
尚此廣告を以て御通知に代へ各位へ一々御報知不仕候間不悪御諒恕被下度候

田口卯吉死去広告（『萬朝報』）

方に向かったかに見えたが、頭痛、耳鳴り、めまいの症状に悩ませられた。

　四月五日、卯吉は自ら寝台を離れて安楽椅子に座り、乙骨《おっこつ》三郎を呼んで自ら病状を口述して筆記させ、八日発行の『東京経済雑誌』一二八〇号に掲載した。その中で、中耳炎はいまだ全快せず、かつ神経痛症を併発したため、夜間睡眠できないで苦しむことがあるが、遠からず全快の見込であると説明した。

　ところが、七日に至り突然頭痛が激しく、四〇度以上の発熱が続いて危篤状態となった。岡田博士は中耳炎が原因ではないと診断したが、その後十二日に三浦博士は、詳しく診断した結果、中耳炎より漏れた膿が深く脳中に達して炎症をおこしたものと断定した。すでにこのとき、七日以来連日四〇度以上の発熱が続き、心蔵は衰弱し、脈拍も一四〇以上に達しており、意識は朦朧として昏睡状態であった。翌十三日、青山胤通博士が来診したときには、すでに全く施す術はなく、

死去

この日午後十一時十五分、本郷区（文京区）駒込西片町の自宅にて逝去した。五十一歳であった。

葬儀

卯吉の葬儀は、四月十七日、本郷区春木町の中央会堂にて行われた。当日は豪雨であったが、会葬者は千余名に達したという。

田口卯吉墓

午後一時に自宅を出棺し、会堂に着すと、牧師平岩愃保《よしやす》が迎棺の辞を述べた。ついで賛美歌・祈禱・聖書朗読があり、島田三郎が卯吉の略歴を朗読した。島田の朗読は、末尾に到って嗚咽のため続けられなくなったという。次に海老名《えびな》弾正《だんじょう》が慰藉の演説及び祈禱をなした。風祭甚三郎は、弔詞・弔電は朗読を省き『東京経済雑誌』に掲げるとの挨拶をし、卯吉が生前愛唱した賛美歌を合唱、平岩牧師の祈禱があって式を終了した。

谷中墓地に葬られる

卯吉は、谷中共同墓地（台東区）に葬られた。その後一周忌にあたり、「鼎軒田口卯吉墓」と刻まれた碑が建てられた。

親友の島田三郎は『毎日新聞』四月十六日付に追悼文を掲載して次のように卯吉を評した。

嗚呼自信に厚くして主義に忠実なる紳士、所見博くして創思に富める読書家、自己の奉養に淡薄にして、社会に親切なる公人、外温和にして、内に勁節を懐き、自ら守ること堅固にして、人に対する同情饒し、嗚呼是れ豈好個独立の市民に非ずや。

尾崎行雄は、経済財政政策に関する意見は、むしろ卯吉の反対者であったが、彼もまた「田口君の最も他人に傑出せる所は、其所信の堅固なるに在つた、其の意想の公明誠実なるに在つた、篤学にして、独創の見識を備ふるに在つた」と述べている。

東京経済学協会では、四月二十九日に富士見軒で追悼会を催した。冒頭で演説した阪谷芳郎は次のように述べている（『東京経済雑誌』一二八五号、明治三十八年五月十三日）。

田口君は朋友と致しましては誠に潔白の御方であるといふことは誰も御異存ないことゝ考へます。……誠に心持の善い人である。圭角の無い、交際上に曇の無い、実に潔白と申すより外に形容の言葉は無い、極心持の善い誠に純粋の交際の出来る人であつた。又同君の学問、即ち学説上のことは是は随分議論の必ずしも同意することの出来ぬ点も有つたに相違ない。……併しながら此学術上の議論の異なるといふことは固より各々人の考に依つて免れぬことでありますけれども、其学説の異なつた人が其異なる点を相討究する上に付て、誠に始終愉快の感覚を有つて議論に反対して居つた。始終愉快の感覚を有つといふことは私が記憶して忘れぬ所であります。

その他、各界著名人や卯吉の知友・縁故者の追悼文が、七月まで毎号のように『東京経済雑誌』に掲載された。

鼎軒会

卯吉の死のちょうど一ヵ月後、塩島仁吉ら経済雑誌社の社員・社友二十余名は卯吉の墓に詣でたあと「鼎軒会」組織の協議をした。「隔月十三日を以て相会し、経済歴史政治及文学上等の諸問題に就きて自由討議を為し、以て君を追悼し君を記憶し、併せて諸同人の交誼を厚くせんとす」というものである。会員となるための資格制限はなく、経済雑誌社に申し込めば誰でも会員になれるとした（『東京経済雑誌』一二八六号、明治三十八年五月二十日）。

一周忌

卯吉の一周忌にあたる明治三十九年四月十三日には、向島（墨田区）の八百松楼にて鼎軒会第一年大会が開かれた。佐々木和亮による講演の後、宴会が開かれ、尾崎三良・島田三郎らが相次いで卯吉についての思い出を語った。また、この日には京都でも、卯吉と親交のあった人々による「故田口博士記念会」が祇園の中村楼で開かれている。

勲四等

卯吉は、一時大蔵省に出仕した以外、生涯民間にあったため、博士会の推薦によって授けられた法学博士の学位の外には、官から授けられた官位はなかった。しかし、死後の明治三十八年四月一日付で、衆議院議員として明治三十七八年戦役（日露戦争）の財政に参与した功績により勲四等に叙せられた。また、大正四年（一九一五）十一月十日には大正天皇の即位礼に際し、従四位を追贈された。

『鼎軒田口先生伝』

『東京経済雑誌』はその後、乗竹孝太郎・塩島仁吉らが中心となって刊行が続けられた。また明治四十五年（一九一二）五月には塩島仁吉編『鼎軒田口先生伝』が経済雑誌社より刊行された。大正十二年（一九二三）の関東大震災によって経済雑誌社は社屋を火災で失い、雑誌発行を続けることは不可能となった。

『東京経済雑誌』終刊

『東京経済雑誌』は同年九月一日付第二一三八号をもって事実上終刊となった。

東京経済学協会のその後

経済学協会は、卯吉の跡を継いで阪谷芳郎が会の中心となって運営され、例会活動もこれまで通り続けられていたが、関東大震災による『東京経済雑誌』廃刊以後、その具体的な活動は確認できなくなる。震災以後も経済学協会が存続していたことだけはたしかで、昭和五年（一九三〇）五月十七日、神田一ツ橋（千代田区）の学士会館において「東京経済学協会創立五十周年・故田口鼎軒君二十五周年記念会」が催された。このとき会長はやはり阪谷芳郎である。この記念会にあわせて、協会では塩島仁吉を編者として『田口鼎軒略伝』『東京経済学協会沿革』の二冊のパンフレットを作成している。

家族のその後

卯吉の妻鶴子は昭和二十二年（一九四七）二月九日、八十歳で没した。

長男文太《ぶんた》は、卯吉が死んだときは東京帝国大学医科大学の学生であったが、後に陸軍に入り、陸軍中将・薬剤総監となっている。二男武二郎は私立開成中学の生徒、三男

『鼎軒田口卯吉全集』

浬《りゅう》三郎は当時まだ三歳であったが、いずれも東京帝国大学を卒業している。武二郎は浦賀船渠《ドック》会社に勤め、後に上野の東京科学博物館に転じた。浬三郎は物理学者となり、理化学研究所に勤めたが、後に心理物理学研究所を自宅に設立した。

昭和二年(一九二七)七月から四年七月にかけて『鼎軒田口卯吉全集』全八巻が同刊行会より刊行された。刊行会代表は田口文太で、同顧問として渋沢栄一・阪谷芳郎・佐々木勇之助、編集顧問として久米邦武・伴直之助・塩島仁吉・西島政之が名をつらねた。編集の全体については高野岩三郎・長谷川万次郎・田口武二郎が責任者となり、各巻の実際の編集は森戸辰男・櫛田民蔵・大内兵衛・長谷川万次郎が担当し、その他、嘉治隆一が編集全般に協力した。各巻の解説は黒板勝美・福田徳三・河上肇・櫛田民蔵・吉野作造・大内兵衛・長谷川万次郎がそれぞれ担当した。全集は平成二年(一九九〇)、吉川弘文館から復刊されている。

あとがき

　本書の成り立ちについて書いておきたい。そもそも『人物叢書』が企画された初期に、田口卯吉は取り上げらるべき人物として予定書目に入り、執筆者は元朝日新聞編集局長であった嘉治隆一氏とされていた（嘉治氏は田口の縁戚である）。そのうち嘉治氏から私に手伝うようにという話があった。私は早稲田大学の図書館に勤務しながら、卯吉の年譜作りから始めた（この年譜は『明治文学全集』第十四巻の大久保利謙編『田口鼎軒集』（昭和五十二年、筑摩書房）の巻末に、やはり私の作成した参考文献とともに収録された）。そして、昭和五十三年（一九七八）に嘉治氏が亡くなられ、私が執筆することになった。それで、その年譜をもとに漸く原稿を書き上げて日本歴史学会に提出した。それが何年であったのか、もはや思い出すことが出来ぬ位の古い話になってしまった。しかし学会理事会の検討の結果は、残念ながら伝記として不十分であるということであった。そして『人物叢書』の書目からもはずされてしまった。

　その時に吉川弘文館社長吉川圭三氏（現会長）が、田口は大事な人物であるから、単行本としてでも出したいので、なお手を入れて欲しいとおっしゃって下さった。そこで、伊藤隆氏に協力を要請して、その承諾を得て、再出発をした。伊藤氏は若手の宮崎（梅澤）ふみ子氏、村瀬信一氏、梶田明宏氏を誘い、史料の蒐集に取りかかられ、私の家に残された「田口卯吉関係文書」をも見に来られ、宮崎氏は東京女子大学が所蔵している「木村文書」を閲覧されるなど、各方面に関係の史料を求めて歩かれた。少しずつ私の原稿を元にした修正原稿が出来つつあった。その間、平成二年（一九九〇）に、吉川弘文館から、昭和二年（一九二七）—四年に刊行され手に入り難くなっていた『鼎軒田口卯吉全集』の覆刻がなされ、私は各巻の「関連著作目録」を、全集未収録分を含めて新たに作成した。

伊藤氏らの協力で修正原稿がかなり溜まってきた段階で、『人物叢書』に田口卯吉がないのは残念で、やはりこれは『人物叢書』の一冊とした方が良いのではないかという意見が出てきた。私は無論その方が良いと考え、伊藤氏らと相談して、日本歴史学会理事会にお願いしたところ、幸いなことに、昨年（平成十一年）再度書目として取り上げてもらえることになった。

こうして昨年から、伊藤氏らと最終的な原稿の調整に入り、漸くここに刊行の運びとなったのである。思えば実に長い道のりであったが、完成したことで本当に肩の荷を下ろしたという感慨である。

当初から一人で、しかも肉親のものが伝記を書くということにこだわりがあったが、このたび伊藤氏らのご協力を得ることによって、その心配がほぼなくなったことも嬉しいことであった。執筆に当たって、第一章については伊藤隆氏の、第二章から第四章の第二節にかけては宮崎ふみ子氏の、第四章の残りについては村瀬信一氏の、第五章以降については梶田明宏氏の全面的なご協力を得た。またこの長い期間、本書の刊行について協力し、見守って下さった吉川弘文館の皆さんに深い感謝の意を表すること多大である。

平成十二年七月十二日

田口親

田口卯吉関係略系図

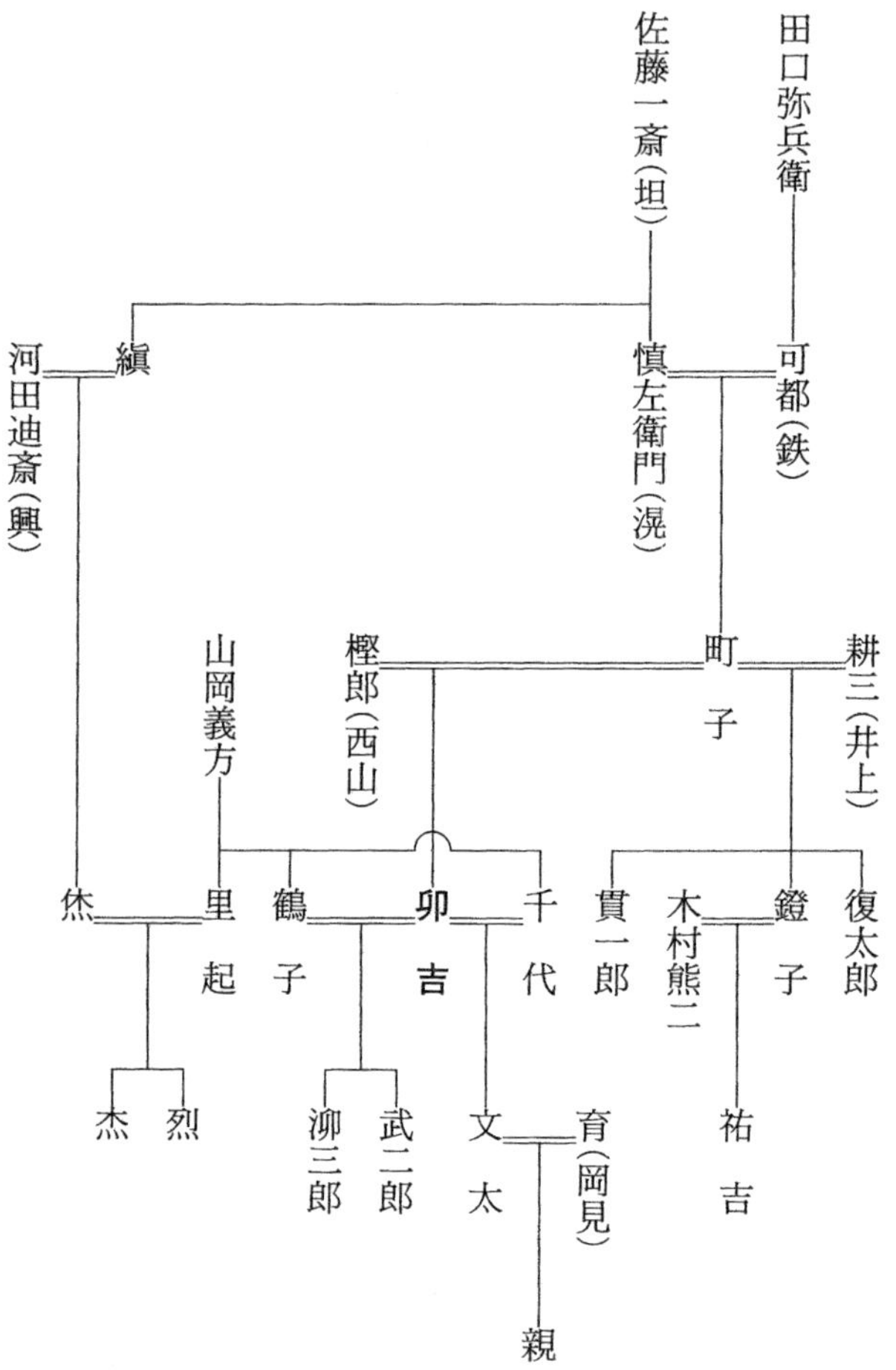
田口弥兵衛
可都（鉄）
佐藤一斎（坦）
愼左衛門（滉）
縝
河田迪斎（興）
耕三（井上）
町子
樫郎（西山）
山岡義方
復太郎
鐙子
木村熊二
貫一郎
千代
卯吉
鶴子
里起
休
祐吉
育（岡見）
文太
武二郎
泖三郎
烈
杰
親

略年譜

年次	西暦	年齢	事項	参考事項
安政二	一八五五	一	四月二九日、江戸目白台の徒士屋敷に生れる。卯年・卯月の生れのため、卯吉を通称とする	七月、長崎に海軍伝習所を設置○一○月、安政の大地震
六	一八五九	五	一二月八日、父樫郎死去	一○月、吉田松陰処刑される
万延元	一八六〇	六	兄貫一郎死去	一月、勝海舟ら咸臨丸で米国に向う
慶応二	一八六六	一二	四月一五日、昌平坂学問所で素読吟味を受ける。元服にあたり名を鉉、字を子玉、号を鼎軒と命名。徒士見習を命ぜられるが、徒組の廃止により銃隊に入り、ゲベール銃の操作を習う○暮、姉鐙子、木村熊二と結婚	一月、薩長同盟を密約○六月、第二次長州戦争戦闘開始○七月、将軍徳川家茂死去○一二月、孝明天皇死去○この年、全国に農民一揆・打ちこわし多発
三	一八六七	一三	暮、下谷生駒屋敷前の木村熊二家に寄寓。隣に乙骨太郎乙が居住	一○月、将軍慶喜、大政奉還○一二月、王政復古を宣言
明治元	一八六八	一四	木村熊二・乙骨太郎乙、上野の彰議隊を応援のために奔走。のち木村は官軍に追われ静岡に潜伏○一一月二日、田口家は木村の勧めで横浜に移住、商売を営む。卯吉は旧幕臣飯岡金次の食客となり、骨董屋などを手伝いながら、アメリカ人宣教師タ	一月、鳥羽・伏見の戦○三月、江戸開城○五月、新政府軍、上野の彰義隊を攻撃○徳川家達を駿河府中（静岡）に封ずる○七月、江戸を東京と改称○九月八日、明治と改元○一二

二	一八六九	一五	ムソンに英語を習う 五月一〇日、静岡藩に復仕、沼津に赴き、生育方頭取支配御雇となる。乙骨家に寄宿し、沼津小学校・沼津兵学校に通学。乙骨に英書を、中根香亭に漢書を学ぶ○九月、生育方廃止○一〇月五日、乙骨の奔走により二人扶持を受け、沼津勤番組頭支配三等勤番組に属す	月八日、沼津兵学校設立 五月、新政府軍、函館総攻撃、榎本武揚ら降伏○八月、蝦夷地を北海道と改称○九月、築地に海軍操練所を設立○一〇月、芝に陸軍操練所を設立○一二月、東京・横浜間に電信開通
三	一八七〇	一六	一〇月二七日、沼津兵学校資業生を拝命○一一月二七日、元高に応じ五人扶持を支給される○一二月二〇日、静岡病院で医学修業を命ぜられ、病院寄宿舎に入る。林紀・戸塚文海らに医学を学ぶ○一二月、木村熊二、外務省弁務少記として渡米する外山正一に随行し、横浜より出港（明治一五年帰国）	一月、大教宣布の詔でる○七月、民部・大蔵両省分離○閏一〇月、工部省を置く○一一月、東京に海軍兵学寮、大阪に陸軍兵学寮を設置○一二月、『横浜毎日新聞』創刊
四	一八七一	一七	五月三日、静岡病院生徒を命ぜられる○一二月五日、病院生徒の資格のまま東京での医学修業を命ぜられ、東京に出る	五月、新貨条例制定○七月、廃藩置県○中村敬宇訳述『西国立志編』刊○一〇月、岩倉具視らを欧米に派遣
五	一八七二	一八	一月頃、徳川家達の外山屋敷内に住む。薬剤師を志望し、専門学校化学専門学生に応募、合格するが、開校中止のため大学予備門に入る。ほどなく退学、尺振八の共立学舎に入学○一〇月二二日、	二月、『東京日日新聞』創刊○福沢諭吉『学問のすゝめ』第一編刊行○六月、『郵便報知新聞』創刊○九月、新橋・横浜間鉄道開業式○一二月三

六	一八七三	一九	大蔵省翻訳局上等生徒に採用される 一一月、木村熊二、私費留学生としてアメリカ滞在を続ける	日、この日を六年一月一日とする 五月～九月、岩倉具視ら帰国○一〇月、西郷隆盛ら参議を辞職
七	一八七四	二〇	五月一二日、翻訳局廃止、大蔵省紙幣寮十一等出仕に任ぜられ翻訳に従事○六月二九日、家族を静岡から小日向水道端に呼ぶ○一〇月七日、紙幣寮権中属に昇進	一月、板垣退助ら、民撰議院設立建白書を提出○二月、佐賀の乱おこる○九月、小野梓ら共存同衆を結成○一〇月、中江兆民、仏蘭西学舎を開設
八	一八七五	二一	一月一二日、紙幣頭得能良介宛の辞職願書を書く○五月一七日、最初の論説「読東京日日新聞」を『郵便報知新聞』に投稿○九月六日「讒謗律ノ疑ヒ」を『横浜毎日新聞』に投書。主筆肥塚龍、投獄されそうになる○一二月一三日、紙幣寮中属に昇進	五月、ロシアと千島・樺太交換条約調印○六月、第一回地方官会議開催。讒謗律・新聞紙条例を制定○八月、福沢諭吉『文明論之概略』を刊行○九月、出版条例に罰則が付加される○江華島事件起こる
九	一八七六	二二	三月、牛込北山伏町に転住○一二月六日、乙骨太郎乙の媒酌で山岡義方長女千代と結婚。	六月、天皇、東北巡幸に出発○八月、国立銀行条例を改正
一〇	一八七七	二三	一月一一日、紙幣寮廃止○一五日、大蔵省御用掛、判任官心得となる○九月、『日本開化小史』の出版を開始（明治一五年一〇月完結）○一〇月三一日、「日本不換紙幣を改めて兌換紙幣となすの策を論ず」（『横浜毎日新聞』）○一一月六日、大	一月、修史館設置○二月、西南戦争始まる○四月、開成・医学校を併せ東京大学と改称○七月、渋沢栄一ら、東京銀行集会所の前身の択善会を組織○八月、第一回内国勧業博覧会を

			蔵省二等属遠藤敬士他二名とともに『銀行雑誌』の編集を命ぜられる（一二月創刊）○この年、沼間守一ら創設の嚶鳴社に、島田三郎とともに発起人として参加	上野で開催○九月、西南戦争終る
一一	一八七八	二四	一月『自由交易日本経済論』を出版○二月二四日、長男文太生れる○一〇月三一日、大蔵省を辞職、生活費のため『大英商業史』『麻氏経済哲学』を翻訳する	五月、大久保利通暗殺される。パリ万国博覧会に参加○六月、東京株式取引所開業○八月、竹橋騒動起こる
一二	一八七九	二五	一月『東京経済雑誌』を創刊。択善会との約定書により同会より一年間毎月一〇〇円の補給を受ける○四月、官金銀行（中央銀行）の設立・整備を主張○五月二九日「東京府会」（『東経』）○六月二九日「東京府会の租税主義」（『東経』）○六月、居留地制撤廃を要求し内地雑居を推進○八月、『東京経済雑誌』月二回の発行となる○一〇月『大英商業史』を田口・藤田静訳で刊行○一二月、択善会、経済雑誌社に一年間の補助継続を決定	一月、『朝日新聞』創刊○三月、東京府会開会○四月、琉球藩を廃し、沖縄県設置○六月、東京招魂社を靖国神社と改称○九月、学制を廃し、教育令制定○一〇月、『嚶鳴雑誌』創刊○一一月、『東京横浜毎日新聞』創刊
一三	一八八〇	二六	三月一五日「備荒儲蓄法の十害」（『東経』）○二〇日「西洋の開化は日本下等社会の開化せるものなり」（『嚶鳴雑誌』）○五月九日、経済雑誌社の同人・社友と経済談話会を自宅に設立。同会はの	二月、横浜正金銀行開業。『交詢雑誌』創刊○三月、愛国社、社名を国会期成同盟に改称○六月、備荒儲蓄法を定める○八月、犬養毅、『東海経

ち大蔵省銀行局の銀行講習会と合併して東京経済講習会となり、『富国論』等を翻訳し『東京経済学講習会講義録』として経済雑誌社より刊行○五月、佐久間貞一経営の印刷所・秀英舎に出資○六月、『東京経済雑誌』月三回の旬刊となる○七月五日、牛込四ノ部区会議員となる○九月三日、択善会解散。これより先、同会からの補助を辞退し、経済雑誌社の経営の独立を決意する○九月一一日、浅草井生村楼における政談東京演説会で演説○九月、共存同衆の会合で「興雲降雨の術」を演説。『商家必携手形之心得』を編集○一二月、牛込区選出の府会議員になる。「備荒儲蓄法」(『東経』)掲載により、編輯長乗竹孝太郎が罰金二〇円に処せられる。

済新報』を発行○九月、東京銀行集会所設立○一〇月『六合雑誌』創刊○一二月、元老院、日本国国憲按を天皇に提出

一四	一八八一	二七	一月、不換紙幣下落のため、貨幣制度に関して金銀両本位・複本位論を主張○三月一日開催の第二回内国勧業博覧会に織機を出品するが営業者に採用されず○三月、府会区部常置委員となる○四月、私設鉄道敷設について蒸気鉄道時期尚早論を展開し、その経営に政府の保護を非とし日本鉄道会社を批判○五月五日「東京府民の苦難」(『東経』)	三月、『東洋自由新聞』創刊○四月、農商務省設置○六月、秋田事件○八月、北海道開拓使官有物払下事件起こる○一〇月、明治二三年国会開設の詔書出る(明治一四年の政変)。自由党結成○一一月、日本鉄道会社設立○この年、民権結社の設立、憲

			○六月五日～七月九日「東京府会常置委員四大意見」（『東経』）○九月一〇日「北海道開拓論」（『東経』）○九月一七日～一〇月二九日「開拓使の政略を議す」（『東経』）○一〇月五日、侍講副島種臣は左大臣有栖川宮熾仁親王と大隈重信に北海道官有物払い下げ事件の収拾案を示し、田口らの登用を提言○一一月五日「東京府下今年終末の景況如何」（『東経』）	法案起草活動活発になる
一五	一八八二	二八	二月一一日「主権論」（『東経』）○六月、自由党創刊の『自由新聞』に客員として参加、経済関係論述を担当○七月五日～九日「日本銀行を論ず」（『自由新聞』）○七月一四日～八月六日「時勢論」（同）○八月一九日～二六日「第四十八号の布告今ま何くにかある」（『東経』）○九月、自由新聞社を退社○一〇月、『日本開化小史』完結○一一月二五日～一二月九日「加藤弘之氏著人権新説を読む」（『東経』）○一二月、編輯長吉岡太三、「第四十八号の布告今ま何くにかある」の記事掲載により東京軽罪裁判所において重禁錮九カ月・罰金三〇円の判決を受ける○この年、木村熊二帰国	一月、軍人勅諭を発布○三月、伊藤博文、憲法調査のため欧州へ出発○四月、立憲改進党、結党式を行う。経済雑誌社社員の乗竹孝太郎・伴直之助入党○六月、日本銀行条例を定める。『自由新聞』創刊○七月、壬午事変○一〇月、日本銀行営業開始○一一月、板垣退助・後藤象二郎、渡欧
一六	一八八三	二九	一月七日、東京株式取引所の肝煎に就任○一月、	四月、新聞紙条例改正○五月、国立

			『時勢論』出版	銀行条例改正○七月、岩倉具視没
一七	一八八四	三〇	四月、牛込区より府会議員に再選○七月、編輯長吉岡太三、獄中で死去○一二月、『大日本人名辞書』の編纂を開始	五月、群馬事件○七月、華族令を定める○九月、加波山事件○一〇月、自由党解党。秩父事件。名古屋事件
一八	一八八五	三一	四月一九日、妻千代死去○八月、姉木村鐙子、明治女学校を創立○一二月一六日、祖母可都死去○一二月、府会区部会常置委員となる○この年、木村半兵衛らと両毛鉄道を計画○本郷区駒込西片町に転居	一月、羅馬字会設立○四月、天津条約に調印○七月、『女学雑誌』創刊○一〇月、日本郵船会社営業開始○一一月、大阪事件○一二月、太政官制を廃し、内閣制度を採用
一九	一八八六	三二	四月、『大日本人名辞書』を刊行○八月一七日、姉木村鐙子死去○一〇月、東京株式取引所肝煎を辞任○一一月七日、千代前夫人の妹鶴子と再婚○二八日、恩師尺振八死去	三月、帝国大学令公布○六月、静岡事件○七月、東京電灯会社開業○一〇月、星亨・中江兆民ら、東京で全国有志大懇親会を開く
二〇	一八八七	三三	二月、東京経済講習会を東京経済学協会と改称○三月、両毛鉄道社長に選出される○一二月、本郷区選出府会議員となる	五月、私設鉄道条例公布○一〇月、高知県代表、三大事件建白書を元老院に提出○一二月、保安条例を公布・施行
二一	一八八八	三四	四月、銀貨下落問題に関する松方正義蔵相の諮問に答える。田口執筆の東京経済学協会の報告書が発表される○五月、両毛鉄道営業開始○九月、小田原電鉄取締役となる○一〇月二三日、次男武二	一月、山陽鉄道会社設立○四月、枢密院設置。市制・町村制公布○五月、加藤弘之らに初の博士号を授与○七月、磐梯山大噴火○一一月、メキシ

			郎生れる○一〇月、内務省東京市区改正委員会民間側委員の一人となる	コと修好通商条約に調印（最初の対等条約）
二二	一八八九	三五	四月、本郷区徴兵参事員となる○六月、東京市会議員・市参事会員となる○九月、乙骨太郎乙の甥上田敏、一高に入学、書生として預かる○一〇月、『条約改正論』を刊行○一二月一五日、母町子死去○この年、旧事諮問会に参加して久米邦武と相識る	二月一一日、大日本帝国憲法発布○七月、東海道線新橋・神戸間全通○一〇月、大隈重信外相、玄洋社社員に襲われる○一二月、『史学会雑誌』創刊○年末より日本最初の経済恐慌（明治二三年恐慌）始まる
二三	一八九〇	三六	一月、両毛鉄道全線開通式に社長として参列するが、直後開催の臨時株主総会で役員を解任される○二月、東京府会副議長・府会市部会副議長・区部会常置委員となる（七月まで）○三月、内国勧業博覧会事務委員となる（五月まで）○五月、天祐丸に乗り南洋へ出発。小笠原・グアム・パラオ等を巡航○市会議員・市参事会員辞任○七月、府会議員を辞任○一〇月、『日本社会事彙』上巻刊行（下巻は翌年六月刊行）○一二月、横浜に帰港	二月、『国民新聞』創刊○四月、琵琶湖疏水開通式○五月、府県制・郡制、各公布○七月、第一回総選挙○七月、集会及政社法公布○九月、立憲自由党結党式○一〇月、教育ニ関スル勅語発布○一一月、第一通常議会召集。大日本帝国憲法施行
二四	一八九一	三七	五月、『史海』創刊○六月、本郷区選出府会議員となる○史学会において「史癖は佳癖」と題する講演を行う○一一月、向島で新型ボートの試運転を行うが失敗	三月、立憲自由党、党名を自由党に改称○五月、大津事件○九月、日本鉄道、上野・青森間全通○一〇月、濃尾大地震

二五	一八九二	三八	一月、前年の『史学雑誌』掲載の久米邦武の論文「神道は祭天の古俗」を『史海』に転載したことから、神道家らの攻撃を浴びる○二月、東京府会市部会副議長となる○この年、すべての名誉職を辞任	六月、貴衆両院、予算審議権で対立。鉄道敷設法公布。国民協会結成○一一月、『萬朝報』創刊。千島艦事件
二六	一八九三	三九	三月、殖民協会に評議員として参加○井上彦三郎・鈴木経勲著『南島巡航記』を経済雑誌社より刊行○六月、『群書類従』の活字印刷本の刊行を開始（完結は翌年一〇月）○七月、木村半兵衛とともに北海道を視察○一〇月、大蔵省貨幣制度調査委員となる	二月、衆議院、内閣弾劾上奏案可決○三月、殖民協会発会式。取引所法公布○四月、上野・直江津間の鉄道全通○一〇月、貨幣制度調査会規則公布
二七	一八九四	四〇	三月、尾崎三良らと帝国財政革新会を結成○四月、帝国財政革新会のメンバーと関西地方を遊説○五月、帝国財政革新会評議員会に出席、意見書を衆議院に送付。さらに須藤時一郎と芳川顕正臨時内相を訪ね会期延長を申入れる○『帝国財政意見』出版○六月、清国が東学党鎮圧を名目に朝鮮の内政に干渉することに反対する○『帝国財政革新論綱』を帝国財政革新会編として出版○『史海日本之部』出版○九月一日、第八区衆議院議員に当選（以後死去まで連続当選）○一〇月、広島に召集	七月、日英通商航海条約調印○八月、清国に宣戦布告（日清戦争）。北里柴三郎、ペスト菌を発見○九月、大本営を広島に移す。連合艦隊、清国北洋艦隊を撃破（黄海海戦）○一〇月、臨時議会を広島に召集

の議会で田口を副議長に選出する申出があったが辞退○一一月一〇日、東京商工相談会総会で「内国債及外国債の利害得失」を演説○一二月二二日、経済学協会例会において「亜細亜貫通鉄道」を演説

二八	一八九五	四一	二月一日、鈴木重遠らと「征清軍資ニ関スル決議案」を提出、全会一致で採択される○四月、『東京経済雑誌』、日清講和条約を批判した「媾和条約成れり」により四週間の発行停止を受ける○戦後経営費に地租五厘増徴分の充当を主張○経済学協会例会において保元・平治の乱に関して演説○五月一〇日、星ケ岡茶寮で開催の有志懇談会に出席、島田三郎らと外交問題を協議○二六日、京都有志者の招待を受け祇園栂尾楼で「戦後の経済事情」を演説○六月一五日、愛宕館における九派有志者集会で実行委員に選出される○二六日、田口ら愛宕館に会合の六人起訴される○六月、旧幕臣の集り同方会結成に賛助員となる○七月三日、貨幣制度調査会、報告書を蔵相に提出。田口は複本位制を主張、意見は対立のまま○二一日、錦輝館における遼東半島還付批判演説が途中で中止され	三月、下関講和会議○四月、日清講和条約調印。独・露・仏の三国、遼東半島の清国への還付を勧告（三国干渉）。帝国大学文科大学に史料編纂掛を設置○一〇月、ソウルで日本人壮士・軍隊、大院君を擁してクーデタ、閔妃を殺害○一一月、遼東半島還付条約調印

			る○八月、横須賀・金沢を旅行○一〇月四日〜一六日、政友と近畿地方を遊説○一〇月、史学会において「歴史は科学に非ず」を講演	
二九	一八九六	四二	一月九日、遼東半島還付・閔妃事件に対する伊藤内閣弾劾上奏案を提出、賛成演説をする○二月一日、予算案に対し修正動議を提出するが否決される○三日、新党組織委員として檄文を全国に配付○二六日、帝国財政革新会解散、進歩党の結成に参加。○三月一日、愛宕館での進歩党結党式において政綱・宣言書を朗読、常議員に指名される○三月、営業税法公布後、同法を批判○六月、経済学協会例会で日米間海底電線敷設問題調査委員に選出される○七月二日、広島・岡山・愛媛を遊説後、九州を漫遊して帰京○七月、『史海』廃刊○一〇月一四日、進歩党常議員会で党の財政方針に反対を表明し、離党○一一月、『国史大系』の編纂開始（三四年一二月完成）	三月、立憲改進党・中国進歩党等が合同して進歩党結成。航海奨励法・造船奨励法公布○六月、山県・ロバノフ協定調印。三陸地方に地震・津波○七月、日清通商航海条約調印○一一月、神宮司庁蔵版『古事類苑』刊行開始
三〇	一八九七	四三	三月、金貨本位制採用に対し複本位制の立場から非難、『非新貨幣法』を発行○四月、樽井藤吉ら設立の社会問題研究会に佐久間貞一と入会○五月、神代から近世までの和歌の研究を『東京経済雑	三月、貨幣法公布○六月、京都帝国大学設立○八月、日本勧業銀行開業。陸奥宗光死去○一〇月、金本位制実施○一二月、志賀潔、赤痢の病源体

誌』史海欄「代々の調べ」に連載○三河に遊説○九月八日、信州・北陸・滋賀・京都・三重における営業税の実況検分と遊説のため石川半山を伴い上野を出発○九月二五日、帰京。経済学協会例会で営業税調査委員総代として調査結果を報告○一一月九日、島田三郎らと財政整理期成同盟会を組織○一二月一一日、京橋伊勢勘楼での財政整理期成同盟会に出席○二二日、内閣不信任案提出をめぐる各派交渉会に出席。不信任案上程、衆議院解散

を発見

三一　一八九八　四二

二月「対外国是」(『東経』)○三月一五日、第八区衆議院議員に当選○四月四日、ロシア・ドイツによる清国分割抗議集会を亀島町偕楽園で開催、世話役に選出される○五月、一九日開会の特別議会で副議長候補に推されるが辞退○二七日、政府の外交の無為無策を弾劾する上奏案を提出○六月、憲政党創設委員に参加(同党は尾崎文相の共和演説により一〇月分裂。同時に中立の届書を島田三郎に託して党本部に提出、これ以後中立を決意)○『楽天録』出版○一〇月二四日、島田三郎らと連名で「生産に課する租税の興廃増減に関する建

四月、日本鉄道矯正会結成○六月、自由・進歩両党合同、憲政党結成。大隈内閣(隈板内閣)成立○一〇月、岡倉天心ら、日本美術院を創立。安部磯雄ら、社会主義研究会を結成。憲政党分裂、旧自由党派のみで新憲政党結成○一一月、旧進歩党派、憲政本党を結成。近衛篤麿ら東亜同文会を結成

			議案」農商相に提出○一〇月、『地租増徴論』・『地租増否論』（谷干城と共述）を出版○一一月一五日～一九日、陸海軍演習を陪観○一二月一七日、帝国ホテルでの地租増徴期成同盟会招待会に出席○二〇日、衆議院で地租増徴賛成演説を行う	
三二	一八九九	四五	二月二一日、三二年度予算追加案について大臣の弁明を要求○二月、日本銀行納付金についての意見書を貴衆両院議員に配付○三月二七日、博士会の推薦により法学博士の学位を授与される○四月、『続地租増否論』（谷干城と共述）出版○五月、経済学協会例会で「ロッシエル氏商工経済論を読む」を演説○六月、東京市参事会員に推挙される○一〇月六日、市参事会で東京市街鉄道の市有民有を討議、田口らの民有説を採用。特許条件の市への公納金原案についての修正案は不採用○一四日、『東京経済雑誌』千号の記念祝宴を柳橋の亀清楼で開く○一〇月、経済学協会例会で市街鉄道問題について市会の暴状を攻撃○一一月一五日、市街鉄道に関する市会決議に抗議して市参事会員を辞職	一月、『反省会雑誌』を『中央公論』と改称○二月、鉄道国有調査会規則公布○三月、北海道旧土人保護法公布。著作権法公布○七月、国民協会解散、帝国党結成○一〇月、木下尚江ら普通選挙期成同盟会を織組○一一月、活版工組合結成
三三	一九〇〇	四六	一月、名古屋における中立代議士懇親会で演説。	一月、社会主義研究会を改め、社会

			長篠古戦場を訪ねる○二月一九日、腸チフスのため東京帝国大学病院に入院○五月、経済学協会例会で「古代万国商業史談」を講演○六月、経済学協会例会で「古代商業史談」を演説○夏、胃病と脚気を患う○九月一六日、北清事変後の清国視察・韓国訪問のため新橋を出発○一八日、仁川丸で宇品港を出港○一〇月一日、馬で北京に入る○三一日、帰国○一二月八日、市政刷新のため東京市公民会が創立され、幹事長に就任	主義協会発足○二月、田中正造、足尾鉱毒被災民弾圧を衆議院で質問○三月、治安警察法公布○五月、陸軍省・海軍省官制改正（軍部大臣現役武官制を確立）○八月、日本軍、連合軍と共に北京城内に侵入○九月、憲政党解党、立憲政友会結成○一二月、星亨逓相、東京市汚職に関連して辞職
三四	一九〇一	四七	二月九日、北清事変について加藤外相に質問○一九日、東京市政監督に関する質問を政府に提出○二六日、再質問を提出○五月、経済学協会例会で「瀧本君の演説に対して」を演説○「労働保護問題」（『東経』）○六月二一日、星亨、刺殺される。犯人伊庭想太郎は知友のため関与を疑われる○六月、経済学協会例会で「経済学は心理的科学なり」を演説○『商業史歌』出版○八月八日、望月二郎、肺結核で死去○一一月、経済学協会例会で「経済学の性質に関して滝本君に答ふ」を演説○一二月一二日、曽根蔵相の演説に対し質問○一二月、『国史大系』全一七巻完成	二月、福沢諭吉没○三月、増税諸法律各公布○九月、北京で義和団事件に関する最終議定書調印○一二月、中江兆民没

三五	一九〇二	四八	一月、喘息治療のため鼻の手術を受ける○二月、「山口精一氏の工場法に関する経済学説を読む」（『東経』）○三月七日、前日提出の対外商業政策に関する質問書について質問理由を演説○五月、『続国史大系』の編纂に着手○六月一五日、同方会主催の徳川慶喜授爵祝賀会で祝辞を述べる○六月、市会議員に当選○一〇月一九日、早稲田大学開校式・東京専門学校創立二〇年記念祝典後の園遊会で伊藤博文と談話○一〇月、『古代之研究』出版○一一月、『続群書類従』の編纂刊行に着手○一二月、地租増徴期限が迫り、海軍拡張のために増徴継続を要求	一月、八甲田山遭難事件。日英同盟協約、ロンドンで調印○四月、日本興業銀行開業○一二月、教科書疑獄事件の検挙始まる
三六	一九〇三	四九	一月三一日、三男卯三郎生れる○二月、『財政と経済』出版○三月一日、第八回総選挙で当選○六月二九日、石川半山と京阪旅行に出発○七月二日、大阪築港を視察○四日、大阪経済協会で演説○六日、奈良に行く○一四日、日本橋倶楽部における東京市公民会評議員会の決定を受け、同会大会で解散を発表○九月、経済学協会例会で日本古代史談を行う。英国の財政問題、金貨下落問題に関する同会調査委員に選出される○日露主戦論に傾斜	六月、東京帝大の七博士、対露強硬論を建議○八月、東京電車鉄道、新橋・品川間開業○一〇月『萬朝報』主戦論に転じ、幸徳秋水・堺利彦・内村鑑三退社○一一月、幸徳・堺ら、平民社を結成、週刊『平民新聞』を創刊

三七	一九〇四	五〇	する○一〇月、島田三郎らと東京の新聞社・雑誌社を網羅した時局問題大懇親会を発起し、二八日、神田錦輝館で演説会を開催、「大国民たるの時機」を演説○一一月一〇日、貴衆両院議員・東京府会議員・市会議員を網羅した大懇親会を帝国ホテルで開催、開戦を決議○一一月二二・二三日、大阪における東京大阪新聞記者合同の時局問題大演説会で「満洲問題に関する帝国の位置」を演説 二月一四日、東京新聞雑誌記者発起の国民的後援方針に関する有志協議会を帝国ホテルで開催、座長となる○一六日、歌舞伎座における国民的後援会の大演説会で軍国債の募集を主張○三月一日、第九回総選挙に当選○三日、円城寺天山らと国民後援会京阪演説旅行のため、新橋を出発○三月「征露歌」(『東経』)○四~五月、ロシアが唱える黄禍論に反論○六月『破黄禍論一名日本人種の真相』出版○六月一二日、貴衆両院代表の一員として満洲・韓国の戦場慰問のため、満洲丸で横須賀を出港○一九日、佐世保に到着○二二日、仁川に上陸○二五日、韓国皇帝に謁見○七月一七日、旗	一月、御前会議、対露最終案を決定○二月、ロシアに宣戦布告(日露戦争)。日韓議定書調印○三月、第一回国庫債券一億円発行○四月、非常特別税法・煙草専売法各公布○五月、第一回六分利付英貨公債一〇〇〇万ポンド募集○八月、黄海海戦。第一回旅順総攻撃。日韓協約(第一次)調印○九月、遼陽会戦○一〇月、沙河会戦

昭和二二	大正 四	三八	
一九五七	一九二五	一九〇五	
		五一	

艦三笠において東郷平八郎に面会〇一九日、長崎に帰港〇七月、『続国史大系』全一五巻完成〇九月頃、国民後援会の主張に基づき、出征軍人のための防寒毛布義援募集を訴える〇一一月、第二期戦時財政計画をめぐり増税主義と公債主義が対立。塩専売・織物税増税の実施よりは公債を是とする

一月、流行性感冒に罹患、検査の結果腎臓萎縮症が判明〇四月五日、乙骨三郎に病状を口述〇一三日、午後一一時一五分、駒込西片町の自宅で死去、五一歳〇一七日、本郷区春木町の中央会堂で葬儀を行い、谷中共同墓地に葬る〇二九日、経済学協会、追悼会を富士見軒で開催

一一月一〇日、大正天皇の即位礼に際し従四位を追贈される

二月九日、妻鶴子死去

一月、旅順のロシア軍降伏。京釜鉄道、全線開通〇三月、奉天会戦〇五月、日本海戦〇六月、ロシア、日露講和を受諾

参考文献

一　著　作

鼎軒田口卯吉全集刊行会編　『鼎軒田口卯吉全集』全八巻　鼎軒田口卯吉全集刊行会　昭和二年—四年
（平成二年、「関連著作目録」を付して覆刻、吉川弘文館）
大久保利謙編　『田口鼎軒集』（『明治文学全集』一四）　筑摩書房　昭和五十二年
『復刻　東京経済雑誌』全一六八巻　日本経済評論社　昭和五十六年—六十二年
『雑誌「史海」合本』全五巻　名著普及会　昭和六十三年

二　伝　記

塩島仁吉編　『鼎軒田口先生伝』　経済雑誌社　明治四十五年
塩島仁吉　『田口鼎軒略伝』　東京経済学協会　昭和五年
杉原四郎・岡田和喜編　『田口卯吉と東京経済雑誌』　日本経済評論社　平成七年
松野尾裕　『田口卯吉と経済学協会』　同　平成八年
『東京経済雑誌』一二八二号—一二八六号（追悼記事）　明治三十八年四月二十二日—五月二十日
『東京経済雑誌』一五九一号（七回忌記念号）　明治四十四年四月二十二日

『東京経済雑誌』一八三四号（贈位記念号）　大正五年一月十五日

三　史料

「田口卯吉関係文書」（早稲田大学中央図書館所蔵）
「木村文書」（東京女子大学比較文化研究所木村文庫所蔵）
「尾崎三良関係文書」（国立国会図書館憲政資料室所蔵）
「貨幣制度調査会特別委員調査報告」（国立公文書館所蔵）

宮内庁編『明治天皇紀』全十二巻・索引一巻　吉川弘文館　昭和四十三年―五十二年
東京府編『東京府史』府会篇二・三　東京府　昭和五年
東京市会事務局編『東京市会史』二　東京市会事務局　昭和八年
東京百年史編集委員会編『東京百年史』二　東京都　昭和四十七年
衆議院・参議院編『議会制度百年史』　大蔵省印刷局　平成二年
大蔵省編『大蔵省沿革史』（『明治前期財政経済史料集成』二・三）　改造社　昭和七年・九年
（昭和三十七年覆刻、明治文献資料刊行会）
鉄道省編『日本鉄道史』上　鉄道省　大正十年
静岡市役所編『静岡市史編纂史料』四　静岡市役所　昭和二年

東京株式取引所編　『東京株式取引所五十年史』　東京株式取引所　昭和三年
東京女子大学比較文化研究所編　『木村熊二・鐙子往復書簡』　東京女子大学比較文化研究所　平成五年
東京大学史料編纂所編・佐佐木高行　『保古飛呂比』全十二巻　東京大学出版会　昭和四十五年—五十四年
伊藤隆・尾崎春盛編　『尾崎三良日記』全三巻　中央公論社　平成三年—四年
伊藤隆他編　『徳富蘇峰関係文書』一　山川出版社　昭和五十七年
ユネスコ東アジア文化研究センター編　『資料御雇外国人』　小学館　昭和五十年
東京大学法学部近代立法過程研究会　「近代立法過程研究会収集資料紹介（二七）半山石川安次郎関係文書3」（『国家学会雑誌』八九ノ七・八、昭和五十一年）

四　研究

有泉貞夫　『星亨』（『朝日評伝選』二七）　朝日新聞社　昭和五十八年
石川安次郎　『沼間守一』　毎日新聞社　明治三十四年
井上彦三郎・鈴木経勲　『南島巡航記』　経済雑誌社　明治二十六年
（昭和十七年、嘉治隆一解説・校訂で増補覆刻、大和書店）
巌本善治編　『木村鐙子小伝』（『女学叢書』一）　女学雑誌社　明治二十年
（昭和五十三年覆刻、巌本善治記念会）

小山周次『小諸義塾と木村熊二先生』木村先生記念碑事務所 昭和十一年
大久保利謙『日本近代史学の成立』(『大久保利謙歴史著作集』七) 吉川弘文館 昭和六十三年
大野虎雄『沼津兵学校と其人材』(私家版) 昭和十四年
京口元吉『田口卯吉の日本開化小史』日本放送出版協会 昭和十六年
黒板博士記念会編『古文化の保存と研究』黒板博士記念会 昭和二十八年
坂本太郎『修史と史学』(『坂本太郎著作集』五) 吉川弘文館 平成元年
同『歴史と人物』(『坂本太郎著作集』一一) 同
同『わが青春』(『坂本太郎著作集』一二) 同
酒田正敏『近代日本における対外硬運動の研究』東京大学出版会 昭和五十三年
佐々木隆『藩閥政府と立憲政治』吉川弘文館 平成四年
尺次郎『英学の先達・尺振八伝』はまかぜ新聞社 平成八年
土屋喬雄『日本の経済学者』日本評論社 昭和十六年
同『お雇い外国人』八、金融・財政 鹿島研究所出版会 昭和四十四年
中村隆英『あの時この人・日本の建設者』日本経済新聞社 昭和四十八年
藤森照信『明治の東京計画』(『同時代ライブラリー』一八) 岩波書店 平成二年
保谷六郎『日本社会政策の源流』聖学院大学出版会 平成七年
堀孝夫『明治経済史』弘文堂 昭和十年
御厨貴『首都計画の政治』(『近代日本研究双書』) 山川出版社 昭和五十九年

宮地正人『日露戦後政治史の研究』　東京大学出版会　昭和四十八年
米山梅吉『幕末西洋文化と沼津兵学校』（私家版）昭和九年
（のち『米山梅吉選集』上、青山学院初等部、昭和三十五年）
嘉治隆一「田口卯吉」（『三代言論人集』五、時事通信社、昭和三十八年）
鈴木栄樹「開化政策と翻訳・洋学教育―大蔵省翻訳局と尺振八・共立学舎―」（山本四郎編『近代日本の政党と官僚』、東京創元社、平成三年）
田中浩「田口卯吉」（田中浩編『近代日本のジャーナリスト』、御茶ノ水書房、昭和六十二年）
西田長寿「田口卯吉」（向坂逸郎編『近代日本の思想家』、和光社、昭和二十九年）
御厨貴「田口卯吉」（内田健三他編『言論は日本を動かす』一、講談社、昭和六十一年）
溝川喜一「田口卯吉の経済思想」（杉原四郎編『近代日本の経済思想』、ミネルヴァ書房、昭和四十六年）

著者略歴

大正三年生れ
昭和二十二年早稲田大学文学部卒業
元早稲田大学図書館司書

人物叢書　新装版

田口卯吉

二〇〇〇年（平成十二）十一月二十日　第一版第一刷発行

著　者　田《た》口《ぐち》　親《ちかし》

編集者　日本歴史学会
代表者　児玉幸多

発行者　林　英男

発行所　株式会社　吉川弘文館
東京都文京区本郷七丁目二番八号
郵便番号一一三―〇〇三三
電話〇三―三八一三―九一五一〈代表〉
振替口座〇〇一〇〇―五―二四四
印刷＝平文社　製本＝ナショナル製本

『人物叢書』(新装版)刊行のことば

人物叢書は、個人が埋没された歴史書が盛行した時代に、「歴史を動かすものは人間である。個人の伝記が明らかにされないで、歴史の叙述は完全であり得ない」という信念のもとに、専門学者に執筆を依頼し、日本歴史学会が編集し、吉川弘文館が刊行した一大伝記集である。

幸いに読書界の支持を得て、百冊刊行の折には菊池寛賞を授けられる栄誉に浴した。

しかし発行以来すでに四半世紀を経過し、長期品切れ本が増加し、読書界の要望にそい得ない状態にもなったので、この際既刊本の体裁を一新して再編成し、定期的に配本できるような方策をとることにした。既刊本は一八四冊であるが、まだ未刊である重要人物の伝記についても鋭意刊行を進める方針であり、その体裁も新形式をとることとした。

こうして刊行当初の精神に思いを致し、人物叢書を蘇らせようとするのが、今回の企図である。大方のご支援を得ることができれば幸せである。

昭和六十年五月

日本歴史学会

代表者　坂本太郎

〈オンデマンド版〉
田口卯吉

人物叢書　新装版

2021年（令和3）10月1日　発行

著　者　田《た》口《ぐち》　親《ちかし》
編集者　日本歴史学会
代表者 藤田　覚
発行者　吉川道郎
発行所　株式会社 吉川弘文館
〒113-0033　東京都文京区本郷7丁目2番8号
TEL　03-3813-9151〈代表〉
URL　http://www.yoshikawa-k.co.jp/
印刷・製本　大日本印刷株式会社

田口　親（1914～2011）

ISBN978-4-642-75219-0